Guttentag'sche Sammlung Deutscher Reichsgesetze

Nr. 140

Holzapfel

# Siedlungsgesetzgebung

Walter de Gruyter & Co.

Hinter dem Sachregister befindet sich ein ausführliches Verzeichnis der

Guttentagschen Sammlung

**Deutscher Reichs- und Preußischer Gesetze**

**— Textausgaben mit Anmerkungen; Taschenformat —**

die alle wichtigeren Gesetze in unbedingt zuverlässigem Abdruck und mit mustergültiger Erläuterung wiedergibt.

Guttentagsche Sammlung
Nr. 140. Deutscher Reichsgesetze. Nr. 140.
Textausgaben mit Anmerkungen und Sachregister.

# Die Siedlungsgesetzgebung im Reich und in Preußen.

Zusammengestellt und erläutert
von
W. Holzapfel,
Geheimem Oberjustizrat,
Mitglied des Oberlandeskulturamts.

Berlin und Leipzig 1920.
Vereinigung wissenschaftlicher Verleger
Walter de Gruyter & Co.
vormals G. J. Göschen'sche Verlagshandlung — J. Guttentag, Verlagsbuchhandlung — Georg Reimer — Karl J. Trübner — Veit & Comp.

Druck von C. Schulze & Co., G. m. b. H., Gräfenhainichen.

# Vorwort.

Die vom Minister für Landwirtschaft, Domänen und Forsten Braun der Landesversammlung überreichte Denkschrift über die schleunige Inangriffnahme der Besiedlung und Ödlandskultur in Preußen vom 19. März 1919 (Preuß. Landesvers. 1919 Drucks. Nr. 129) kündet die Entwürfe folgender vier Gesetze an:

eines Ausführungsgesetzes zur Reichssiedlungsverordnung,

eines Gesetzes über die Reform der Auseinandersetzungsbehörden,

eines Gesetzes über die Bildung von Genossenschaften zur Bodenverbesserung von Moor- und Ödländereien und

eines Gesetzes über die Beaufsichtigung von Privatwaldungen.

Unmittelbare Bedeutung für das Siedlungswesen hat von diesen Gesetzen nur das Ausführungsgesetz zur Reichssiedlungsverordnung, jetzt zum Reichssiedlungsgesetz. Die drei übrigen in der Denkschrift angekündigten Gesetze stehen mit dem Siedlungswesen nur mittelbar im Zusammenhange und scheiden daher für die vorliegende Veröffentlichung aus. Dagegen gehört zur Siedlungsgesetzgebung außer der Reichssiedlungsverordnung vom 29. Januar 1919 und dem Reichssiedlungsgesetz vom 11. August 1919 noch die schon am 23. Dezember 1918 ergangene Preußische Verordnung über das Vorkaufsrecht an land- und forstwirtschaftlichen Grundstücken. Die Reichssiedlungsverordnung und die Preußische Vorkaufsverordnung sind indes wieder aufgehoben worden. Sie werden daher in diese Zusammenstellung nicht aufgenommen. Die erste Abteilung umfaßt sonach lediglich das Reichssiedlungsgesetz vom 11. August 1919 und das Preußische Ausführungsgesetz zum Reichssiedlungsgesetz vom 15. Dezember 1919.

Die zwei angeführten Gesetze befassen sich in der Hauptsache nicht mit der Besiedlung selbst, sondern mit der Beschaffung von Land zur Besiedlung. An der Gesetzgebung über die Siedlung selbst hat sich das Reich so gut wie nicht beteiligt, sie ist den Einzelstaaten überlassen geblieben. Für Preußen lag diese Gesetzgebung bereits fertig vor, als die oben erwähnten Gesetze und Verordnungen ergingen; das letzte Gesetz zur Förderung der Ansiedlung ist schon am 8. Mai 1916 erlassen worden.

Die Preußische Siedlungsgesetzgebung, insbesondere die Gesetzgebung über Rentengüter, hat schon eine vielfache und zum Teil gute Bearbeitung gefunden. Auch der Verlag J. Guttentag hat eine von M. und Bruno Peltasohn bearbeitete Ausgabe der „Rentenguts- und Anerbenrechts-Gesetzgebung in Preußen" (1903) veranstaltet (Nr. 33 der Guttentagschen Sammlung Preußischer Gesetze). Der Verfasser mußte sich deshalb fragen, ob ein Bedürfnis zu einer neuen Ausgabe bestehe. Er glaubte aber, diese Frage aus einem doppelten Grunde bejahen zu sollen. Einmal ist selbst das jüngste Erläuterungswerk von R. Haack; „die Preußischen

Gesetze über Rentengüter" (1913), nachdem die Gesetze vom 8. Mai 1916 (zur Förderung der Ansiedlung), 3. Juni 1919 (über Landeskulturbehörden) und 15. Dezember 1919 (AusfGes. z. Reichssiedlungsgesetz) wichtige Neuerungen gebracht haben, veraltet; aus diesem Grunde bedarf die Rechtsanwendung einer neuen Bearbeitung der Gesetze. Sodann ging es nicht an, bei einer Bearbeitung der Siedlungsgesetzgebung die Gesetze über die unmittelbare Durchführung der Siedlung zu übergehen. Diese Erwägungen bestimmten den Verfasser, diese Gesetze in der zweiten Abteilung dieser Veröffentlichung zusammenzustellen. Dabei ist jedoch — abweichend von der Gepflogenheit der bisherigen Herausgeber — das Gesetz betr. das Anerbenrecht bei Renten- und Ansiedlungsgütern, vom 8. Juni 1896 fortgelassen, hingegen das Gesetz, betr. die Gründung neuer Ansiedlungen usw. vom 10. August 1904 mit aufgenommen worden. Das erste Gesetz dient zwar der Erhaltung der Rentengüter in ihrer wirtschaftlichen Selbständigkeit und hängt auf diese Weise mit der Rentengutsgesetzgebung zusammen. Aber seinem Wesen nach ist das Anerbenrecht eine Rechtseinrichtung, die sich nicht auf das Renten- und Ansiedlungsgut beschränkt, sondern eine allgemeine Bedeutung hat. Insofern gehört das Anerbengesetz nicht zu den Siedlungsgesetzen. Andererseits findet das Gesetz vom 10. August 1904 bei der Durchführung der Siedlung unmittelbar Anwendung. Der Verfasser hielt es deshalb für nötig, seine bei der Rentengutsgründung anwendbaren Vorschriften im vollen Wortlaut in die Sammlung aufzunehmen und in den Anmerkungen dazu auch die ähnlichen Gesetze für die Provinzen Hannover, Schleswig-Holstein und Hessen-Nassau anzuführen.

Den Rahmen der vorliegenden Arbeit bestimmte der vom Verfasser angestrebte Zweck, eine kurzgefaßte und zum Handgebrauch geeignete Ausgabe der Siedlungsgesetze zu schaffen. Die Erläuterungen sind dementsprechend auf das Notwendige beschränkt. Das Schrifttum ist nur in besonderen Fällen angezogen; die Rechtsprechung ist zwar angeführt, aber ohne daß ausführlich darüber berichtet würde. Auch unter den zahlreichen, namentlich zur Rentengutsgesetzgebung ergangenen, Ausführungserlassen ist eine Auswahl getroffen worden. So ist (in der zweiten Abteilung) von der zusammenhängenden Wiedergabe des zum Rentengutsgesetz vom 7. Juli 1891 ergangenen Erlasses vom 16. November 1891 abgesehen worden. Dagegen ist der wichtige Erlaß vom 28. November 1916, der zum Gesetz vom 8. Mai 1916 zur Förderung der Ansiedlung ergangen ist, im Wortlaut abgedruckt.

Die im Eingang erwähnte Denkschrift des Landwirtschaftsministers führt aus:

> Da die Industrie in der nächsten Zukunft an Bedeutung gegen früher erheblich zurücktreten und sich damit unsere wirtschaftliche Basis zugunsten der Landwirtschaft verschieben wird, ist die Lösung der sozialen und damit auch der wirtschaftlichen Frage nur auf agrarischem Gebiete möglich. Die Lösung beider Fragen hat eine zweckmäßige Bodenverteilung zur Voraussetzung. Diese muß, wie jetzt wohl allgemein anerkannt wird, in einer gesunden Mischung von Groß-, Mittel- und Kleinbesitz bestehen. **Es gilt also in erster Linie und unverzüglich eine dieser Forderung entsprechende Grundbesitzverteilung zu schaffen.**

Mit dem Erlaß von Gesetzen ist diese Aufgabe noch

nicht gelöst. Zu ihrer Bewältigung bedarf es außer großen Geldmitteln auch einer mühsamen und langwierigen Arbeit des Staates, der Siedlungsgesellschaften und der Landwirte selbst. Das Gesetz bildet aber die erste Voraussetzung für die Inangriffnahme des Werkes, und daher dient dem Werke alles, was die Anwendung des Gesetzes erleichtert. Dazu einen kleinen Beitrag zu leisten, ist der Zweck dieser Veröffentlichung.

Charlottenburg, im Januar 1920.

**W. Holzapfel.**

# Inhaltsverzeichnis.

# Verzeichnis der Abkürzungen.

A. = Anmerkung.
AblG. = Ablösungsgesetz.
AGRSG. = Preußisches Ausführungsgesetz zum Reichssiedlungsgesetz vom 15. Dezember 1919 (GS. 1920 S 31).
AllgVGBO. = Allgemeine Verfügung zur Ausführung der Grundbuchordnung vom 20. November 1899. (Just-MBl. S. 349.)
AusfBest., AusfE., AusfV. = Ausführungs-Bestimmungen, -Erlaß, -Vorschriften.
Begr. = Begründung.
BR. = Bundesrat.
BVGB. = Verordnung über die Bildung von Genossenschaften zur Bodenverbesserung von Moor-, Heide- und ähnlichen Ländereien, vom 7. November 1914 (GS. S. 165).
E. = Erlaß.
EFBeschl. = Entschädigungsfeststellungs-Beschluß.
Eger, Entsch 3 308 = Eger, Eisenbahn- und verkehrsrechtliche Entscheidungen und Abhandlungen, Zeitschrift für Eisenbahnverkehrsrecht, Bd. 3 S. 308.
Eger 103 = Eger, Das Gesetz über die Enteignung von Grundeigentum usw., Handausgabe (2), S. 103.
EisenbArch. 1901 S. 701 = Preußisches Archiv für Eisenbahnwesen Jahrgang 1901 S. 701.
EnteignG. = Gesetz über die Enteignung von Grundeigentum vom 11. Juni 1874 (GS. S. 221).
Entw. = Entwurf.
EVBl. = Eisenbahn-Verordnungs-Blatt.

FM. = Finanzminister.
G. = Gesetz.
GBuch. = Grundbuch.
GBAmt = Grundbuchamt.
GeschO. (f. d. Spruchk.) = Geschäftsordnung (für die Spruchkammer des Landeskulturamts vom 26. September 1919 LMBl. S. 298).
GK. = Generalkommission.
GrndTeilG. = Entwurf des Grundteilungsgesetzes.
Gruchot 50 217 = Gruchots Beiträge zur Erläuterung des deutschen Rechts Bd. 50 S. 217.
gSU. = gemeinnütziges Siedlungsunternehmen.
GTO. = Gemeinheitsteilungsordnung.
HO. = Hinterlegungsordnung vom 21. April 1913 (GS. S. 225).
HuGM. = Minister für Handel und Gewerbe.
JustM., JustMBl. = Justizminister, Justizministerialblatt.
KA. = Kulturamt.
KapAbfG. = Kapitalabfindungsgesetz vom 3. Juli 1916 (RGBl. S. 680).
KM. = Kultusminister.
KostG. = Kostengesetz.
LGüO. = Landgüterordnung.
LKA. = Landeskulturamt.
LKBeh. = Landeskulturbehörde.
LLB. = Landlieferungsverband.
LM., LMBl., LME. = Landwirtschaftsminister, Landwirtschaftliches Ministerialblatt, Erlaß des Landwirtschaftsministers.
LBG. = Gesetz über die allgemeine Landesverwaltung vom 30. Juli 1883 (GS. S. 195).
LZBeh. = Landeszentralbehörde.
MBl. = Ministerialblatt für die innere Verwaltung.
MdJ. = Minister des Innern.
MöA. = Minister der öffentlichen Arbeiten.

m. V. = mündliche Verhandlung.

NatVers. = Verfassunggebende Nationalversammlung.

OffizKapAbfG. = Offizier-Kapitalabfindungsgesetz vom 26 Juli 1918 (RGBl S. 994).

OLG 22 220 = Mugdan-Falkmann, Die Rechtsprechung der Oberlandesgerichte, Bd. 22 S. 220.

OLKA. = Oberlandeskulturamt.

OLKG. = Oberlandeskulturgericht.

OrgG. = Gesetz über Landeskulturbehörden vom 3. Juni 1919 (GS. S. 101).

OVG. 42 240 = Entscheidungen des Oberverwaltungsgerichts Bd. 42 S. 240.

OVGSt. 7 384 = Entscheidungen des Oberverwaltungsgerichts in Staatssteuersachen Bd. 7 S. 384.

PräsLKA. = Präsident des Landeskulturamts.

PrVBl. 25 480 = Preußisches Verwaltungsblatt Bd. 25 S. 480.

RAME. = Erlaß des Reichsarbeitsministers.

RBG. = Rentenbankgesetz vom 2. März 1850 (GS. S. 112).

RentG. = Rentengut.

RG. 13 209 = Entscheidungen des Reichsgerichts in Zivilsachen Bd. 13 S. 209.

RHAussch. = Reichshaushaltsausschuß.

RJA. 2 104 = Entscheidungen in Angelegenheiten der freiwilligen Gerichtsbarkeit und des Grundbuchrechts, zusammengestellt im Reichsjustizamt, Bd. 2 S. 104.

RSG. = Reichssiedlungsgesetz vom 11. August 1919.

RSV. = Verordnung der Reichsregierung zur Beschaffung von landwirtschaftlichem Siedlungslande vom 29. Januar 1919 (RGBl. S. 115).

RVerf. = Die Verfassung des Deutschen Reichs vom 11. August 1919.

RZBl. = Zentralblatt für das Deutsche Reich.

SchAG. = Schätzungsamtsgesetz vom 8. Juni 1918 (GS. S. 83).

SitzBer. = Sitzungsbericht.
StKfdWW. = Staatskommissar für das Wohnungswesen.
StriethArch. 91 175 = Striethorst, Archiv für Rechtsfälle, Bd. 91 S. 175.
V. = Verordnung.
VKA. = Vorsteher des Kulturamts.
Vk., Vkberechtigter, VkR. = Vorkauf, Vorkaufsberechtigter, Vorkaufsrecht.
VkV. = Preußische Verordnung, betr. das gesetzliche Vorkaufsrecht an land- und forstwirtschaftlichen Besitzungen, vom 23. Dezember 1918 (GS. 1919 S. 3).
VWM. = Minister für Volkswohlfahrt.
WassG. = Wassergesetz vom 7. April 1913 (GS. S. 53).
WkR. = Wiederkaufsrecht.
ZfLKGG. = Zeitschrift für die Landeskulturgesetzgebung der Preußischen Staaten.
ZusG. = Zusammenlegungsgesetz.
ZustG. = Gesetz über die Zuständigkeit der Verwaltungs- und Verwaltungsgerichtsbehörden vom 1. August 1883 (GS. S. 237).
ZV. = Zwangsversteigerung.

Außerdem sind die in den Vorschlägen des deutschen Juristentags angegebenen Abkürzungen gebraucht.

Erste Abteilung.

# Die Gesetze über Beschaffung von Siedlungsland.

## I.

## Reichssiedlungsgesetz.

Vom 11. August 1919. (RGBl. S 1429.)

Vorbemerkung.

I. Als Entwurf zum RSG. hat die RSV. (s. unten zu II) und ihre Überarbeitung durch den RHAussch. gedient; vgl. den mündlichen Bericht des RHAussch. der NatVers. 1919 (Drucks. Nr. 287). Die Begründung des Entwurfs enthält der mündliche Bericht, den der Berichterstatter des RHAussch. (Allekotte) bei der 1. Lesung erstattet hat (SitzBer. 1166—1170). 1. Lesung des Entwurfs: SitzBer. 1166—1193, 2. Lesung: SitzBer. 1193—1197. Zusammenstellung der Beschlüsse 2. Lesung: Drucks. Nr. 491. In der 2. Lesung wurde der Entwurf nochmals an den RHAussch. zurückverwiesen, damit er das Verhältnis des RSG zur Landesgesetzgebung über das Siedlungswesen prüfe und durch eine Bestimmung klarstelle. Der RHAussch. fügte infolgedessen den § 27 in das G. ein, änderte aber den Entwurf, wie er aus der 2. Lesung hervorgegangen war, auch noch in einigen anderen Punkten ab. Die Änderungen wurden als mündlicher Bericht des RHAussch. (Drucks. Nr. 615) der NatVers. vorgelegt und in 3. Lesung (SitzBer. 1734ff.) genehmigt.

II. Der RSV. (Verordnung zur Beschaffung von landwirtschaftlichem Siedlungslande vom 29. Januar 1919, RGBl. 115) lag ein von dem Geh. Reg.=Rat Prof. Dr. Sering aufgestellter Entwurf zugrunde, der im Reichsarbeitsamt unter Zuziehung von Sachverständigen, Vertretern des Grundbesitzes, der Siedlungsgesellschaften und anderer Körperschaften und von Beauftragten der beteiligten bundesstaatlichen Ministerien beraten worden ist. Die V. ist dann von der „Reichsregierung" ohne Mitwirkung der Volksvertretung erlassen, aber durch § 31 RSG. wieder aufgehoben worden. Die Abweichungen des RSG. von der RSV, die jenem als Grundlage gedient hat (oben zu I), sind bei den einzelnen Paragraphen des RSG. angegeben; dabei sind die von der RSV abweichenden oder in ihr noch nicht enthaltenen Vorschriften des RSG. durch Sperrdruck hervorgehoben.

III. Auf Grund des § 24 RSV. (= § 26 RSG.) hat der RAM. am 19. 4. 1919 (RGBl. 83) AusfBest. erlassen und diese in seinen zum RSG. erlassenen AusfBest. vom 26. 9. 1919 (RGBl. 1143) im wesentlichen wiederholt. Die letzteren sind zu den einzelnen Paragraphen des RSG. im Wortlaut abgedruckt.

## Siedlungsunternehmungen.

### § 1.

(1) Die Bundesstaaten sind verpflichtet, wo gemeinnützige Siedlungsunternehmungen nicht vorhanden sind[1]), solche zu begründen zur Schaffung neuer Ansiedlungen[2]) sowie zur Hebung bestehender Kleinbetriebe, doch höchstens auf die Größe einer selbständigen Ackernahrung[3]), soweit das dazu erforderliche Land auf Grund der Bestimmungen dieses Gesetzes beschafft werden kann[4])*). Der Geschäftsbezirk der Unterneh-

*) § 1 RSV.: „zur Schaffung neuer Ansiedlungen gemeinnützige Siedlungsunternehmungen zu begründen, soweit solche noch nicht vorhanden sind."

mungen (Ansiedlungsbezirk) wird durch die Landeszentralbehörden bestimmt[5]). Als Siedlungsunternehmungen im Sinne dieser Vorschriften können von den Landeszentralbehörden auch öffentliche Behörden oder Anstalten bezeichnet werden[1]).

(2) An der Aufsicht über das Siedlungswesen sind Vertrauensleute der Ansiedler und der alten Besitzer mit beschließender Stimme nach näherer Bestimmung der Bundesstaaten zu beteiligen. Dieser Beteiligung an der Aufsicht bedarf es nicht, soweit solche Vertrauensleute in den Aufsichtsrat der einzelnen Siedlungsunternehmungen berufen werden[6]).

[1]) Nach einer von der Regierung gegebenen Übersicht (Anl. C zu Drucks. Nr. 1439 der LVers. 1919) bestehen in Preußen z. B. 95 Siedlungsgesellschaften, von denen 84 gemeinnützig sind. Von den letzteren haben 11 die Provinz oder (in Hessen-Nassau) den Regierungsbezirk zum Geschäftsbezirk, u. z.

a) Ostpreußen: die ostpreußische Landgesellschaft zu Königsberg;
b) Brandenburg: die Landgesellschaft Eigene Scholle zu Frankfurt a. d. O.;
c) Pommern: Die Pommersche Landgesellschaft zu Stettin;
d) Schlesien: die Schlesische Landgesellschaft zu Breslau;
e) Sachsen: die Siedlungsgesellschaft Sachsenland zu Halle a. d. S.;
f) Schleswig-Holstein: die Schleswig-Holsteinische Höfebank zu Kiel;
g) Hannover: die Hannoversche Siedlungsgesellschaft zu Hannover;
h) Westfalen: die Siedlungsgesellschaft Rote Erde zu Münster i. W.;
i) Reg.-Bez. Kassel: die Siedlungsgesellschaft Hessische Heimat zu Kassel:

k) Reg.-Bez. Wiesbaden: die Nassauische Siedlungsgesellschaft zu Wiesbaden;

l) Rheinprovinz: die Siedlungsgesellschaft Rheinisches Heim zu Bonn.

Die Schlesische Landgesellschaft (zu d) erstreckt ihre Tätigkeit auf Ober- und Niederschlesien. Für die Hohenzollernschen Lande besteht kein gSU. Die Bauernbank in Danzig (für Westpreußen) und die Mittelstandskasse zu Posen (für Posen) sind einstweilen ausgeschieden.

Die Aufsicht über die Gesellschaften führt der Oberpräsident: LME. 30. 1. 1919 zu 3 und 9 (LMBl. 73). An diesen sind daher Beschwerden über die Geschäftsführung zu richten. Auf weitere Beschwerde entscheidet der LM. In gleicher Weise ist der Oberpräsident auch Aufsichtsbehörde der LLV. (§ 30 AGRSG.).

Als gSU. i. S. des § 1 RSG. kommen für Preußen nur die 11 angeführten provinziell organisierten Gesellschaften in Betracht. Nur diesen steht daher das vom RSG. verliehene VkR (§§ 4ff.) und das Recht zu, vom LLV. die Beschaffung von Siedlungsland zu fordern (§ 13). Für die übrigen als gemeinnützig anerkannten Siedlungsunternehmungen hat das Anerkenntnis der Gemeinnützigkeit nur die Bedeutung, daß sie der besonderen Vorteile teilhaftig werden, die G. 8. 5 1916 (unten Abteil. II Nr. VI) solchen Siedlungsunternehmungen einräumt. S. LVers. 1919 Drucks. Nr. 1439 S. 57 (Äußerung eines RegVertreters bei der AusschBeratung des AGRSG.).

Neben den provinziell organisierten gSU. sind auch die KA. gSU. i. S. des RSG. (§ 11 Abs. 1 AGRSG.). Diese sollen zwar nicht das VkR. §§ 4ff. des RSG ausüben, sich auch sonst einer geschäftlichen Tätigkeit (im Gegensatz zu ihrer amtlichen Tätigkeit) enthalten (LVers. Drucks. Nr. 1439 S. 56), aber befugt sein, für einen Siedlungsunternehmer, u. z. nicht nur für eine als gemeinnützig anerkannte Gesellschaft, den Antrag auf Enteignung von Ödland (§ 3

Abs. 1) zu stellen: § 1 Abs. 1 [1] vbd. § 11 Abs. 2 AGRSG. — Vgl. auch noch A. 6 u. §§ 34, 35 AGRSG.

RAME. 26. 9. 1919 schreibt (unter Nr. 3) vor: „Die nach § 1 zu bildenden gemeinnützigen Siedlungsunternehmungen sind spätestens am 1. 12. 1919 zu begründen". Nach RAME. 19. 4. 1919 sollte die Begründung schon bis zum 1. 7. 1919 erfolgt sein.

²) RAME. 26. 9. 1919 schreibt zu § 1 (Nr. 1) vor „Den Landeszentralbehörden bleibt die Bestimmung überlassen, welche Siedlungen als solche i. S. des RSG. anzusehen sind, ob Siedlung insbesondere auch dann vorliegt, wenn lediglich die Rechtsform von Betrieben geändert wird, etwa, wenn Pachtstellen, die als solche vor Erlaß der V. bestanden, in das Eigentum des Pächters überführt werden." Vgl. hierzu § 13 Abs. 2, 3 u. A. 4 dazu; ferner: § 35 AGRSG. und A. 1 dazu.

³) Als selbständige Ackernahrungen wird man Güter i. S. des § 1 Abs. 1 G. 7. 7. 1891 (Abteil. II Nr. III) anzusehen haben, also kleinere Güter von solchem Umfange, daß bei ihnen „die Grundlage der wirtschaftlichen Existenz in dem (Renten-)Gute" liegt; vgl. AusfE. 16. 11. 1891 Nr. 3 (A. 2 zu § 1 G. 7. 7. 1891). Der Abg. Dusche bemerkte bei der ersten Lesung, die Besitzungen dürften vergrößert werden „bis zu einer Größe, die diesen Betrieben die volle Ausnutzung der Arbeitskraft der Familie des Besitzers ermöglicht" (SitzBer. S. 1185). Die obere Grenze solcher Stellen liegt nach AusfB. 28. 11. 1916 (unten Abteil. II Nr. VII) zu II⁴ bei 15 ha. Dagegen sind Arbeiter- und Garten-(Renten-)Güter (Abschn IV³ AusfB. 28. 11. 1916) keine selbständigen Ackernahrungen.

⁴) Die Worte „soweit . . . beschafft werden kann" sind in dem Zusammenhange, in dem sie stehen, kaum verständlich. Der Berichterstatter (Allekotte) des RHAusschusses bemerkte, sie seien hinzugefügt, damit gSU. auch mit der

Aufgabe begründet würden, „zur Hebung bestehender Kleinbetriebe . . . das dazu erforderliche Land auf Grund der Bestimmungen dieses Gesetzes zu beschaffen" (SitzBer. 1168). Der Sinn ist also: auch wenn in einem Bundesstaat keine Gelegenheit geboten ist, neue Ansiedlungen zu begründen, und die Schaffung von gemeinnützigen Gesellschaften zu diesem Zwecke überflüssig wäre, so sollen gleichwohl solche Gesellschaften dann gegründet werden, wenn sie die Möglichkeit haben, Land zur Erweiterung bestehender Stellen zu beschaffen.

[5]) RAME. 26. 9. 1919 schreibt (Nr. 2) vor: „Die Länder können bei Abgrenzung der Ansiedlungsbezirke sich zu gemeinsamem Vorgehen zusammentun, insbesondere auch für ihre gesamten Gebiete oder für Teile davon gemeinsame Siedlungsunternehmungen ins Leben rufen oder bestehenden sich anschließen."

In Preußen sind die Ansiedlungsbezirke dadurch bestimmt, daß die provinziell organisierten Landgesellschaften (A. 1), deren Tätigkeit sich satzungsgemäß auf die Provinz beschränkt, als gemeinnützig anerkannt sind. Damit ist jeder dieser Gesellschaften die Provinz als Geschäftsbezirk zugewiesen. Nur für Hessen-Nassau sind die Regierungsbezirke die Ansiedlungsbezirke.

[6]) RAME. 26. 9. 1919 bestimmt zu § 1 (Nr. 4): „Den Landeszentralbehörden bleibt es überlassen, zu bestimmen, in welcher Weise die Wohnungszentralbehörde des betreffenden Landes an der staatlichen Aufsicht über das Siedlungswesen zu beteiligen ist."

## Bereitstellung

### a) von Staatsdomänen.

### § 2.

Staatsdomänen[1]) sind bei Ablauf des Pachtvertrags[2]) dem gemeinnützigen Siedlungsunternehmen (§ 1) zu höchstens dem Ertragswert[3]) zum Kaufe anzubieten[4]), soweit nicht ihre Erhaltung im Staatsbesitze für Unterrichts-, Versuchs- oder andere Zwecke öffentlicher oder volkswirtschaftlicher Art notwendig ist[5]). Bei der Schätzung des Wertes sollen vorübergehende Wertsteigerungen, die auf außerordentliche Verhältnisse des Krieges zurückzuführen sind, nicht berücksichtigt werden[6]).

[1]) RLME. 26. 9. 1919 bestimmt hierzu (Nr. 1): „Als Staatsdomänen i. S. der V. gelten sämtliche in Staatseigentum oder unter staatlicher Verwaltung stehende Güter, also auch die zu den Staatsnebenfonds gehörenden". Diese Bestimmung ist unklar. Aus dem Hinweis auf die „Staatsnebenfonds" geht aber soviel hervor, daß nur solche Güter, die im Eigentum des Staates stehen, in Betracht kommen. Güter, die im Eigentum einer anderen Rechtspersönlichkeit, z. B. einer Stiftung stehen, sind keine „Staatsdomänen", auch wenn der Staat das Vermögen der Rechtspersönlichkeit verwaltet.

[2]) RLME. 26. 9. 1919 (Nr. 2) bestimmt: „Domänen, deren Pachtvertrag erst nach Inkrafttreten der V. 29. 1. 1919 abgelaufen ist, die aber bereits vor diesem Tage neu verpachtet worden sind, brauchen erst nach Ablauf des neuen Pachtvertrags den gSU. angeboten zu werden." Die RSV. ist nach ihrem § 23 (= § 32 RSG.) mit ihrer Verkündung d. h. am 30. 1. 1919 in Kraft getreten. Dieser Tag ist mithin der Stichtag. Ein nach diesem Tage geschlossener Pachtvertrag enthebt den Staat nicht seiner Verpflichtung zur Hergabe der Domäne.

Macht das gSU. von dem Anerbieten der Domänenverwaltung (A 4) keinen Gebrauch, so kann diese die Domäne erneut auf beliebige Zeit verpachten. Sie muß aber nach Ablauf des neuen und so eines jeden weiteren Pachtvertrages die Domäne wiederum dem gSU. anbieten. Der Abgeordnete Löbe bemerkte bei der 3. Lesung: „Bei ihnen,"

d. h. den Staatsdomänen, „tritt der Pachtwechsel an die Stelle des" beim RkG. entscheidenden „Eigentumswechsels und bei jedem Pachtwechsel ist das Domänenland zu Siedlungszwecken zur Verfügung zu stellen."

[8]) Vgl. § 2049 Abs. 2 BGB.: „Der Ertragswert bestimmt sich nach dem Reinertrage, den das Landgut nach seiner bisherigen wirtschaftlichen Bestimmung bei ordnungsmäßiger Bewirtschaftung nachhaltig gewähren kann." S. ferner § 1515 Abs. 2, 3, § 2049 Abs. 1, § 2312 BGB.; Art. 137 EGBGB, sowie § 17 G. 8 6. 1896 (GS. 124) („das Anerbengut wird nach dem jährlichen nachhaltigen Reinertrage geschätzt, den es mit dem Zubehör durch Benutzung als Ganzes bei ordnungsmäßiger Bewirtschaftung und in dem bisherigen Kulturzustande gewährt") und die ähnlichen Vorschriften § 15 Höfe-G 28. 7. 1909 (GS. 651: Hannover), § 14 LGüO 2. 4. 1886 (GS. 117: Schleswig-Holstein), § 25 AnerbG. 2. 7. 1898 (GS. 139: Westfalen). Über das Verhältnis des Ertragswerts zum gemeinen Wert s. A. 2a zu § 15.

Der Ertragswert wird durch Kapitalisierung des Reinertrages gefunden. Der hierbei anzuwendende Zinsfuß ist nicht notwendig der gesetzliche von 4 v. H. (§ 246 BGB.), sondern der den besonderen Umständen des Falles angemessene; vgl. Gruchot 63 236. Im Zweifel wird man den Zinsfuß zugrunde legen müssen, der sich für einen längeren Zeitabschnitt als landesüblich herausgestellt hat.

Über die Beschränkung der Schätzung nach Satz 2 (Nichtberücksichtigung vorübergehender Wertsteigerungen, die durch die Kriegsverhältnisse hervorgerufen sind) s. A. 2c zu § 15. Für den Ertragswert hat diese Einschränkung nur geringe Bedeutung. Bei der Ermittlung des Reinertrages, als des dauernden (nachhaltigen) Ertrages des Grundstücks müssen Umstände, die nur eine vorübergehende Steigerung des Ertrages hervorrufen, ohnedies außer Betracht bleiben. Auch besonders hohe Erträge, die auf Grund außergewöhnlicher Verhältnisse vor dem Kriege erzielt sind, dürfen bei der Ertragsberechnung nicht zur vollen Auswirkung kommen. Vgl. § 19 AblG. 2. 3. 1850 (GS. 77), wonach der Martinimarktpreis von Körnerabgaben nach dem Durchschnitt der letzten 24 Jahre unter Außerachtlassung der zwei teuersten und der zwei wohlfeilsten Jahre festgestellt werden soll. — Der bei der Verpachtung erzielte Pachtzins gibt zwar einen Anhalt für den Reinertrag des Grundstücks, darf aber nicht als unmittelbarer Ausdruck des Reinertrages angesehen werden.

[4]) Der Staat ist zum Kaufangebot unter den in § 2 (vgl. auch § 25) bezeichneten Voraussetzungen und unter den Bedingungen des § 2 verpflichtet. Über die Frage, wie die Erfüllung dieser Verpflichtung im Weigerungsfalle zu erzwingen sei, ist der Gesetzgeber hinweggegangen, offenbar in der Annahme, daß der Weigerungsfall nicht eintreten werde. Die Absicht, den Rechtsweg zuzulassen, hat offenbar dem Gesetzgeber fern gelegen. Man wird ihn daher grundsätzlich ausschließen müssen. Auch ein sonstiger Rechtsbehelf ist dem gSU nicht gegeben.

Kommt der Kauf zustande, so bleibt davon ein etwa bestehendes Pachtverhältnis (vgl. § 25) unberührt. Weder der Verkäufer (Staat) noch der Käufer (gSU) hat eine rechtliche Handhabe, um den Pächter wider seinen Willen zu ververdrängen (§§ 571, 581 BGB). Nur im Wege der Vereinbarung kann das Pachtverhältnis vor seiner gesetzlichen Beendigung (durch Ablauf der Pachtzeit, Kündigung usw.) aufgehoben werden. Wird eine solche Vereinbarung getroffen, so ist es Sache des Pächters, sich den Ersatz des ihm entstehenden Schadens auszubedingen. (Anders i. F. der Enteignung, wo das Pachtrecht regelmäßig erlischt [vgl. aber auch § 3 Abs. 2 AGRSG] und der Pächter nach § 11 EnteigG. von dem Enteignenden besonders zu entschädigen ist.)

Dem gSU. ist mit dem Erwerb einer nicht pachtfreien Domäne nicht gedient, da eine solche vorerst nicht besiedelt werden kann. Daher sollen die Domänen in der Regel erst nach Beendigung der Pacht zur Verfügung gestellt werden. Ausnahmen können aber eintreten, wenn der Staat eine Domäne nach Ablauf der Pachtzeit wieder verpachtet, ohne sie gemäß § 2 dem gSU. anzubieten (vgl. auch RAME. 26. 9. 1919 Nr. 2 bei A. 2), und i. F. des § 25 (Hergabe von verpachtetem Domänenland bis zu 10 v. H der Domänenfläche zur Hebung von Kleinbetrieben). Die Verpflichtung des Staates in diesen Fällen ist so zu verstehen, daß er dem gSU. das Domänenland frei von Pacht zu liefern hat. In diesem Sinne bemerkte der Abg. Hampe bei der 3. Lesung (Sitz Ber. 1739): „darüber kann . . . kein Zweifel bestehen, daß der Leidtragende hier der Staat sein muß." Die Pachtbefreiung kann der Staat aber nur durch gütliche Verhandlung mit dem Pächter erreichen; Zwangsmittel stehen ihm nicht zu Gebote. Andererseits hat auch das gSU. kein Mittel, den Staat zur Erfüllung seiner Verpflichtung anzuhalten oder von ihm Schadensersatz wegen Nichtbeseitigung der Pacht (nach § 434 BGB.; vgl. Seuff Arch. 61 353, OLG. 22 220) zu verlangen. Das Gesetz enthält daher zu diesem Punkte keine Vorschrift sondern nur einen Rat. (Im RHAussch. ist die Frage der Entschädigung des Pächters erörtert worden, ohne daß man zu einer Einigung kommen konnte; vgl. SitzBer. 1734, auch 1739 [Abg. Hampe]. Es handelte sich übrigens hierbei nicht um die oben angeführten besonderen Fälle, sondern um die bei der 2. Lesung in den § 2 eingefügte Bestimmung, daß Domänen „bei Bedarf an Siedlungsland auch vor Ablauf des Pachtvertrages" herzugeben seien. Wegen der Unmöglichkeit einer Einigung über die Entschädigungsfrage wurden diese Worte wieder gestrichen.)

Der Enteignung unterliegen die Staatsdomänen nicht; s. A. 3 zu § 12.

[5]) Ob ihre Erhaltung in Staatsbesitz aus diesen Gründen

erforderlich ist, entscheiden in Preußen die zuständigen Minister (LM., VWM. und FM.). — Bei der 3. Lesung wurde von dem Berichterstatter (Becker) darauf hingewiesen, daß auch der Streubesitz der staatlichen Domänenverwaltung, da er schon jetzt an kleine Leute verpachtet sei, „in der Regel" nicht abgetreten zu werden brauche (SitzBer. 1734).

[6] S A. 3.

## b) von Moor- und Ödland.

### § 3.

(1) Das gemeinnützige Siedlungsunternehmen ist berechtigt, unbewirtschaftetes oder im Wege der dauernden Brennkultur oder zur Torfnutzung verwendetes Moorland oder anderes Ödland[1]) für Besiedlungszwecke im Enteignungsweg[2]) in Anspruch zu nehmen. Wenn der Eigentümer sich verpflichtet, innerhalb einer ihm gesetzten angemessenen Frist eine seinen wirtschaftlichen Verhältnissen entsprechende Fläche in Kulturland umzuwandeln, kann die Enteignung dieser Fläche erst stattfinden, wenn die Frist nicht gewahrt wird*)[3]).

(2) Als Entschädigung ist der kapitalisierte[4]) Reinertrag zu gewähren, den das Land im unverbesserten Zustand hat. Die Enteignungsbehörde kann dann eine höhere Entschädigung festsetzen, wenn besondere Verhältnisse dies als angemessen erscheinen lassen[5]). Der Rechtsweg gegen die Festsetzung der Entschädigung ist ausgeschlossen*). Im übrigen bleibt die Regelung der Enteignung einschließlich der Rechtsbehelfe gegen die Festsetzung der Entschädigung den Bundesstaaten vorbehalten[6]).

---

*) Diese Sätze fehlen in RSV.

[1]) RAMS. 26. 9. 1919 bestimmt hierzu: „Die Entscheidung darüber, was als unbewirtschaftetes oder im Wege der dauernden Brennkultur oder zur Torfnutzung verwendetes Moorland oder als anderes Ödland anzusprechen ist, treffen die Landeszentralbehörden." Diese Bestimmung muß dahin verstanden werden, daß die LZBeh. allgemeine Merkmale für das in Betracht kommende Land aufstellen kann. Die Entscheidung im einzelnen Fall, ob ein Grundstück mit Rücksicht auf seine Beschaffenheit und die Art seiner Benutzung der Enteignung unterliegt, bleibt der gesetzlich verordneten Enteignungsbehörde (vgl § 1 Abs. 1[1] AGRSG.) vorbehalten. Diese hat jedoch die allgemeinen Vorschriften der LZBeh zu beachten.

[2]) Vgl. § 1 Abs 1[1] AGRSG.

[3]) „In Kulturland umwandeln" setzt eine vollständige Urbarmachung durch Entwässerung, Zubereitung des Bodens, Düngung, bei Anlage von Wiesen und Weiden auch der Grasansaat usw. voraus. Der Boden muß befähigt werden, den nach den Umständen erreichbaren höchsten Ertrag an landwirtschaftlichen Erzeugnissen zu liefern. Nach den Beschlüssen 2. Lesung hieß es statt „in Kulturland umzuwandeln" lediglich „in Kultur zu nehmen". Die in 3. Lesung beschlossene Änderung sollte zum Ausdruck bringen, daß es nicht genügt, wenn der Eigentümer irgendwelche Früchte auf dem Ödland anbaut; vgl. SitzBer. 1734.

Ausgeschlossen von der Enteignung ist die tatsächlich urbar gemachte Fläche, auch wenn sie über das den wirtschaftlichen Verhältnissen entsprechende Maß hinausgeht oder dahinter zurückbleibt.

Die Frist setzt das gSU., bevor es die Enteignung beantragt. Dem Eigentümer ist dabei die Größe der Fläche zu bezeichnen, die er innerhalb der Frist urbar zu machen hat. Auf die an ihn gerichtete Aufforderung hat sich der Eigentümer zu erklären. Lehnt er die Übernahme einer Verpflichtung nach Abs. 1 S. 2 schlechthin ab, so kann gegen ihn sofort mit der Enteignung vorgegangen werden. Gleiches ist der Fall, wenn er überhaupt keine Erklärung abgibt. Erklärt er sich zur Übernahme der Verpflichtung bereit, bemängelt aber die ihm gesetzte Frist oder die Größe der Fläche, deren Urbarmachung ihm angesonnen wird, so steht ihm die Beschwerde an den Oberpräsidenten (A. 1 zu § 1) zu. In letzter Instanz entscheidet der LM.

4) Wegen des Kapitalisierungs-Zinsfußes s. A. 3 zu § 2.

5) Über Reinertrag s. A. 3 zu § 2. — Die Enteignungsbehörde kann, muß aber nicht über den kapitalisierten Reinertrag hinausgehen, wenn dies aus besonderen Gründen angemessen erscheint. Der Berichterstatter (Allekotte) bemerkte zu § 3: in Oldenburg betrage der kapitalisierte Reinertrag für 1 ha Moorfläche bisweilen nicht mehr als 50 ℳ, während die gleiche Fläche schon vor dem Kriege mit 1000 ℳ bezahlt worden sei; mit Rücksicht auf solche Fälle habe der RHAussch. die Bestimmung beschlossen, daß beim Vorhandensein besonderer Verhältnisse eine höhere Entschädigung zuerkannt werden könne (SitzBer. 1169). Der Abg. Dusche führte bei der ersten Lesung (SitzBer. 1186) weiter aus: „Als besondere Verhältnisse . . . . müssen nach meiner Überzeugung immer gelten die langjährige Zugehörigkeit der Grundstücke zu dem betreffenden Besitztum, die Tatsache, daß die ganze Bewirtschaftung des Hofes eingestellt war auch auf die Benutzung der zu enteignenden Grundstücke, wenn auch nur zu gelegentlicher Gewinnung von Torf, von Streumaterialien u. dgl. m." Diesen Ausführungen ist von keiner Seite widersprochen. Aber sie ergeben nicht mehr, als den allgemeinen Gedanken, daß über den Reinertrag hinausgegangen werden kann, wenn besondere Billigkeitsgründe dafür sprechen oder wenn die Beschränkung auf den Reinertrag eine besondere Härte für den Eigentümer enthalten würde. Im einzelnen ist alles in das billige Ermessen der zur Entschädigung berufenen Behörde gestellt

und diese hat dabei das gesamte Gebiet der Tatsachen zu würdigen, sie ist keinesfalls auf die Berücksichtigung der Umstände beschränkt, die in den angeführten Äußerungen hervorgehoben werden. Für das Maß, in dem der Ertragswert erhöht werden kann, fehlt es an jeder Andeutung. Über den gemeinen Wert (vgl. § 13 Abs. 1, § 15 Abs. 1) darf jedenfalls nicht hinausgegangen werden. Es darf aber regelmäßig auch nicht bis zu ihm hinaufgegangen werden. Der Wert, den das Ödland durch die Urbarmachung erlangen würde, könnte selbstverständlich nur nach Abzug der Kosten der Urbarmachung in Frage kommen; aber auch der so gekürzte Wert darf in der Regel nicht voll gewährt werden. Vgl. in dieser Beziehung auch die Angaben des Berichterstatters über die Vorverhandlungen zu § 3 RSB. (SitzBer. 1169). Ergibt sich ein Maßstab aus den Umständen, die zur Erhöhung der Entschädigung geführt haben, so ist dieser zu berücksichtigen. So im Falle einer Wertverminderung, die der Hof durch den Verlust der Nutzungen des enteigneten Grundstücks erleidet; vgl. § 8 Abs. 2 EnteigG. (unten II). Aber in der Regel wird auch hier nicht der volle Betrag zu vergüten sein, den die Anwendung des Maßstabes ergeben würde. Vielmehr kann es sich immer nur darum handeln, den grundsätzlich vorgeschriebenen Ertragswert um einen angemessenen Betrag zu erhöhen und dadurch die in der Fortnahme des Grundstücks liegende Härte zu mildern. — Mit Art. 153 Abs. 2 RVerf. steht diese Regelung nicht in Widerspruch, da hier eine „angemessene Entschädigung" nur für den Fall vorgeschrieben ist, daß „nicht ein Reichsgesetz etwas anderes bestimmt".

[6]) Die Regelung der Enteignung im einzelnen ist danach der Landesgesetzgebung überlassen, jedoch mit der Einschränkung, daß einmal die Höhe der Enteignungsentschädigung nach Abs. 2 S. 1, 2 bestimmt werden muß, und daß sodann der Rechtsweg gegen die Festsetzung der Entschädigung nicht eröffnet werden darf. Vgl. auch § 15

Abs. 2, 3. Rechtsweg bedeutet dem allgemeinen Sprachgebrauch zufolge nur Rechtsweg bei den ordentlichen Gerichten. Die Vorschrift schließt also nicht die Regelung eines mit Gewähr für unparteiische Rechtsprechung umgebenen Rechtszuges aus, wie ein solcher im AGRSG. geordnet ist; vgl. §§ 1ff. a. a. O.

## Vorkaufsrecht des Siedlungsunternehmens.

Vorbemerkung.

Die nachstehenden Vorschriften §§ 4—11 über das VkR. stimmen größtenteils mit den Vorschriften der Preuß. V., betr. das gesetzliche VkR an land- und forstwirtschaftlichen Besitzungen, vom 23. 12. 1918 (GS 1919 S. 3) überein, weichen aber in einigen wichtigen Punkten von ihnen ab. Beiden, sowohl den §§ 4—11 RSG wie der VkV, haben die §§ 12—20 des GrndTeilG. (AbgH. 1914/15 Drucks. Bd. 3 S. 1785) zum Vorbilde gedient. Die Begr. des GrndTeilG. (a. a. O. S. 1789) kann daher zur Erläuterung herangezogen werden; vgl. LME. 30. 1. 1919 (LMBl. 73) zu 1.

Für die Handhabung der VkV. hat der vorbezeichnete LME. Richtlinien aufgestellt. Nachdem die VkV. durch § 39 AGRSG. aufgehoben ist, haben diese Richtlinien ihre förmliche Geltung verloren. Sachlich aber behalten sie wenigstens teilweise auch jetzt noch Bedeutung für die Handhabung der §§ 4—11 RSG. Gleiches gilt auch von einigen anderen zur Ausführung der VkV erlassenen Bestimmungen. Diese AusfBest. zur VkV. werden daher bei den einzelnen §§ des RSG. berücksichtigt werden.

### § 4.

1 Gegenstand des Vorkaufsrechts. Das gemeinnützige Siedlungsunternehmen[1]) hat ein Vorkaufsrecht auf die in seinem Bezirke belegenen land-

wirtschaftlichen Grundstücke[2]) im Umfang von 25*) Hektar aufwärts[3]) oder Teile von solchen Grundstücken[4]). Das Vorkaufsrecht kann durch Bestimmung der Landeszentralbehörde auf kleinere Grundstücke ausgedehnt werden[5]).

[1]) S. A. 1 zu § 1 RSG. — Übertragung des VkR. hinsichtlich der großen Güter (§ 12) auf den LLV.: § 14. — Nach Nr. 7 LME. 30 1. 1919 sollte das gSU das VkR. auch für gemeinnützige Kleinsiedlungsgesellschaften und Kommunalverbände (vgl. III[4] AusfV. 28. 11. 1916, unten Abteil II Nr. VII) ausüben können. Es sollten dann nähere Vereinbarungen über die gegenseitigen Rechte und Pflichten getroffen werden. Dies wird auch jetzt noch zulässig sein.

[2]) RAME 26. 9. 1919 bestimmt: „Der Begriff ‚Grundstück' ist im wirtschaftlichen Sinne zu verstehen und trifft jeden einheitlich bewirtschafteten landwirtschaftlichen Grundbesitz. Nicht der Umstand ist entscheidend, wie das Grundstück im GBuch, insbesondere ob es auf einem oder auf mehreren GBuchblättern eingetragen ist, sondern allein die wirtschaftliche Zusammengehörigkeit."

§ 1 VkV. sprach von land- (und forst-) wirtschaftlichen Besitzungen, und auch nach Begr. zu § 15 GrndTeilG. (S. 1794) setzt die „Besitzung" begrifflich die wirtschaftliche Zusammengehörigkeit mehrerer Grundstücke desselben Eigentümers voraus. „Wirtschaftliche Zusammengehörigkeit" wird man aber im weitesten Sinne verstehen müssen. Es ist nicht nötig, daß die Besitzung mit Wirtschaftsgebäuden besetzt ist oder daß solche überhaupt zu ihr gehören. Wenn ferner die Besitzung (das Grundstück) eine in sich zusammenhängende Fläche bildet, wird man den § 4 selbst dann anwenden müssen, wenn das Grundstück

*) RSV.: 20 ha.

nicht einheitlich bewirtschaftet wird, z. B. wenn es in mehreren Abschnitten an verschiedene Personen verpachtet ist. Doch muß hier gefordert werden, daß es sich zur einheitlichen Bewirtschaftung eignet. — Forstwirtschaftliche Grundstücke erwähnt § 4 nicht. Für sie haben die §§ 4ff. daher keine Geltung. Anders: § 1 BkB.

[3]) § 2 BkB.: mehr als 20 ha. Ebenso: § 4 RSB. (A. [*]).

[4]) Auch wenn die Teile kleiner sind, als 25 ha. Anders: § 2 BkB., der verlangte, daß auch der abveräußerte Teil „für sich allein oder mit Hinzurechnung anderer in dem Jahre vor Abschluß des Kaufvertrags veräußerter Teile 20 ha" überstieg. Zweifelhaft ist es, ob das BkR auch dann stattfindet, wenn ein Miteigentümer seinen Anteil an dem gemeinschaftlichen Grundstück oder der Alleineigentümer einen Bruchteil seines Grundstücks verkauft. Die Frage wird zu bejahen sein, da im Sinne und nach der Absicht des § 4 auch die Veräußerung eines Bruchteils Veräußerung eines Teils des Grundstücks ist. Die gegenteilige Annahme würde überdies der Umgehung des Gesetzes Tür und Tor öffnen, da der Erwerber eines Bruchteils durch den Erwerb weiterer Bruchteile schließlich Alleineigentümer werden kann.

[5]) Von dieser Bestimmung hat Preußen keinen Gebrauch gemacht. — Bei der 2. Lesung fragte der Abg. Heim, ob der RAM. auf Grund des § 26 (früher § 24) das BkR. auf Grundstücke von weniger als 25 ha ausdehnen können. Der Reg.-Vertreter gab hierauf nur eine allgemeine, die gestellte Frage selbst nicht entscheidende, Antwort. Die Frage muß indes verneint werden. Die Herabsetzung der gesetzlichen Mindestgröße auf weniger als 25 ha bedeutet an sich eine Änderung des Gesetzes, wozu der § 26 nicht ermächtigt. Es beruht lediglich auf der ausdrücklichen Sondervorschrift § 4 S. 2, daß die LZBeh. eine solche Änderung vornehmen darf. Eine andere, nur mit der Ausführung des Gesetzes betraute Behörde ist dazu nicht befugt. Dagegen ist außer der LZBeh. auch die Landesgesetzgebung zur Erweiterung des BkR. ermächtigt.

## § 5.

Das Vorkaufsrecht hat den Vorrang vor allen anderen eingetragenen und gesetzlichen Vorkaufsrechten[1]). Es bedarf der Eintragung in das Grundbuch nicht[2]). 2. Rang des Vorkaufsrechts.

[1]) Eingetragene VkR.: §§ 1094 BGB. — Gesetzliche VkR.: § 57 Abs. 2, 3 EnteignG.; § 141 Allg. BergG. 24. 6. 1865 (GS. 705). Vgl. auch § 2[6], § 4 AblG. 2. 3. 1850 (GS. 77). S. ferner § 9 (Erlöschen der VkR. und der Auflassungsvormerkungen).

[2]) Das (gesetzliche) VkR. der §§ 4 ff. hat also ohne Eintragung Wirkung gegen Dritte; § 892 BGB. ist insowe nicht anwendbar.

## § 6.

(1) Das Vorkaufsrecht kann ausgeübt werden, sobald der Eigentümer mit einem Dritten einen Kaufvertrag über die im § 4 bezeichneten Grundstücke oder Grundstücksteile abgeschlossen hat[1]). 3. Ausübung des Vorkaufsrechts. a) Voraussetzungen.

(2) Die Ausübung des Vorkaufsrechts ist ausgeschlossen, wenn der Eigentümer das Grundstück an eine Körperschaft des öffentlichen Rechtes[2]), an seinen Ehegatten oder an eine Person verkauft hat, die mit ihm in gerader Linie oder bis zum dritten Grade der Seitenlinie verwandt oder bis zum zweiten Grade verschwägert ist[3]).

(3) Soweit landwirtschaftlich genutzte Grundstücke (einschließlich Staatsdomänen) von gemeinnützigen Siedlungsgesellschaften zum Zwecke der Ansiedlung übernommen werden[4]), haben die Pächter ein Vorkaufsrecht für ein bei der Verteilung etwa übrig bleibendes Restgut[5]) oder für Parzellen, die geeignet sind, Inventar

und sonstiges Betriebskapital des zur Siedlung übergebenen landwirtschaftlichen Grundstücks möglichst zu verwerten[6])*).

[1]) Kaufvertrag: § 433 BGB. Der Vertrag muß in gehöriger Form d. h. gerichtlich oder vor Notar (§ 313 BGB) geschlossen sein, da er sonst nichtig ist und dem VkR. der Gegenstand fehlen würde. Die Hinzufügung einer Bedingung schließt dagegen das VkR. nicht aus. Wird die Wirksamkeit des Vertrages von der Zustimmung eines Dritten abhängig gemacht, so wird er erst mit der Zustimmung wirksam, kann aber schon vorher Gegenstand des Vk. sein (Begr. zu § 16 GrndTeilG. S. 1794 [Vorbem. zu § 4] betrachtet die Vereinbarung, wodurch der Vertrag von der Zustimmung eines Dritten abhängig gemacht wird, wenig einleuchtend als eine Nebenleistung und, weil unschätzbar, als ungültig). Wird ein wegen mangelnder Form nichtiger Kaufvertrag infolge nachfolgender Auflassung und Eintragung im GBuch gültig (§ 313 S. 2 BGB), so ist für das VkR. wiederum Raum (SitzBer. 1194). — Sonstige Veräußerungsverträge: § 11.

[2]) Oder an eine von der öff. Körperschaft eingerichtete Anstalt (städtische Sparkasse usw.), die keine von der Körperschaft unterschiedene eigene Rechtspersönlichkeit hat.

[3]) Vgl. § 383 [3] ZPO. An Kindesstatt angenommene Personen, die § 383 a. a. O. erwähnt, kommen für § 6 nicht in Betracht.

[4]) Staatsdomänen gemäß § 2.

[5]) Bei der Beratung in der NatVers. wurde betont, daß Restgüter nicht unter allen Umständen gebildet werden sollten. (SitzBer. 1178). Doch wird dies bei der Aufteilung größerer Güter selten unterbleiben können, ohne die großen in den Gutsgebäuden angelegten Kapitalien preiszugeben.

---

*) Abs. 3, fehlt in RGB.

Vgl. auch LVerf. 1919 Drucks. Nr. 1439 (Ausschußbericht zum AGRSG.) S. 61.

[6]) Abs. 3 ist bei der zweiten Lesung in das Gesetz eingefügt und in dritter Lesung nur im Wortlaut etwas verändert. Mit dem VkR. des gSU. (und des LLV.) hat die Vorschrift nichts zu tun; sie verdankt ihre Stelle im § 6 anscheinend nur dem rein äußerlichen Umstande, daß sie ebenfalls von einem VkR. handelt. Die besonderen Vorschriften des RSG. (§§ 4, 5; § 6 Abs. 1, 2; §§ 7—11), die auf das gSU. berechnet sind, finden daher auf das VkR. nach § 6 Abs. 3 keine Anwendung.

Das VkR. des Pächters ist ein gesetzliches VkR., wie das des gSU. Aber es ist schuldrechtlicher, nicht dinglicher Natur. In Ermangelung besonderer Vorschriften finden die Vorschriften des BGB. über das schuldrechtliche VkR. (§§ 504—514) Anwendung. Vorkaufsberechtigt ist der letzte Pächter einer Besitzung oder einer Domäne, die das gSU. zur Besiedlung durch Kauf, Vorkauf, Enteignung usw. erworben hat, gleichviel, ob die Pacht sogleich beim Übergang des Gutes in das Eigentum des gSU. oder erst später beendigt worden ist Das VkR. entsteht, sobald der Plan zur Aufteilung des Gutes endgültig festgestellt ist. Der Zeitpunkt hierfür läßt sich freilich schwer bestimmen, da bei der Vergebung der einzelnen Stellen fortwährend Verschiebungen innerhalb des Aufteilungsplanes nach den Wünschen der Ansiedler vorgenommen werden. Der Gegenstand des VkR. steht daher endgültig erst fest, wenn das Restgut oder eine für den Pächter geeignete Stelle veräußert wird und nun der Pächter sein VkR. ausübt. Mit Rücksicht hierauf kann das verpflichtete gSU. seiner Pflicht zur Benachrichtigung des Vkberechtigten (§ 510 BGB.) nur dadurch genügen, daß es ihm sämtliche Abverkäufe anzeigt.

Im Streitfalle hat der Pächter sein VkR. im ordentlichen Rechtswege zu verfolgen. Die Landeskulturbehörde ist auch dann nicht zuständig, wenn die Aufteilung des Gutes in Rentengüter unter ihrer Leitung (§ 12 G. 7. 7. 1891, unten Abteil. II Nr. III) erfolgt; vgl. § 1 Abs. 5 OrgG. Der Beweis dafür, daß es sich um das Restgut oder um eine nach Abs. 3 für den Pächter geeignete Stelle handele, hat der Pächter zu führen. Gegen den dritten Erwerber kann das VkR. nur geltend gemacht werden, wenn es durch eine Vormerkung nach § 883 BGB gesichert ist. Über Eintragung einer Vormerkung s. RG. **67** 48, **69** 282, **72** 392; KGJ. **36** 212. Die Eintragung setzt voraus, daß der vorkaufspflichtige Teil des Gutes entweder auf besonderem GBBlatt gebucht oder (bei Eintragung auf das ganze Gut; vgl. RJA. **2** 104) im GB. genau bezeichnet wird; vgl. § 6 GBO., § 30 AllgBGBO. In der allgemeinen Fassung den § 6 Abs. 3 RSG. kann das VkR. nicht vorgemerkt werden.

## § 7.

b) Frist. (1) Die Frist zur Ausübung des Vorkaufsrechts beträgt drei Wochen von dem Tage ab, an dem der Vorkaufsberechtigte die Mitteilung des Eigentümers oder des Dritten[1]) von dem Inhalt[2]) des zwischen ihnen geschlossenen Vertrags empfangen hat. Ist das Grundstück oder der veräußerte Teil größer als 200 ha, so beträgt die Frist sechs Wochen[3]).

(2) Die Mitteilung des Eigentümers oder des Dritten wird durch die Mitteilung des Grundbuchamts ersetzt[4]).

(3) Der Vorkaufsberechtigte ist befugt, innerhalb der Frist das Grundstück oder den veräußerten Teil zu besichtigen. Wird er von dem Eigentümer oder dem Dritten an der Ausübung dieses Rechtes gehindert, so läuft die Frist von dem Tage ab, an dem das Hindernis fortfällt[5]).

[1]) § 8 Abs. 3 RSG.; § 510 Abs. 1, § 1099 Abs. 1 BGB. S. ferner Abs. 2 (Benachrichtigung durch das GBAmt).

[2]) Nicht jede Mitteilung von dem Kaufabschluß setzt die Frist in Lauf. Die Mitteilung muß nicht nur von den im Gesetz dazu berufenen Personen (A. 1) ausgehen, sondern sie muß auch den Inhalt des Vertrages so vollständig enthalten, daß der Berechtigte sich, soweit es auf den Inhalt ankommt, verständigerweise darüber schlüssig machen kann, ob er sein Recht ausüben soll oder nicht.

[3]) Anders § 510 Abs. 2 BGB., wonach die Frist (bei Grundstücken) stets zwei Monate beträgt.

[4]) Vgl. § 10. — Nach § 4 Abs. 2 VkV. sollte der JustM. bestimmen, in welchen Fällen das GBAmt den Vkberechtigten zu benachrichtigen habe. Zur Ausführung dieser Vorschrift ist die AllgVerf. des JustM. 12. 4. 1919 (JustMBl. 260) ergangen. Mit Rücksicht auf § 10 RSG. wird es der AllgVerf., die auf das VkR. des RSG. an sich keine Anwendung finden kann, nicht weiter bedürfen.

[5]) RAME. 26. 9. 1919 bestimmt hierzu: „Den Ländern wird es überlassen, notfalls Verwaltungszwangsmaßnahmen festzusetzen, um die Besichtigungsbefugnis der Vkberechtigten zu gewährleisten.“ Von dieser Befugnis ist in Preußen kein Gebrauch gemacht.

Die Hinderung wird in der Regel körperliche Hinderung sein müssen. Die bloße Erklärung des Eigentümers, daß er die Besichtigung nicht dulden werde, genügt an sich nicht. Doch kann eine solche Erklärung, wenn sie mit Drohungen für Leib oder Leben verbunden ist, der körperlichen Hinderung gleichstehen. Das Hindernis fällt weg, wenn der Berechtigte davon Kenntnis erhält, daß der Eigentümer seinen Widerstand aufgegeben hat. Bis dahin darf dem Berechtigten nicht zugemutet werden, den nach seiner Kenntnis der Sachlage aussichtslosen Versuch einer Besichtigung zu machen oder zu wiederholen.

§ 505 BGB.

c) Form und Wirkung der Ausübung im Allgemeinen.

(1) Die Ausübung des Vorkaufsrechts erfolgt durch Erklärung gegenüber dem Verpflichteten[1]). Die Erklärung bedarf nicht der für den Kaufvertrag bestimmten Form.

(2) Mit der Ausübung des Vorkaufsrechts kommt der Kauf zwischen dem Berechtigten und dem Verpflichteten unter den Bestimmungen zustande, welche der Verpflichtete mit dem Dritten vereinbart hat[2]).

[1]) Im Falle des Konkurses gegenüber dem Konkursverwalter, i. F. der Zwangsversteigerung bis zum Zuschlage gegenüber dem bisherigen Eigentümer, nach dem Zuschlage gegenüber dem Ersteher (nicht etwa gegenüber dem Vollstreckungsgericht). Vgl. § 11.

[2]) Nach § 6 VkV. war der Vkberechtigte befugt, einen unangemessen hohen Preis auf den gemeinen Wert herabzusetzen, wobei die §§ 24 ff. EnteignG. und die §§ 2, 4, 5, 7, 8 V. 11. 9. 1914 (GS. 159) anwendbar sein sollten. Vgl. dazu LME. 30. 1. 1919 zu 2. Nach § 505 Abs. 2 BGB. und RSG. ist der Berechtigte zur Zahlung des vereinbarten Preises unter allen Umständen verpflichtet. Ist jedoch der Preis nur zum Schein vereinbart, während in Wirklichkeit ein niedrigerer Preis gezahlt werden sollte, so ist der ganze Kauf nichtig, da der erklärte Preis nach § 117 Abs. 1 BGB. nicht gilt und der durch das Scheingeschäft verdeckte Kauf zu dem niedrigeren Preise (§ 117 Abs. 2 BGB.) der vorgeschriebenen Form ermangelt. In diesem Falle kann auch der Vkberechtigte keine Rechte aus dem Geschäft herleiten. Ist aber in einem solchen Falle die Eigentumsübertragung erfolgt, so wird (gemäß § 313 S. 2 BGB.) die (verschleierte) Vereinbarung des niedrigeren Preises gültig und der Vkberechtigte befugt, zu diesem Preise das VkR. auszuüben.

d) Vereinbarungen zur Hinderung des Vorkaufs.

§ 506 BGB.

Eine Vereinbarung des Verpflichteten mit dem Dritten, durch welche der Kauf von der Nichtausübung des Vorkaufsrechts abhängig gemacht oder dem Verpflichteten für den Fall der Ausübung des Vorkaufsrechts der Rücktritt vorbehalten wird, ist dem Vorkaufsberechtigten gegenüber unwirksam [1]).

[1]) Der Berechtigte kann also trotzdem rechtsgültig in den Vertrag eintreten.

## § 8.

4. Rechte und Pflichten des Vorkaufsberechtigten und der Kaufparteien.

(1) Auf das Vorkaufsrecht sind die §§ 505 bis 509, § 510 Abs. 1, § 1098 Abs. 2, §§ 1099 bis 1102 des Bürgerlichen Gesetzbuchs entsprechend anzuwenden. Das Vorkaufsrecht erstreckt sich auch auf das mitverkaufte Zubehör [1]).

(2) Hat der Käufer eine Nebenleistung übernommen, die nicht in Geld zu schätzen ist, so hat der Eigentümer dem Vorkaufsberechtigten gegenüber keinen Anspruch auf die Erfüllung dieser Nebenleistung und der Vertragsstrafen, die zu ihrer Erfüllung ausbedungen sind [2]).

(3) Teilt im Falle des § 1099 des Bürgerlichen Gesetzbuchs der Dritte dem Berechtigten den Inhalt des Kaufvertrags mit, so hat dies die im § 7 bestimmte Wirkung [3]).

[1]) Vgl. § 3 Abs. 1 AGRSG. — Die angeführten §§ des BGB. sind teils vor, teils hinter § 8 abgedruckt.

[2]) Dagegen bleibt der Käufer dem (verpflichteten) Verkäufer gegenüber zur Nebenleistung verpflichtet, es sei denn, daß sie infolge der Ausübung des VkR. unmöglich wird. — In Geld abschätzbare Nebenleistungen: § 507 S. 1 BGB.

[3]) Vgl. § 1099 BGB. und A. 1 dazu. Die Mitteilung des Dritten setzt die Frist zur Ausübung des VkR. in Lauf.

§ 507 Satz 1 BGB.

5. Nebenleistungen des Käufers. Hat sich der Dritte in dem Vertrage zu einer Nebenleistung verpflichtet, die der Vorkaufsberechtigte zu bewirken außerstande ist, so hat der Vorkaufsberechtigte statt der Nebenleistung ihren Wert zu entrichten [1] [2].

[1]) Wegen unschätzbarer Nebenleistungen s. § 8 Abs. 2 RSG. — Nach Begr. zu § 16 GrndTeilG. S. 1794 f. kommt bei der Frage, ob eine Nebenleistung dem Vkberechtigten unmöglich ist, sowohl die tatsächliche wie die rechtliche Unmöglichkeit in Betracht. Unter den ersten Gesichtspunkt fällt eine Vertragsbestimmung, die dem Erwerber die Verpflichtung auferlegt, auf der Besitzung zu wohnen und sie zu bewirtschaften. Unter den zweiten Gesichtspunkt fallen Abreden, die den Erwerber d. h. das gSU zu etwas verpflichten, was mit seinen Satzungen unvereinbar ist. (Die Begr. erwähnt das Verbot der Aufteilung der Besitzung, die Verpflichtung zur Einräumung eines VkR. an eine [polnische] Parzellierungsbank, das Verbot der Weiterveräußerung an einen Deutschen.)

[2]) Satz 2 des § 507 lautet: „Läßt sich die Nebenleistung nicht in Geld schätzen, so ist die Ausübung des Vorkaufsrechts ausgeschlossen; die Vereinbarung der Nebenleistung kommt jedoch nicht in Betracht, wenn der Vertrag mit dem Dritten auch ohne sie geschlossen sein würde." Halbs. 2 („die Vereinbarung ... sein würde") bezieht sich nur auf den Fall des Halbs. 1, d. h. den Fall, daß die Nebenleistung nicht in Geld zu schätzen ist In diesem Falle hat aber nach § 8 Abs. 2 RSG. die Vereinbarung der Nebenleistung niemals gegenüber dem Vkberechtigten Geltung. Daraus folgt, daß der ganze Satz 2 im Siedlungsverfahren nicht anwendbar ist.

§ 508 BGB.

6. Gesamtpreis. Hat der Dritte den Gegenstand, auf den sich das Vorkaufsrecht bezieht, mit anderen Gegenständen zu einem Ge-

samtpreise gekauft, so hat der Vorkaufsberechtigte einen verhältnismäßigen Teil[1]) des Gesamtpreises zu entrichten. Der Verpflichtete kann verlangen, daß der Vorkauf auf alle Sachen erstreckt wird, die nicht ohne Nachteil für ihn getrennt werden können[2]).

[1]) Der nötigenfalls durch Schätzung zu ermitteln ist.

[2]) Vgl. die ähnliche Vorschrift § 9 Abs. 1 EnteignG. (unten II).

### § 509 BGB.

(1) Ist dem Dritten in dem Vertrage der Kaufpreis gestundet worden, so kann der Vorkaufsberechtigte die Stundung nur in Anspruch nehmen, wenn er für den gestundeten Betrag Sicherheit[1]) leistet. 7. Stundung des Kaufpreises.

(2) Ist ein Grundstück Gegenstand des Vorkaufs, so bedarf es der Sicherheitsleistung insoweit nicht, als für den gestundeten Kaufpreis die Bestellung einer Hypothek an dem Grundstücke vereinbart oder in Anrechnung auf den Kaufpreis eine Schuld, für die eine Hypothek an dem Grundstücke besteht, übernommen worden ist[2]).

[1]) §§ 232 ff. BGB.

[2]) § 416 BGB.

### § 510 Abs. 1 BGB.

Der Verpflichtete hat dem Vorkaufsberechtigten den Inhalt des mit dem Dritten geschlossenen Vertrags unverzüglich mitzuteilen. Die Mitteilung des Verpflichteten wird durch die Mitteilung des Dritten ersetzt[1]). 8. Verpflichtung zur Anzeige an den Vorkaufsberechtigten.

[1]) Vgl. § 7 Abs. 1 RSG. — Der Verpflichtete wird also von seiner Mitteilungspflicht frei, wenn der Dritte die Mitteilung macht; ferner setzt die Mitteilung des Dritten die Frist (§ 7 RSG.) in Lauf, was in § 7 RSG. auch noch ausdrücklich bestimmt ist. Vgl. auch § 1099 Abs. 1 BGB.

§ 1098 Abs. 2 BGB.

9. Wirkung des Vorkaufsrechts gegen Dritte.

Dritten gegenüber hat das Vorkaufsrecht die Wirkung einer Vormerkung zur Sicherung des durch die Ausübung des Rechtes entstehenden Anspruchs auf Übertragung des Eigentums[1]).

[1]) Auflassungsvormerkung; vgl. §§ 883, 888 BGB.

§ 1099 BGB.

10. Anzeige des Dritten und an den Dritten.

(1) Gelangt das Grundstück in das Eigentum eines Dritten, so kann dieser in gleicher Weise wie der Verpflichtete dem Berechtigten den Inhalt des Kaufvertrags mit der im § 510 Abs. 2 bestimmten Wirkung mitteilen[1]).

(2) Der Verpflichtete hat den neuen Eigentümer zu benachrichtigen, sobald die Ausübung des Vorkaufsrechts erfolgt oder ausgeschlossen[2]) ist.

[1]) § 510 Abs. 2 BGB., der die Frist zur Ausübung des VkR. regelt, ist nach § 8 RSG. nicht anwendbar; an seine Stelle tritt § 7 Abs. 1 RSG. Hier ist bereits — entsprechend dem § 1099 Abs. 1 BGB. — bestimmt, daß die Frist für die Ausübung des VkR. auch durch die Mitteilung des Dritten in Lauf gesetzt wird, gleichviel, ob das Grundstück schon in sein Eigentum gelangt ist oder nicht. Dasselbe ergibt sich auch aus dem — nach § 8 RSG. anwendbaren — § 510 Abs. 1 BGB., wonach die Mitteilung durch den Dritten ein Ersatz der Mitteilung des Verpflichteten ist.

[2]) Infolge Fristablaufs, Verzichts des Berechtigten, rechtskräftigen Urteils usw. — LME. 30. 1. 1919 bemerkt unter 4. zur VkV.: „Es steht nichts im Wege, wenn sich die Parteien schon vor dem förmlichen Vertragsabschluß Sicherheit darüber verschaffen, ob die Siedlungsgesellschaft von dem VkR. Gebrauch machen wird. Sagt auf ihre Anfrage die Siedlungsgesellschaft die Nichtausübung zu, so sind die Parteien gegen den Eingriff in ihr Vertragsverhältnis gesichert."

§ 1100 BGB.

Der neue Eigentümer[1]) kann, wenn er der Käufer oder ein Rechtsnachfolger[2]) des Käufers ist, die Zustimmung zur Eintragung des Berechtigten als Eigentümer[3]) und die Herausgabe des Grundstücks verweigern, bis ihm der zwischen dem Verpflichteten und dem Käufer[4]) vereinbarte Kaufpreis, soweit er berichtigt ist[5]), erstattet wird. Erlangt der Berechtigte die Eintragung als Eigentümer, so kann der bisherige Eigentümer[6]) von ihm die Erstattung des berichtigten Kaufpreises gegen Herausgabe des Grundstücks fordern[7]). 11. Verpflichtung des Vorkaufsberechtigten gegen den Dritten.

[1]) Der Dritte (Käufer), der noch kein Eigentum erlangt hat, kann sich nur an seinen Verkäufer, nicht an den Vkberechtigten halten.

[2]) Allgemeiner Rechtsnachfolger (Erbe usw.) oder Sondernachfolger (weiterer Käufer usw.)

[3]) Die der Berechtigte nach § 888 BGB. (vgl. § 1098 Abs. 2 das.) von dem Eigentümer fordern kann.

[4]) D. h. dem ersten Käufer, für den der Berechtigte in den Kaufvertrag eingetreten ist. Ist der Eigentümer der zweite oder dritte Käufer, so kann er sich wegen eines zwischen ihm und seinem Vertragsgenossen etwa vereinbarten höheren Preises nur an seinen Vertragsgenossen, nicht an den Vkberechtigten halten.

[5]) Ist der Preis durch Übernahme von Hypotheken berichtigt (§ 509 Abs 2), so besteht die Erstattung darin, daß der Vkberechtigte die Hypotheken seinerseits (vgl. § 416 BGB.) übernimmt.

[6]) D. h. der Käufer oder ein Rechtsnachfolger des Käufers (Satz 1).

[7]) Der Käufer (oder sein Rechtsnachfolger) hat, wenn er Eigentümer geworden ist, von dem Vkberechtigten Erstattung des beim (ersten) Kauf vereinbarten und bereits berichtigten Preises zu fordern. Weitere Ansprüche, z. B. auf Erstattung

der **Kosten des Vertrages**, stehen ihm gegen den Vkberechtigten nicht zu. (Anders: § 8 Abs. 3 VkV.) Doch kann er sich wegen solcher Ansprüche an seinen Verkäufer halten, der seinerseits auf Grund des § 505 Abs. 2 BGB. Erstattung von dem Vkberechtigten verlangen kann. Wegen des berichtigten **Kaufpreises** hingegen kann der Käufer seinen Verkäufer nicht in Anspruch nehmen (§ 1102 BGB.).

Zur Sicherung seines Anspruchs gegen den Vkberechtigten hat der Käufer ein **Zurückbehaltungsrecht** an dem Grundstück und zwar sowohl an dem Eigentum wie an dem Besitz. Doch ist sein Anspruch auch selbständig verfolgbar, er kann nicht etwa nur durch Ausübung des Zurückbehaltungsrechts geltend gemacht werden. Das, was der Vkberechtigte in Erfüllung dieses Anspruchs des Käufers leistet, wird ihm auf die Leistung angerechnet, die er dem Verpflichteten (Verkäufer) schuldet (§ 1101 BGB.).

## § 1101 BGB.

12. Verpflichtung des Vorkaufsberechtigten gegen den Verpflichteten.

Soweit der Berechtigte nach § 1100 dem Käufer oder dessen Rechtsnachfolger den Kaufpreis zu erstatten hat, wird er von der Verpflichtung zur Zahlung des aus dem Vorkaufe geschuldeten Kaufpreises frei [1]).

[1]) S. A. 7 zu § 1100 BGB.

## § 1102 BGB.

13. Verpflichtung des Dritten gegen den Verpflichteten.

Verliert der Käufer oder sein Rechtsnachfolger infolge der Geltendmachung des Vorkaufsrechts das Eigentum, so wird der Käufer, soweit der von ihm geschuldete Kaufpreis noch nicht berichtigt ist, von seiner Verpflichtung frei; den berichtigten Kaufpreis kann er nicht zurückfordern [1]).

[1]) D. h. nicht von seinem Verkäufer. Wegen Erstattung durch den Vkberechtigten s. § 1100 BGB. (A. 7).

## § 9.

(1) Erwirbt das gemeinnützige Siedlungsunternehmen in Ausübung des Vorkaufsrechts ein Grundstück oder den[1]) Teil eines Grundstücks, so erlöschen die eingetragenen Vorkaufsrechte und Vormerkungen, die ein Recht auf Auflassung erhalten sollen (§ 883 des Bürgerlichen Gesetzbuchs)[2]). 14. Erlöschen eingetragener Rechte auf Eigentumsübertragung.

(2) Verwendet das gemeinnützige Siedlungsunternehmen das Grundstück oder einen Teil davon innerhalb 10 Jahren*) nicht für Siedlungszwecke[3]), so darf es eine anderweite Veräußerung erst vornehmen, wenn es das Grundstück oder den Grundstücksteil den Personen vergeblich zum Kaufe angeboten hat, deren Rechte gemäß Abs. 1 erloschen sind[4]).

[1]) Soll heißen: einen Teil eines Grundstücks.

[2]) Gleichviel, ob die Eintragung vor oder nach dem Inkrafttreten des RSG. erfolgt ist. Anders § 7 BkV., wonach jene Rechte nicht erloschen, sondern nur nicht geltend gemacht werden konnten. Die BkR. und Vormerkungen sind auf Antrag zu löschen (§ 894 BGB., § 22 GBO.).

[3]) § 1 Abs. 1. — Die zehnjährige Frist beginnt mit dem Tage zu laufen, an dem das gSU. das Eigentum erwirbt.

[4]) Die Verpflichtung ist lediglich schuldrechtlicher Natur. Gegen den dritten Erwerber kann das Recht auf Wiedererwerb des Grundstücks nicht geltend gemacht werden. — Unterlassung des Kaufangebots an den (früheren) Vkberechtigten usw. verpflichtet das gSU. zum Schadensersatz.

Nach dem Wortlaut des Abs. 2 braucht das gSU. das Grundstück nur dann anzubieten, wenn es dieses nach Ablauf der 10 Jahre veräußern will, während es, wenn es das Grundstück vor Ablauf der 10 Jahre zu anderen als

*) Die Worte fehlen in RSB.

Siedlungszwecken verwenden will, zu einem Angebot an die früheren Vkberechtigten usw. nicht verpflichtet sein würde. Dies entspricht indes schwerlich der Absicht des Gesetzgebers. Der Berichterstatter (Allekotte) äußerte zur Begründung der im Abs. 2 eingeschobenen Worte „innerhalb 10 Jahren“: es „müßte eigentlich nach diesen Bestimmungen die Handhabung so eintreten, daß dann, wenn das Grundstück in dem Zeitraum von 10 Jahren nicht zu Ansiedlungszwecken verwendet worden ist, dieses Angebot an den ehemaligen Besitzer“ (muß heißen Vorkaufs- oder Vormerkungsberechtigten) „in dem nach Ablauf der 10 Jahre folgenden Zeitraum von — sagen wir einmal — 6 Monaten durchweg zu erfolgen habe. Ich möchte das eingeflochten haben, damit nicht aus dem Wortlaut des Abs. 2 hergeleitet wird, daß das Grundstück auf ewige Zeiten in dem Besitz der Siedlungsgesellschaft bleibe“ (SitzBer. 1169). Hieraus geht hervor, daß die Frist von 10 Jahren einen ganz anderen Sinn haben sollte, als im Gesetz ausgedrückt ist. Das gSU. sollte genötigt werden, nach Ablauf von 10 Jahren das Grundstück den (früheren) Vkberechtigten usw. zum Kauf anzubieten, auch wenn sich ihm zunächst noch keine Gelegenheit zu anderer Verwendung bot. Daß das Kaufangebot vor Ablauf der 10 Jahre erfolgen muß, wenn das gSU. innerhalb dieser Frist das Grundstück veräußern will, wurde als selbstverständlich betrachtet. Diese letztere Auffassung wird man daher auch dem Gesetz unterlegen müssen.

## § 10.

15. Verfahren des Grundbuchamts.

Das Grundbuchamt soll[1]) die Eintragung des Eigentumsüberganges so lange aussetzen, bis ihm die Nichtausübung des Vorkaufsrechts nachgewiesen wird[2]).

[1]) Ordnungsvorschrift. Die Rechte der Beteiligten werden von ihrer Befolgung oder Nichtbefolgung nicht berührt. Vgl. auch A. 4 zu § 7.

[2]) Das GBAmt darf aber die Eintragung nur dann aussetzen, wenn es sich davon überzeugt hat, daß ein VkR. überhaupt besteht. Der Nachweis der Nichtausübung kann geführt werden durch den Nachweis, daß die Frist zur Ausübung unbenutzt verstrichen ist oder daß das gSU. auf die Ausübung verzichtet hat. Im letzteren Fall bedarf es nicht der Vorlegung öffentlicher Urkunden: JustMBl 1919 Nr. 36, LMBl. 1919 S. 374. Vgl auch A. 2 zu § 1099 BGB.

## § 11.

16. Vorkaufsrecht bei sonstigen Veräußerungsgeschäften.

Die Vorschriften der §§ 5 bis 10 sind sinngemäß anzuwenden auf andere Verträge, die auf die Veräußerung eines Grundstücks gegen Entgelt gerichtet sind[1]), auf die Übereignung im Wege der Zwangsversteigerung[2]) und auf die freihändige Veräußerung durch den Konkursverwalter[3]). Der Zuschlag darf nicht vor Ablauf der im § 7 Abs. 1 bezeichneten Frist erteilt werden, es sei denn, daß der Vorkaufsberechtigte sein Recht vorher ausgeübt oder dem Vollstreckungsgerichte gegenüber erklärt hat, es nicht ausüben zu wollen*)[4]).

[1]) Kaufähnliche Verträge (§§ 445, 493 BGB.), z. B. Rentengutsverträge (vgl. Art. 12 § 1 Abs. 1 AGBGB.), diese jedoch nicht, wenn sie ein Rentengut betreffen, das durch Vermittlung des VKA. (§ 12 G. 7. 7. 1891) begründet werden soll, weil sie insoweit bloße Vorverträge sind (Holzapfel bei Gruchot 62 735). Dagegen sind die von dem PräsLKA. bestätigten Rentengutsrezesse grundsätzlich dem VkR. nicht entzogen, wenn auch die Ausübung des Rechts in diesem Falle tatsächlich nicht in Betracht kommt. Veräußerung gegen Entgelt ist auch der Tausch; die Ausübung des VkR. erfolgt hier „sinngemäß" so, daß der Vberechtigte

---

*) Der Satz fehlt in RSB.

statt des Tauschgegenstandes dessen Wert leistet. Der Vertreter der Reichsregierung gab bei der 2. Lesung [SitzBer. 1194] die Erklärung ab, daß „begrifflich beim Tausch ein VkR. nicht in Frage kommen" könne und daß nach seiner Ansicht „Tauschverträge nur dann unter § 11 fallen, wenn der Tausch ein verschleierter Verkauf" sei. Diese Auffassung trifft jedoch nicht zu. § 9 VkV. erklärte ausdrücklich, daß auch Tauschverträge dem VkR. unterliegen sollten; ebenso schon § 20 GrndTeilG. Nach § 9 VkV. fand das VkR. ferner Anwendung auf Verträge über das Einbringen eines Grundstücks in eine Gesellschaft. Da es sich hier um entgeltliche Veräußerungsverträge handelt, so gilt dasselbe auch nach § 11 RSG. Dabei hat der Vkberechtigte ebenso, wie beim Tausch, statt der dem Einbringenden zugesicherten Vorteile (Geschäftsanteil usw.) deren Wert zu leisten.

Keine Veräußerung von Grundstücken findet statt bei der wirtschaftlichen Umlegung, der Teilung von Gemeinheiten, der Ablösung von Dienstbarkeiten gegen Landabfindung, und der Enteignung, bei dieser auch dann nicht, wenn in dem anhängigen Enteignungsverfahren die förmliche Enteignung durch Vereinbarung nach §§ 16, 17 EnteignG. vermieden wird. Schenkungen sind keine entgeltliche Veräußerungen. Auch bei letztwilligen Zuwendungen ist für das VkR. kein Raum. Über Teilungen s. A. 2.

Über verschleierte (durch ein anderes Geschäft verdeckte) Verkäufe s. A. 2 zu § 505 BGB. Der verschleierte Verkauf eines Grundstücks wird regelmäßig wegen Mangels der gesetzlichen Form (§ 313 BGB.) nichtig sein. Für die Ausübung des VkR. wird jedoch Raum, wenn auf Grund des (nichtigen) Vertrages die Auflassung und die Eintragung im GBuch erfolgen. In diesem Falle wird der verschleierte Verkauf gültig und der Vkberechtigte kann in ihn eintreten.

[2]) Gleichviel, ob die ZV. zum Zwecke der Zwangsvollstreckung oder ob sie teilungshalber erfolgt. Vgl.

auch A. 4. — Die freiwillige Teilung eines Grundstücks zwischen mehreren Miteigentümern oder Eigentümern zur gesamten Hand ist Veräußerung gegen Entgelt. Wird das Grundstück zum Zweck der Teilung des Erlöses verkauft, so liegt der Fall des § 6 (Verkauf) vor. Bei der Teilung in Natur bildet den Entgelt für die den einzelnen Teilhabern zufallenden Teile die Aufgabe der bisherigen Anteilsrechte an dem ganzen Grundstück. Entsprechendes gilt bei der Nachlaßteilung und der Teilung des Gesellschaftsvermögens unter die Gesellschafter einer aufgelösten Gesellschaft.

[3]) Dieser Fall wird schon durch § 6 (Kauf) getroffen.

[4]) Der letzte Satz gilt nur für den Fall der Zwangsversteigerung, nicht auch, wie es scheinen könnte, i. F. des freihändigen Verkaufs durch den Konkursverwalter, in welchem Falle ein „Zuschlag" im Rechtssinne gar nicht erteilt wird. — Die Frist (von drei oder sechs Wochen) muß der Versteigerungsrichter von Amts wegen wahren. Übt das gSU. sein VkR. vor Ablauf der Frist aus, so wird ihm — nicht dem Meistbietenden — der Zuschlag (§ 81 ZVG.) erteilt. Nur wenn das gSU. das VkR. bis zum Ablauf der Frist nicht ausgeübt hat, erhält der Meistbietende den Zuschlag. Doch kann das gSU. sein VkR. dann noch gegen den Ersteher geltend machen. — Die Ausübung des VkR. geschieht bis zur Erteilung des Zuschlags durch Erklärung gegenüber dem bisherigen Eigentümer, nachher durch Erklärung gegenüber dem Ersteher.

## Landlieferungsverbände.

### § 12.

(1) In den Ansiedlungsbezirken[1]), deren landwirtschaftliche Nutzfläche nach der landwirtschaftlichen Betriebszählung von 1907 zu mehr als 10 v. H.*) auf die 1. Bildung der Verbände.

*) RSG.: 13 v. H.

Güter von 100 und mehr Hektar landwirtschaftlicher Nutzfläche (große Güter) entfällt[2], sind die Eigentümer dieser großen Güter zu Landlieferungsverbänden zusammenzuschließen; die Landlieferungsverbände sind rechtsfähig. Die landwirtschaftliche Nutzfläche der Staatsdomänen wird nur für die Ermittlung des Hundertsatzes mitgezählt[3]. Die näheren Bestimmungen erlassen die Bundesstaaten[4].

(2) Die Landeszentralbehörden können die Aufgaben der Landlieferungsverbände auch auf andere Stellen, insbesondere auf bestehende gemeinnützige Siedlungsgesellschaften oder auf*) landwirtschaftliche Organisationen (Landschaften usw.) übertragen. Das hat namentlich dann, und zwar auf Kosten des Landlieferungsverbandes, zu geschehen, wenn dieser in der Erfüllung seiner Lieferungspflicht säumig ist*)[5].

[1]) § 1 Abs. 1 und A. 5 dazu.

[2]) Für Preußen s. § 14 AGRSG. — Der Begriff des (großen) Gutes bestimmt sich in erster Linie nach wirtschaftlichen Gesichtspunkten. Es gilt im Wesentlichen dasselbe, was oben A. 2 zu § 4 über den Begriff des landwirtschaftlichen Grundstücks gesagt ist. Daher ist auch eine aus mehreren Grundstücken bestehende Besitzung ein Gut, wenn sie einheitlich bewirtschaftet wird. Andererseits wird man aber auch eine nicht einheitlich bewirtschaftete, z. B. in verschiedenen Abschnitten verpachtete, Besitzung dann als ein Gut ansehen müssen, wenn die verschiedenen Abschnitte eine zusammenhängende Fläche bilden und zur einheitlichen Bewirtschaftung geeignet sind.

*) Diese Worte und Sätze fehlen in RSV.

Zweifelhaft ist es, ob nicht in diesem Fall das Bestehen mehrerer Güter dann anzunehmen ist, wenn jeder Abschnitt mit besonderen Wohn- und Wirtschaftsgebäuden besetzt ist, wenn also jeder Hof wirtschaftlich eine selbständige Einheit bildet. Die Frage dürfte zu bejahen sein. Jedenfalls wird man eine Mehrheit von Gütern dann annehmen müssen, wenn die mehreren einem Eigentümer gehörigen Einzelhöfe keine zusammenhängende Fläche bilden, sondern örtlich voneinander abgesondert liegen. — Keine Nutzflächen sind bebaute Flächen (das Gehöft), Ziergärten, Parkanlagen, Wege, Gewässer jeder Art, Steinbrüche, Sandgruben und sonstige Zweckgrundstücke. Wohl aber Holzungen, Obstpflanzungen, Hopfenanlagen, Weidenpflanzungen, Weinberge, Gemüsegärten. Es ist nicht entscheidend, ob eine Fläche zur landwirtschaftlichen Nutzung geeignet, sondern ob sie durch den Willen des Eigentümers dazu bestimmt und ob diese ihre Bestimmung tatsächlich verwirklicht ist. — Entscheidend ist endlich nicht der Zustand von 1907, sondern der gegenwärtige Zustand. AM.: Ponfick i. Arch. f. i. Kolonis. 12 76 f.

[3]) Die Domänenfläche (A. 1 zu § 2) wird nicht nur bei Ermittelung der Gesamtnutzfläche der einzelnen Provinzen, sondern auch bei Berechnung des v. H.-Satzes, der von der Gesamtfläche auf die großen Güter entfällt, mitgezählt. Dagegen werden die Domänen nicht in den LLV. einbezogen. Die Verpflichtung des LLV., „aus dem Bestande der großen Güter" Land zu beschaffen, bezieht sich ferner nicht auf Domänenland; dieses wird stets ohne Vermittelung des LLV. unmittelbar durch die staatliche Domänenverwaltung dem gSU. zur Verfügung gestellt (§ 2). Daher steht auch dem LLV. nicht etwa das Recht zur Enteignung von Staatsdomänen (§ 15) zu. Dagegen sind das gSU. und der LLV. nach § 4, 14 beim Verkauf von Domänen zum Vorkauf berechtigt.

[4]) Vgl. §§ 14ff. AGRSG. In Preußen sind die LLV. als Körperschaften des öffentlichen Rechts begründet worden. — RAME. 26. 9. 1919 bestimmt (Nr. 1 S. 1): „Die nach § 12 zu bildenden LLV. sind spätestens bis zum 1. 12. 1919 zu begründen." Weder dieser Termin noch gar der in RAME. 19. 4. 1919 auf den 1. 7. 1919 bestimmte ist eingehalten worden. Ferner bestimmt RAME. 26. 9. 1919 (Nr. 2): „Die LLV. haben Verzeichnisse zu führen, aus denen die Zahl der großen Güter ihres Bezirks unter besonderer Kenntlichmachung der Veränderungen durch Zugänge und Abgänge jederzeit ersichtlich ist." Vgl. § 20 AGRSG. wonach das auf dem Laufenden zu erhaltende Güterverzeichnis eine Anlage der Satzung bildet.

[5]) RAME. 26. 9. 1919 (Nr. 1 S. 2) bestimmt: „Zur Übertragung der Aufgaben der LLV. auf die gSU. ist deren Einverständnis Voraussetzung." Die Fassung des § 12 Abs. 2 ist unklar. Vgl. hierüber die verschiedenen z. T. widersprechenden Äußerungen bei der Ausschußberatung des AGRSG. (AusschBer. — LVerf. 1919 Drucks. Nr. 1439 — S. 35ff.). Übertragung der Aufgaben des LLV. bedeutet nicht, wie der Ausdruck anzudeuten scheint, daß die andere Stelle, der die Aufgaben übertragen werden, den LLV. ersetzt, diesen also gegenstandslos und überflüssig macht. Der LLV. besteht vielmehr auch nach der Übertragung fort. § 12 Abs. 2 setzt dies selbst voraus, indem er S. 2 dem LLV. die (fortlaufenden) Kosten auferlegt, die infolge der Übertragung entstehen. S. auch AusschBer. a. a. O. S. 36 (RegVertreter) u. 37 (Ausschußmitglied). Das, was der anderen Stelle übertragen wird, sind nur die Geschäfte des Vorstandes des LLV.; s. AusschBer. a. a. O. S. 35f. (LM.). Damit aber tritt der Vorstand des LLV außer Tätigkeit; er bleibt zwar an sich im Amte, hat sich aber der Geschäftsführung zu enthalten. Es kann deshalb nicht die Rede davon sein, daß

die andere Stelle mit ihm in Widerspruch gerät, wie AusschBer. a. a. O. S. 36 (Regierungsvertreter) annimmt. — An besondere Voraussetzungen ist die Übertragung nicht geknüpft, es ist namentlich nicht erforderlich, daß der Verband oder der Verbandsvorstand versagt oder sich widerspenstig gezeigt hat. Der LM. kann vielmehr die Übertragung in allen Fällen vornehmen, in denen er sie für angemessen hält. Vgl. AusschBer. a. a. O. S. 37. Doch wird er von seiner Befugnis regelmäßig nur Gebrauch machen, wenn ihm der Vorstand dazu einen sachlichen Anlaß gibt; vgl. AusschBer. a. a. O. S. 35 f., 37 (LM.), 36 (RegVertreter), 37. Fällt dieser Anlaß z. B. nach einer Neuwahl des Vorstandes wieder fort, so kann der LM. seine die Übertragung aussprechende Verfügung wieder aufheben. — Die Übertragung auf das gSU., die der RAMS. in Erwägung zieht, verbietet sich mit Rücksicht auf § 18 von selbst.

## § 13.

2. Verpflichtung der Verbände zur Landbeschaffung.

(1) Der Landlieferungsverband hat auf Verlangen des gemeinnützigen Siedlungsunternehmens zu Siedlungszwecken geeignetes Land aus dem Bestande der großen Güter (§ 12) zu einem angemessenen Preise zu beschaffen [1]). Als angemessener Kaufpreis gilt der gemeine Wert, den das Land im Großbetriebe hat, ohne Rücksicht auf Wertsteigerungen, die auf außerordentliche Verhältnisse des Krieges zurückzuführen sind [2]).

(2) Die Verpflichtung des Landlieferungsverbandes ist erfüllt, sobald ein Drittel der durch die landwirtschaftliche Betriebszählung von 1907 festgestellten gesamten landwirtschaftlichen Nutzfläche der großen Güter (mit Einschluß der Domänen) für Siedlungszwecke bereitgestellt ist [3]) oder die landwirtschaftliche Nutzfläche

dieser Güter nicht mehr als 10 v. H. der gesamten landwirtschaftlichen Nutzfläche des Ansiedlungsbezirks beträgt[4]).

(3) Nach Ermessen der Aufsichtsbehörde gilt als zur Siedlung bereitgestellt auch solches Land aus dem Besitzstande der großen Güter, das ohne Mitwirkung des Siedlungsunternehmens an Ansiedler veräußert oder mit dem Rechte des Kaufes zu einem von der Aufsichtsbehörde genehmigten Preise verpachtet ist[4]).

[1]) Beschaffen heißt zum Kaufe anbieten. Über die Verpflichtung des gSU zur Annahme des Angebots s. § 18.

[2]) Zu Abs. 1 S. 2 s. A. 2 zu § 15.

[3]) Ist die gesamte Nutzfläche der großen Güter einschließlich der Domänen auf $^1/_{10}$ der gesamten Nutzfläche der Provinz (des Ansiedlungsbezirks) gesunken, so hat der LLV. seine Aufgabe erfüllt Aus welchen Gründen die Bestandsverminderung eingetreten ist, ist gleichgültig. Ferner hat der LLV seine Aufgabe auch dann erfüllt, wenn von der gesamten Nutzfläche der großen Güter einschließlich der Domänen nach dem Bestande von 1907 $^1/_3$ für Siedlungszwecke bereitgestellt ist, auch wenn durch diese Bereitstellung der Normalstand von 10 v. H. der Nutzfläche des ganzen Ansiedlungsbezirks noch nicht erreicht ist.

Über Bereitstellung zu Siedlungszwecken s. A. 4.

§ 13 regelt die Lieferungspflicht des LLV. im ganzen, ohne Rücksicht auf die einzelnen Verbandsmitglieder. Das einzelne Verbandsmitglied kann sich daher auf § 13 nicht etwa zu dem Zwecke berufen, um geltend zu machen, daß sein Gut seit 1907 durch Abgaben für Siedlungszwecke eine Flächenverminderung von $^1/_3$ erlitten habe und deshalb zu weiteren Abgaben nicht herangezogen werden dürfe. Vgl. aber über die Berücksichtigung der Siedlungstätigkeit Einzelner A. 8 zu § 16 und §§ 26, 27 AGRSG.

[4]) RAME. 26. 9. 1919 bestimmt: „Als bereitgestellt

für Siedlungszwecke gilt Land, wenn dadurch Siedlungen i. S. des § 1 des G. begründet werden." Es genügt also nicht, daß der LLV. dem gSU. Land anbietet oder übereignet. Der Begriff „Bereitstellung" erfordert vielmehr, daß das Land tatsächlich besiedelt wird. Als für Siedlungszwecke bereitgestellt ist somit anzusehen:

a) das dem gSU. von dem LLV. nach Abs. 1 gelieferte und von dem gSU. nach § 18 als besiedlungsfähig übernommene Land, sobald es an Ansiedler ausgegeben ist;

b) das dem gSU. von einzelnen Mitgliedern des LLV. gelieferte und von dem gSU. als besiedlungsfähig übernommene Land, auch hier vorausgesetzt, daß es an Ansiedler ausgegeben ist: § 19;

c) das von einzelnen Gutsbesitzern zur Ansiedlung verwendete Land, und zwar dieses unbedingt, wenn die Begründung der Ansiedlung durch Vermittlung des gSU. (auch des BKA: § 11 Abs 1 AGRSG.; vgl. A. 1 zu § 35 das.) geschehen ist, im übrigen unter der Bedingung, daß die Aufsichtsbehörde des LLV. d. h der Oberpräsident (§ 30 AGRSG.) das Land als bereitgestellt anerkennt (§ 13 Abs. 3);

d) das von einzelnen Gutsbesitzern verpachtete Land, wenn dem Pächter das Recht zum Ankauf der Pachtstelle eingeräumt und der dabei zu zahlende Kaufpreis von der Aufsichtsbehörde genehmigt ist, vorausgesetzt, daß die Aufsichtsbehörde des LLV. (zu c) das so verpachtete Land als bereitgestellt anerkennt (§ 13 Abs. 3).

Es ist nicht erforderlich, daß eine neue Ansiedlung begründet wird, es genügt, daß eine alte Stelle erweitert wird, jedoch nur bei Erweiterung bis zur Bedeutung einer selbständigen Ackernahrung. Das darüber hinaus zur Erweiterung verwendete Land wird nicht angerechnet, da es nicht zu Siedlungszwecken i. S. des RSG. (§ 1 Abs. 1) verwendet ist. Auf die Form der Veräußerung (Kauf, Rentengutsbegründung, [Begründung eines Zukaufrentengutes], unentgeltliche [schenkweise] Abgabe) kommt es nicht an. Gleichgültig ist auch, ob die Stelle vor oder nach dem Inkrafttreten des RSG. begründet ist. Nur die vor 1907, dem Normaljahr (Abs. 2), begründeten Siedlerstellen bleiben außer Betracht.

Zu d) genügt es, daß ein schuldrechtliches Kaufrecht eingeräumt ist. Seine Sicherung durch Vormerkung (§ 883 BGB.) ist nicht erforderlich. Zur Gültigkeit bedarf es aber der gerichtlichen oder notariellen Form (§ 313 BGB.). Vgl. RG. 72 385 (Vorkaufsrecht). Doch genügt auch Aufnahme des Vertrages durch einen nach § 34 AGRSG. beauftragten Beamten. Die Genehmigung des Kaufpreises durch die Aufsichtsbehörde kann auch nachträglich erfolgen.

## § 14.

3. Vorkaufsrecht des Verbandes.

(1) Der Landlieferungsverband hat an Stelle des gemeinnützigen Siedlungsunternehmens (§ 1) das Vorkaufsrecht auf alle großen Güter[1]) seines Bezirks. Er muß das Vorkaufsrecht auf Verlangen des gemeinnützigen Siedlungsunternehmens ausüben[2]); die Ausübung des Vorkaufsrechts kann er dem gemeinnützigen Siedlungsunternehmen mit dessen Zustimmung allgemein oder für den einzelnen Fall übertragen[3]).

(2) Für das Vorkaufsrecht gelten die Vorschriften der §§ 5 bis 11 entsprechend.

[1]) Auch auf die Domänen; s. A. 3 zu § 12.

[2]) Vgl. § 18 Abs. 1[1]. Folgen der Nichtausübung: § 12 Abs. 2. S. ferner § 30 AGRSG.

[3]) Ohne solche Übertragung steht dem gSU das VkR. nicht zu. Die Übertragung verleiht dem gSU. alle Rechte und Pflichten des Vkberechtigten. Einer Form bedarf die Übertragung nicht.

## § 15.

(1) Wo ein dringendes, auf andere Weise, insbesondere nach den Vorschriften der §§ 2, 3, 4, 13, 14[1]) nicht zweckmäßig zu befriedigendes Bedürfnis nach besiedlungsfähigem Lande besteht, hat der Landlieferungsverband das Recht, geeignetes Siedlungsland aus dem Besitzstande der großen Güter (§ 12) gegen angemessene Entschädigung[2]) im Wege der Enteignung in Anspruch zu nehmen[3]). Wertsteigerungen, die auf außerordentliche Verhältnisse des Krieges zurückzuführen sind, dürfen bei Festsetzung der Entschädigung nicht berücksichtigt werden[2]). 4. Enteignungsrecht des Verbandes.

(2) Über die Enteignung, ihre wirtschaftliche Zweckmäßigkeit*) und die Höhe der Entschädigung entscheidet[4]) ein ständiger Ausschuß, der aus einem von der Landeszentralbehörde zu bestimmenden Vorsitzenden und je einem Vertreter des Landlieferungsverbandes und des Siedlungsunternehmens besteht[5]).

(3) Im übrigen bleibt die Regelung der Enteignung einschließlich der Rechtsbehelfe gegen die Festsetzung der Entschädigung den Bundesstaaten vorbehalten[6]).

[1]) D. h. wenn das nötige Land nicht durch freihändigen Ankauf von Domänen (§ 2), aus Ödland (§ 3), durch Ausübung des Vorkaufsrechts (§§ 4, 14) oder in anderer Weise (§ 13) beschafft werden kann.

[2]) Angemessene Entschädigung ist gleichbedeutend mit „angemessener Kaufpreis" i. S. des § 13 Abs. 1. Ferner wird man, ebenfalls entsprechend dem § 13 Abs. 1, bei Berechnung der angemessenen Entschädigung grundsätzlich den gemeinen Wert zugrunde legen müssen. Ein Regierungsvertreter bemerkte bei der AusschBeratung des AGRSG.:

---

*) Die Worte fehlen in RSB.

Die angemessene Entschädigung decke sich nicht völlig mit dem sog. gemeinen Werte, sie nähere sich ihm aber; die Selbsteinschätzung zur jeweilig letzten Besitzsteuer — nicht gerade die zum Wehrbeitrage von 1913 — werde zwar bei ihrer Bemessung heranzuziehen sein, entscheidend sei sie nicht (LVers. 1919 Drucks. Nr. 1439 S. 10). Der Bemerkung über die Steuereinschätzung wird man zustimmen können, nicht aber der über das Verhältnis der angemessenen Entschädigung zum gemeinen Wert. Allerdings fällt beides nicht unter allen Umständen zusammen. Bei der Enteignung z. B. wird die angemessene Entschädigung nicht selten höher sein, als der gemeine Wert; vgl. A 4 zu § 8 Abs. 2, A. 3 zu § 11 EnteignG. Aber grundsätzlich kann nur die Vergütung des gemeinen Wertes als eine angemessene Entschädigung angesehen werden. Es ist nicht abzusehen, auch von dem Regierungsvertreter nicht angegeben, welcher andere Maßstab zugrunde gelegt werden könnte. — Im einzelnen ist folgendes zu bemerken:

a) Der gemeine Wert bildet den Gegensatz nicht nur zum Gefühlswert, den das Recht niemals berücksichtigt, sondern auch zum vollen Wert, nach dem sonst bei der Enteignung die Entschädigung bemessen wird (§ 8 Abs. 1 EnteignG). Hinter dem vollen Wert bleibt der gemeine Wert häufig zurück. Er bestimmt sich nach dem „Nutzen, welchen die Sache einem jeden Besitzer gewähren kann" (AllgLR. I 2 § 112), und findet seinen Ausdruck am besten im Kaufpreis. Der volle Wert berücksichtigt hingegen auch die besonderen wirtschaftlichen und gewerblichen Verhältnisse, die in der Person des Eigentümers vorliegen und für diesen der Sache einen über den gemeinen Wert hinausgehenden Wert verleihen; vgl RG **32** 298. Keinen unbedingten Gegensatz zum gemeinen Wert bildet der Ertragswert (vgl. § 2 und A 3 dazu, auch § 3 Abs. 2). Dieser wird in Fällen, wo ein Verkaufswert nicht zu ermitteln ist, geradezu als der gemeine

Wert anzusprechen sein. Dementsprechend bestimmt auch § 4 des SchätzungsamtsG. 8. 6. 1918 (GS. 83):

> Als gemeiner Wert i. S. dieses Gesetzes ist der Wert anzusehen, den das Grundstück für jeden Besitzer hat. Bei der Feststellung dieses Wertes sind unter Berücksichtigung der dauernden Eigenschaften des Grundstücks zum Anhalt zu nehmen in erster Linie der Ertrag, den das Grund stück bei ordnungsmäßiger Bewirtschaftung jedem Besitzer nachhaltig gewähren kann, sowie die im gewöhnlichen Verkehre für Grundstücke in gleicher oder gleichwertiger Lage gezahlten Kaufpreise, letztere insbesondere bei Grundstücken, die keinen oder einen verhältnismäßig geringen Ertrag haben.

Vgl. übrigens § 27 Abs. 1 a. a. O., wonach das G. 8. 6. 1918 nicht vor Ablauf von 5 Jahren nach Beendigung des Kriegszustandes (und zwar durch Königl. Verordnung) in Kraft gesetzt werden soll.

Der Gemeine Wert wird auch bei den wirtschaftlichen Umlegungen und den Gemeinheitsteilungen zugrunde gelegt; vgl § 88 GTO. 7. 6 1821 (GS. 53), § 10 Abs. 2 GTO. 19. 5. 1851 (GS. 371: Rheinprovinz und Neuvorpommern mit Rügen), § 11 Abs. 2 GTO. 13 5. 1867 (GS. 716: RegBez. Kassel), § 9 Abs. 2 GTO. 5. 4. 1869 (GS. 526: RegBez Wiesbaden), § 10 Abs. 1 GTO 17. 8. 1876 (GS 377: Schleswig-Holstein). Ferner bei der Ergänzungssteuer (§ 9 G 14 7. 1893, GS. 1906 S. 294), der Gemeindegrundsteuer (§ 25 KAG. 14 7. 1893 GS. 152), dem Wehrbeitrag (§ 16 G. 3. 7. 1913 RGBl. 505). Vgl. ferner OVG. **5** 63, **7** 243, **8** 309, **26** 234, **32** 71; OVGSt. **7** 384; PrVBl. **20** 146, **22** 265, 624, **33** 61, 663; Gruchot **24** 409, und im Allgemeinen: Aereboe, Die Taxation von Landgütern und Grundstücken (1912), auch Offenberg, Die Abschätzung der Immobilien usw. in Bd 113 der Thaer-Bibliothek (1915).

b) Wird ein Gut im ganzen enteignet, so ist nur derjenige gemeine Wert zu vergüten, den das Land im Großbetriebe hat. Dies entspricht dem Begriff der Angemessenheit der Entschädigung; vgl. auch § 13 Abs. 1. Bei der Wertbemessung muß also davon ausgegangen werden, daß das zu enteignende Gut eine wirtschaftliche Einheit bildet und als Ganzes bewirtschaftet wird. Daß es stückweise verpachtet ist oder verpachtet werden kann und bei dieser Art der Nutzung einen höheren Ertrag liefert, bleibt außer Betracht. Ebenso, daß beim stückweisen Verkauf zu ländlichen Stellen, Bauplätzen, gewerblichen Anlagen usw. ein höherer Preis als beim Verkauf im Ganzen zu erzielen sein würde. Wird nur ein Teil der Gutsländereien enteignet, so ist ebenfalls zunächst von dem Wert des Gutes im Ganzen auszugehen. Daneben aber sind auch die besonderen Beziehungen zu berücksichtigen, die zwischen dem enteigneten Teil und dem Ganzen bestanden haben. Vgl. § 8 Abs. 2 EnteignG. und A. dazu. — Mitenteignung des Zubehörs: § 3 Abs. 1 AGRSG.

c) Eine Einschränkung des gemeinen Wertes bedeutet die Nichtberücksichtigung solcher Wertsteigerungen, die auf außerordentliche Verhältnisse des Krieges zurückzuführen sind; vgl. auch § 13 Abs 1. Dahin gehören vor allem die Preissteigerungen, die dadurch hervorgerufen sind, daß sich die im Kriege verdienten Kapitalien zur Anlage in ländlichen Besitzungen gedrängt haben. Doch ist nicht anzunehmen, daß diese Wirkung der Kriegsverhältnisse sich gleichmäßig überall geltend macht. Es muß daher nach den Verhältnissen einer jeden Gegend geprüft werden, inwieweit dies der Fall ist. Zweifelhaft ist, ob auch die Einwirkung derjenigen Kapitalanhäufung zu berücksichtigen ist, die erst nach dem Kriege eingetreten ist und sich namentlich in der Hand des sog. Schiebertums vollzogen hat. Man wird die Frage bejahen müssen, da das Schiebertum selbst eine Folgeerscheinung des vorausgegangenen Krieges, freilich nicht allein des Krieges, ist. Ein anderer hierher gehöriger

Fall ist der, daß sich infolge der Errichtung eines Kriegsbetriebes (einer Munitionsfabrik usw.) eine größere Anzahl Arbeiter und Angestellte in der Nähe niedergelassen hat und dadurch der Absatz der Gutserzeugnisse einträglicher geworden ist. Doch wird eine hierauf beruhende Wertsteigerung mit der Beendigung des Krieges in der Regel wieder fortgefallen sein, da damit auch der Kriegsbetrieb eingestellt sein wird. Bleibt ein zu Kriegszwecken errichteter Gewerbebetrieb nach Beendigung des Krieges bestehen, indem er sich auf Friedenszwecke umstellt, so ist sein Vorhandensein nicht mehr lediglich auf außerordentliche Verhältnisse des Krieges zurückzuführen. Nicht zu den außerordentlichen Kriegseinwirkungen gehört die allgemeine Entwertung des Geldes und die darauf beruhende Erhöhung der Preise. Diese Preissteigerung gilt nicht nur für Landgüter, sondern für alle geldwerten Dinge einschließlich der menschlichen Arbeitskraft. Es handelt sich hier überhaupt nicht um eine Steigerung des Wertes der Landgüter, sondern lediglich um eine Herabsetzung des Wertes des Wertmessers, in dem der Wert der Landgüter ausgedrückt wird, eben des Geldes. Dabei ist der Wert dieses Wertmessers in erheblich stärkerem Maße gesunken, als der Preis des Grund und Bodens gestiegen ist. Vgl. auch die Äußerung des RegVertreters bei der AusschBeratung des AGRSG. (AusschBer. [LVers. 1919 Drucks. Nr. 1439] S. 10). Zweifelhaft könnte es sein, ob die Erhöhung der Preise der Gutserzeugnisse auf die Einwirkung außerordentlicher Verhältnisse des Krieges, wie Lebensmittelknappheit usw. zurückzuführen ist. Indessen hängt diese Preiserhöhung wiederum mit der Geldentwertung so eng zusammen, daß jeder Versuch, beides zu trennen und bei der Abschätzung gesondert zu veranschlagen, von vornherein aussichtslos ist. Daß die Friedenspreise, die vor dem Kriege bestanden, heute nicht mehr „angemessen" sind, und daß ihre Zugrundelegung bei der Enteignung die Bedeutung einer (teilweisen) Vermögenseinziehung, nicht einer „Entschädigung", haben würde, bedarf keiner näheren Darlegung.

d) RAME. 26. 9. 1919 bestimmt: „Bei Bemessung der Entschädigung sind etwaige Verbesserungen des Grund und Bodens, der Gebäude und des Inventars mit zu berücksichtigen." Der Zweck dieser „Bestimmung" ist nicht klar. Was hier ausgesprochen wird, ist selbstverständlich. Ebenso, wie Verbesserungen, müssen auch Verschlechterungen berücksichtigt werden, wie sie während des Krieges vielfach eingetreten sind. Dahin gehören: ungenügender Düngungszustand, der infolge des Mangels an (Stallmist und künstlichem) Dünger eingetreten ist, Abnutzung der Geräte, schlechter baulicher Zustand der Gebäude, Verminderung des Viehstandes usw.

e) Der der Entschädigung zugrunde zu legende gemeine Wert ist in Ermangelung einer Einigung durch Sachverständige zu schätzen; vgl. § 27 EnteignG. vbd. § 6 AGRSG. Die Sachverständigen können nur den Wert schätzen, den das Gut zur Zeit der Abschätzung hat. Vgl. jedoch RG. 27 263 und JW. 1899 S. 761, wonach bei Enteignungen der Zeitpunkt entscheiden soll, in dem der EFBeschl. zugestellt wird; ferner die ältere Entscheidung RG. 7 258, wonach schon die Zeit des Planfeststellungsbeschlusses (§ 21 EnteignG.) entscheiden soll. Für die Enteignung zu Siedlungszwecken ergibt sich die Zeit der Abschätzung als entscheidender Zeitpunkt aus § 8 AGRSG. Doch sollen nach dieser Vorschrift Änderungen, d. h. Verbesserungen und Verschlechterungen, die nach der Abschätzung in der Zeit bis zur Übernahme des Gutes durch den Unternehmer eingetreten sind, noch nachträglich berücksichtigt werden.

[8]) Der Enteignung unterliegen alle „großen Güter" (§ 12), mit Ausnahme der Staatsdomänen; s. über diese A 3 zu § 12. Sind die Güter verpachtet, so muß der Pächter nötigenfalls besonders entschädigt werden: § 11 EnteignG. — Über Güter, die vorzugsweise enteignet

werden sollen, s. § 16. Ausnahmen von der Enteignung: § 27 AGRSG. — Es kann sowohl das ganze Gut wie ein Teil des Gutes enteignet werden, letzteres auch dann, wenn dadurch der Rest auf eine Größe von weniger als 100 ha sinken würde Über die Entschädigung bei Teilenteignungen s. § 8 Abs. 2 EnteignG.

[4]) Damit ist nicht gesagt, daß der ständige Ausschuß endgültig entscheiden müsse. Es steht vielmehr nichts entgegen, daß gegen seine Entscheidung Rechtsbehelfe zugelassen werden, wie dies in Preußen geschehen ist; vgl. § 2 AGRSG. (Zulässigkeit der Enteignung; s. aber A. 1 zu § 16 RSG.), § 6[5] das. (Festsetzung der Entschädigung). — Der Vollzug der Enteignung wird dem ständigen Ausschuß überhaupt nicht übertragen. Vgl. hierüber § 7 AGRSG.

[5]) Unter Siedlungsunternehmen sind hier allein die provinziell organisierten gSU. (A. 1 zu § 1 zu verstehen. Der BKA. (§ 11 Abs. 1 AGRSG.) kommt nicht in Betracht.

[6]) RSG. schließt hier — im Gegensatz zu § 3 Abs 2 — den Rechtsweg nicht aus, gestattet aber die Ausschließung des Rechtsweges durch die Landesgesetzgebung, indem es diese ermächtigt, die Rechtsbehelfe gegen die Festsetzungen des ständigen Ausschusses zu regeln. Das AGRSG. steht daher nicht in Widerspruch mit Art. 153 Abs 2 RVerf („Wegen der Höhe der Entschädigung ist im Streitfalle der Rechtsweg bei den ordentlichen Gerichten offen zu halten, soweit Reichsgesetze nichts anderes bestimmen"), wenn es den Rechtsweg ausschließt und dafür ein Verfahren vor der LKBeh. eröffnet.

## § 16.

(1) Von den besiedlungsfähigen großen Gütern sollen die Landlieferungsverbände namentlich auch mit Hilfe der Enteignung in erster Linie erwerben[1]): Güter, die 5. Güter, die vorzugsweise zur Besiedlung bereit zu stellen sind.

während des Krieges von Personen erworben sind, welche die Landwirtschaft nicht im Hauptberufe betreiben oder betrieben haben; Güter, die im Laufe der letzten 20 Jahre[2]) — abgesehen von den Fällen des § 6 Abs. 2 — durch entgeltliches Rechtsgeschäft mehrfach den Besitzer gewechselt haben[3]); Güter, die besonders*) schlecht bewirtschaftet werden[4]); Güter, deren Besitzer, sich während des größeren Teiles des Jahres nicht auf der Begüterung aufhalten und sie nicht selbst bewirtschaften, sofern nicht berechtigte Gründe für die Abwesenheit des Besitzers oder dafür vorliegen, daß er die Bewirtschaftung nicht selbst ausführt**)[5]); Güter, die zu Besitzungen von ungewöhnlich großem Umfang gehören. Auch sollen die Landlieferungsverbände vorzugsweise solche Teile der großen Güter, und zwar in sachgemäßer Abgrenzung und mit den dazu gehörigen Gebäuden[6]), erwerben, die früher selbständige Bauerngüter oder Landstellen[7]) waren und in den letzten 30 Jahren vor dem Inkrafttreten dieses Gesetzes[2]) von Eigentümern der großen Güter aufgekauft worden sind.

(2) Von dem Erwerbe solcher Güter, die in wirtschaftlicher und sozialer Hinsicht vorbildlich wirken oder für die Entwicklung der Landwirtschaft von hervorragender Bedeutung sind, soll möglichst abgesehen werden[8]).

[1]) RAME. 26. 9. 1919 (Nr. 1) bestimmt: „Über die Frage, auf welche Güter die Voraussetzungen des § 16 zutreffen, entscheidet, sofern die Länder nichts anderes bestimmen, endgültig der gemäß § 15 zu bildende Ausschuß." In Preußen hat der ständige Aus-

*) RSB. hat hier noch die Worte „extensiv oder".

**) Die Worte fehlen in RSB.; es heißt dort: „bewirtschaften, und Güter, die . . . gehören".

schuß über die Zulässigkeit der Enteignung nur vorbehaltlich der Beschwerde an den LM. zu entscheiden; erst die Beschwerdeentscheidung des LM. ist endgültig (§ 2 AGRSG.). Dies gilt auch dort, wo es sich um die Entscheidung der Frage handelt, ob von mehreren für die Enteignung in Betracht kommenden Gütern eines deshalb vorzugsweise zu enteignen sei, weil bei ihm die Merkmale des § 16 vorliegen. Im übrigen enthält § 16 weniger einen verbindlichen Rechtssatz, als eine Anweisung für die EnteignBehörde zur Handhabung der Enteignung. Ein Gutsbesitzer kann sich der Enteignung nicht etwa durch den Nachweis entziehen, daß ein anderes (benachbartes) Gut die Merkmale des § 16 habe

Die Reihenfolge, in der die Güter in § 16 aufgezählt sind, ist nicht in der Weise „zwingend" gemeint, daß auch die Enteignung sich an diese Reihenfolge halten müsse (SitzBer. 1735: Berichterstatter Becker).

[2]) Die Frist zählt von dem Inkrafttreten des RSG. d. h. vom 18. 8. 1919 an rückwärts. Vgl. A. 1 zu § 32.

[3]) Veräußerungen an die im § 6 Abs. 2 bezeichneten Personen sind als Besitzwechsel i. S. des § 16 nicht anzusehen. Im übrigen entspricht es dem Grundgedanken der Vorschrift, daß zwischen Besitzwechseln nach ihrer Veranlassung ein Unterschied gemacht wird. Veräußerungen, die in reiner Gewinnabsicht oder Schulden halber vorgenommen sind, werden stärker ins Gewicht fallen, als Besitzwechsel, die infolge von Sterbefällen oder des hohen Alters des Besitzers eingetreten sind. Dies kann namentlich dann von Bedeutung sein, wenn es sich um eine geringe Zahl von Besitzwechseln handelt; schon ein zweimaliger Besitzwechsel ist ein „mehrfacher".

[4]) RAME. 26. 9. 1919 (Nr. 2 Abs. 1) bestimmt: „Als schlecht bewirtschaftet können insbesondere auch solche Güter bezeichnet werden, bei denen die Zahl der ständig beschäftigten einheimischen Arbeiter oder die Zahl der bereitstehenden Wohnungen für

solche in auffälligem Mißverhältnisse zur Größe des Gutes steht." Diese Auslegung legt den Worten „schlecht bewirtschaftet" einen Sinn unter, den sie nach dem Sprachgebrauch nicht haben.

[5]) Grundsätzlich muß beides vorliegen: dauernder Aufenthalt auf der Begüterung und Selbstbewirtschaftung. Es ist nicht erforderlich, daß der Besitzer seine Wohnung in einem zum Gute gehörigen Gebäude hat; Aufenthalt „auf der Begüterung" ist es auch, wenn er ein sonstiges in der Nähe liegendes, selbst ein nur gemietetes, Gebäude bewohnt und von dort aus die Wirtschaft führt. Ohne dauernden Aufenthalt auf der Begüterung ist Selbstbewirtschaftung regelmäßig ausgeschlossen. Wer jedoch mehrere nicht zusammenliegende Güter besitzt und selbst bewirtschaftet, kann nicht auf jedem einzelnen „den größeren Teil des Jahres" zubringen, hier genügt es, wenn sein Aufenthalt auf beiden Gütern zusammen genommen den größeren Teil des Jahres ausfüllt. — Selbstbewirtschaftung fehlt nicht nur im Falle der Verpachtung, sondern auch bei verantwortlicher Übertragung der gesamten Wirtschaftsführung auf einen Verwalter („Administrator"). Anders, wenn der Verwalter unter der Oberleitung und Verantwortung des Besitzers tätig ist, oder wenn er nur einzelne Zweige des Betriebes selbständig und unter eigener Verantwortung führt. — Wann „berechtigte Gründe" die Abwesenheit des Besitzers oder das Fehlen der Selbstbewirtschaftung rechtfertigen, ist Tatfrage. Auszugehen ist davon, daß der Besitz eines Landgutes die Pflicht nach sich zieht, für eine Bewirtschaftung zu sorgen, die den höchst möglichen Ertrag liefert und das Äußerste zur Volksernährung hergibt. Die Frage, wie der Besitzer diese Pflicht erfüllt, steht erst in zweiter Linie. Wird er ihr daher ohne Selbstbewirtschaftung und ohne dauernden Aufenthalt auf dem Gute gerecht, so können zur Rechtfertigung dieses Verhaltens seine persönlichen Verhältnisse im weitesten Umfange berücksichtigt werden.

Auf Rechtspersönlichkeiten, die keine natürlichen Personen sind, (juristische Personen) findet die Vorschrift nach der Erklärung des Regierungsvertreters bei der zweiten Lesung (SitzBer. 1195) überhaupt keine Anwendung.

[6]) Sachgemäße Abgrenzung bedeutet, daß sich der LLV. nicht ängstlich an die alten Grenzen zu halten braucht, vielmehr die Grenzen nach Rücksichten wirtschaftlicher Zweckmäßigkeit zu ziehen hat.

[7]) Nicht nur die Bauerngüter, sondern auch die Landstellen müssen „selbständig" d. h. selbständige Ackernahrungen i. S. des § 1 Abs. 1 (vgl. A. 3 dazu) gewesen sein.

[8]) RAME. 26. 9. 1919 bestimmt (Nr. 2 Abs. 2): „Andererseits können die LZBehörden nähere Bestimmungen dahingehend treffen, daß die LLV. von den für den Erwerb durch Enteignung in Betracht kommenden großen Gütern (§§ 15, 16) diejenigen für eine längere genau zu bestimmende Frist von der Zulässigkeit der Enteignung freistellen oder sie zuletzt für die Enteignung in Anspruch nehmen, deren Eigentümer die meisten neuen Siedlungen schaffen oder freiwillig das meiste geeignete Siedlungsland zu angemessenem Preise (§ 13 [1] [3]) bereitstellen." (Vgl. Homer, Odyssee IX 369, 370). Für Preußen s. §§ 26, 27 AGRSG. Danach kann Gutsbesitzern, die freiwillig Land zu Siedlungszwecken abtreten, eine Erleichterung der Beiträge zum LLV. gewährt werden. Ferner sind Gutsbesitzer, die in größerem Umfange Siedlungen angelegt haben, von den Beiträgen zum LLV. ganz befreit und ihr Restbesitz soll mit der Enteignung möglichst ganz verschont werden. Unbedingte Sicherheit gegen Enteignung erlangen sie danach (und nach RSG. § 16 Abs. 2) freilich nicht. — Die Begünstigung gilt nicht der Person des Besitzers, sondern dem Besitzer des Gutes als solchem. Veräußert der Besitzer sein Gut und erwirbt er ein anderes, von

dem neue Siedlungen nicht in dem erforderlichen Umfange abgezweigt sind, so kann er sich auf den RAME. (und §§ 26, 27 AGRSG.) nicht berufen.

## § 17.

6. Behandlung der Fideikommisse, Lehen usw. Anwärter von Fideikommissen können einer Übertragung an den Landlieferungsverband nicht widersprechen. Die näheren Bestimmungen über die Verwendung des Kaufpreises oder der Entschädigung treffen die Bundesstaaten[1]). Auf Stammgüter, Lehen und sonstige Grundstücke, welche auf Grund von Vorschriften gebunden sind, die nach Art. 57, 58, 59 des Einführungsgesetzes zum Bürgerlichen Gesetzbuch von den Vorschriften des Bürgerlichen Gesetzbuchs unberührt bleiben[2]), sowie auf Familienstiftungen[3]) sind diese Bestimmungen sinngemäß anzuwenden[4]).

[1]) Nach § 8 Abs. 2[1] V. über Familiengüter 10. 3. 1919 (GS. 39) bedarf es zur Veräußerung von Fideikommiß- usw. Grundstücken „zu öffentlichen Zwecken, insbesondere zum Zwecke der inneren Kolonisation" eines Familienschlusses oder der schriftlichen Zustimmung der Familienvertretung, mangels einer Familienvertretung der beiden nächsten Anwärter (§ 6 Abs. 3 a. a. O.); die Zustimmung bedarf der Bestätigung der Aufsichtsbehörde. Diese Beschränkung der Veräußerung fällt nach § 17 S. 1 fort; der Inhaber des Familiengutes darf zugunsten des LLV. allein verfügen.

Die Verwendung der Entschädigung i. F. der Enteignung erfolgt nach §§ 47, 49 EnteignG. (§ 9 Abs. 1 AGRSG). Bei freiwilliger Abtretung an den LLV. ist der Kaufpreis nach Anordnung der Fideikommißaufsichtsbehörde zu zahlen oder zu hinterlegen. Doch kann der Fideikommißbesitzer auf Grund eines Familienschlusses oder mit schriftlicher Zustimmung der Familienvertretung oder der beiden nächsten Anwärter über den Kaufpreis Verfügungen treffen, „die einem wirtschaftlichen Bedürfnisse des Familiengutes oder öffentlichen Zwecken dienen" (§ 8 Abs. 2[6] V. 10. 3. 1919). Die Zustimmung der Familie bedarf aber auch hier der Bestätigung der Aufsichtsbehörde.

[2]) Hierher gehören: die Güter der (früher) Landesherrlichen Familien und der Fürstlichen Familie Hohenzollern, des Hannoverschen, Kurhessischen und Nassauischen Fürstenhauses (Art. 57 EGBGB.), die Güter der vormals reichsständischen Familien und des vormaligen Reichsadels (Art. 58 a. a. O.), die Familienfideikommisse, Lehen- und Stammgüter (Art. 59 a. a. O.). Vgl. § 1 Abs. 5 V. 10. 3. 1919 („Familiengüter i. S. dieser V. sind standesherrliche Hausvermögen, Familienfideikommisse, Lehen und Erbstammgüter").

[3]) AllgLR. II 4 §§ 21 ff.

[4]) Für diese Güter (A. 2, 3) bedarf es also bei der Abtretung an den LLV. ebenfalls nicht der Zustimmung der Anwärter oder der Familie; vgl. A. 1.

## Verhältnis zwischen Landlieferungsverband und Siedlungsunternehmen.

### § 18.

(1) Das Siedlungsunternehmen ist verpflichtet, dem Landlieferungsverbande die Grundstücke abzunehmen und ihm den von ihm zu entrichtenden Erwerbspreis zu zahlen[1]):

1. wenn der Landlieferungsverband das Grundstück auf Verlangen des Siedlungsunternehmens durch Ausübung des Vorkaufsrechts erworben hat[2]);
2. wenn das Siedlungsunternehmen sich sonst mit dem

Erwerb und dem Erwerbspreis einverstanden erklärt hat[3]);

3. wenn der Landlieferungsverband das Grundstück durch Enteignung erworben hat und das Enteignungsverfahren mit Zustimmung des Siedlungsunternehmens eingeleitet worden ist[4]).

(2) Der Reichsarbeitsminister*) bestimmt, inwieweit dem Erwerbspreis Kosten zugerechnet werden dürfen[5]).

(3) Aufwendungen des Landlieferungsverbandes, die nicht gemäß Abs. 2 dem von dem Siedlungsunternehmen zu zahlenden Preise zugerechnet werden, sollen durch Umlagen auf die Verbandsmitglieder aufgebracht werden. Den Umlagemaßstab bestimmt der Landlieferungsverband[6]). Sind die Aufgaben des Landlieferungsverbandes einer anderen Stelle übertragen (§ 12 Abs. 2), so bestimmt die Landeszentralbehörde über die Deckung dieser Aufwendungen[7]).

[1]) Der LLV. erwirbt die Grundstücke auf seinen Namen. Im Falle der Enteignung muß er auch zunächst im GB. als Eigentümer eingetragen werden, da er sonst nicht an das gSU. auflassen kann (§ 40 GBO.). Im übrigen wird sich die Zwischeneintragung des LLV. dadurch vermeiden lassen, daß dieser seine Rechte aus dem Erwerb, insbesondere das Recht auf Auflassung, an das gSU. abtritt. Die Abtretung bedarf zu ihrer Gültigkeit keiner besonderen Form (RG. 53 268). — Das Rechtsverhältnis zwischen LLV. und gSU. wird nach den Grundsätzen des Auftrags zu beurteilen sein. Doch beschränkt sich die Verpflichtung des gSU. auf die Zahlung des von dem LLV. entrichteten oder noch zu entrichtenden Erwerbspreises und der nach Abs. 2 zuzurechnenden

*) RSV.: Staatssekretär des Reichsarbeitsamts.

Kosten. Auf vorschußweise Zahlung des Erwerbspreises (§ 669 BGB.), Ersatz sonstiger Aufwendungen (§ 670 das.) und Verzinsung seiner Auslagen hat der LLV. keinen Anspruch. Gerät aber das gSU. mit der Abnahme oder mit seiner Zahlungsverpflichtung in **Verzug**, so hat es dem LLV. den hieraus entstehenden Schaden zu ersetzen (§ 286 Abs. 1 BGB.), insbesondere Verzugszinsen zu zahlen (§ 288 das.). **Streitigkeiten** sind im ordentlichen Rechtsweg auszutragen. — Voraussetzung für die Verpflichtung des gSU. ist, daß eine der drei Bedingungen Nr. 1—3 erfüllt ist.

[2]) Vgl. § 14 obd. §§ 4 ff.

[3]) Nr. 2 gilt nicht nur für den freihändigen Kauf, sondern auch i. F. der Ausübung des VkR. (Nr. 1) und i. F. der Enteignung (Nr. 3). Das Einverständnis kann von dem gSU. auch nachher erklärt werden.

[4]) Einverständnis mit dem Erwerbspreis (der Enteignungsentschädigung) ist in diesem Falle nicht erforderlich. Hat sich das gSU. mit der Einleitung des Enteignungsverfahrens unter der Bedingung einverstanden erklärt, daß der Erwerbspreis eine bestimmte Höhe nicht überschreite, so liegt eine unbedingte Zustimmung zur Enteignung, wie sie Nr. 3 erfordert, nicht vor. Vgl. aber Nr. 2 und A. dazu.

[5]) Die Bestimmung soll allgemein, nicht etwa für jeden einzelnen Erwerbsfall, getroffen werden. Der RAM. hat indessen von einer solchen Bestimmung abgesehen. RAME. 26. 9. 1919 bestimmt zu § 18 RSG.: „**Welche Kosten dem Erwerbspreis zugerechnet werden dürfen, bleibt der Vereinbarung zwischen den LLV. und den gSU. vorbehalten. Soweit zwischen ihnen eine Einigung darüber nicht zustande kommt, entscheidet endgültig der ständige Ausschuß** (§ 15)." Danach sollen zunächst die Parteien (LLV. und gSU.) versuchen, zu einem (allgemeinen) Abkommen zu gelangen. Mißlingt der Versuch, so soll der ständige Ausschuß die erforderlichen Bestimmungen erlassen. Er hat dabei das, worüber

die Parteien sich geeinigt haben, zugrunde zu legen. Im übrigen hat er ebenso freie Hand, wie (nach § 18 Abs. 2 RSG.) der RAM. Doch wird er sich bei seiner „Entscheidung" selbstverständlich von Grundsätzen der Billigkeit leiten lassen müssen.

Über die Frage, welche Kosten in Betracht kommen, s. § 29. Danach fallen sowohl bei dem Erwerb des Landes durch den LLV. wie bei der Ablieferung an das gSU. alle Gebühren, Stempel und Steuern fort, die vom Reich, den Bundesstaaten, den Gemeinden und sonstigen öffentlichen Körperschaften zu erheben wären, namentlich die Stempel zu den Kaufverträgen, die Auflassungskosten und die Kosten der Enteignung. Für die Verteilung zwischen LLV. und gSU. kommen demnach in Betracht: die Gebühren der Notare bei notariellen Erwerbsverträgen, die Kosten der Besichtigung vor dem Erwerb einschließlich der Entschädigung der dabei zugezogenen Sachverständigen (vgl. § 7 Abs. 3 RSG., § 5 Abs. 1 EnteignG.), sonstige bare Auslagen, endlich die allgemeinen Verwaltungskosten des LLV. (Miete und Ausstattung von Geschäftsräumen, Besoldung der Beamten usw.). — Die zuletzt erwähnten Kosten werden außer Betracht bleiben müssen. Der LLV. muß diese Kosten aufwenden, um als Körperschaft überhaupt eine Wirksamkeit entfalten zu können. Dagegen kommen die übrigen Kosten für die Erstattung durch das gSU. in Betracht; sie werden ihm um so mehr aufzuerlegen sein, als es in der Lage ist, sie bei Ausgabe der Siedlerstellen auf die Ansiedler abzuwälzen.

[6]) Über Umlagen s. § 19[2], §§ 24—28, § 29 Abs. 2, § 33 AGRSG. — Den Umlagemaßstab bestimmt danach die vom LLV. angenommene Satzung. Wird die Satzung nach § 17 AGRSG. vom LM. erlassen, so gilt die von diesem zur Satzung getroffene Bestimmung als solche des LLV.

[7]) S. 3 des Abs 3 steht insofern im Widerspruch mit § 12 Abs. 2, als er voraussetzt, daß i. F. des § 12 Abs. 2 überhaupt kein LLV. gebildet wird; vgl. A. 5 zu § 12.

Für Preußen kommt S. 3 jedenfalls nicht in Betracht, da die Bildung der LLV. und die satzungsgemäße Regelung des Umlagemaßstabes durch § 17 AGRSG. für alle Fälle gesichert ist.

## Außerordentliche Vermögensabgabe.

### § 19.

Sofern Mitglieder des Landlieferungsverbandes (§ 12 Abs. 1) oder einer mit den Aufgaben des Verbandes beauftragten landwirtschaftlichen Organisation[1]) außerordentliche Vermögensabgaben in besiedlungsfähigem Lande entrichten[2]), kommt das zur Verfügung gestellte und vom Siedlungsunternehmen übernommene Land auf das vom Verband und an ihn*) zu liefernde Drittel (§ 13 Abs. 2) in Anrechnung[3]).

[1]) Vgl. § 12 Abs. 2. An wen bei den Mitgliedern der „landwirtschaftlichen Organisation" gedacht ist, ist unklar. Die landwirtschaftliche Organisation hat i. F. des § 12 Abs. 2 die Geschäfte des Vorstandes des LLV. zu führen (A. 5 zu § 12). Ihre Mitglieder kommen, zumal als Träger der Verpflichtungen des LLV., überhaupt nicht in Betracht.

[2]) Das beschaffte Siedlungsland muß innerhalb des Bezirks des LLV. liegen. Auswärts liegendes Land kann nicht in Anrechnung kommen; es könnte auch von dem zuständigen gSU, dessen Tätigkeit auf seinen — dem Bezirk des LLV. entsprechenden — Ansiedlungsbezirk beschränkt ist (§ 1 Abs. 1), nicht übernommen werden. — Außerordentlich ist jede Abgabe, die nicht durch Ausübung des Vorkaufsrechts oder durch Enteignung erzwungen wird. Gemeint ist Abgabe an den LLV. oder an das gSU. Es handelt sich also um freihändige Verkäufe an eine dieser beiden Stellen.

*) RSV.: „Von und an den Verband."

[3]) Vgl. hierzu A. 3 zu § 13. — Das Drittel ist ein und dasselbe; denn alles, was an den LLV. geliefert wird, hat dieser an das gSU. abzuliefern.

## Wiederkaufsrecht.

## § 20.

(1) Das gemeinnützige Siedlungsunternehmen hat ein Wiederkaufsrecht für die von ihm begründete Ansiedlerstelle[1]), wenn der Ansiedler sie ganz oder teilweise ver- veräußert oder aufgibt oder wenn er sie nicht dauernd bewohnt oder bewirtschaftet[2]). Die Vorschriften des § 6 Abs. 2 gelten entsprechend[3]).

(2) Die Dauer des Wiederkaufsrechts, der Preis und die näheren Bedingungen sind in dem Ansiedlungsvertrage[4]) festzusetzen. Das Recht ist als Belastung des Grundstücks im Grundbuch einzutragen[5]). Im übrigen bleiben die Vorschriften der Landesgesetzgebung unberührt[6]).

[1]) Das hier gesetzlich anerkannte WkR. ist an sich schuldrechtlicher Art Es erhält aber durch die vorgeschriebene Eintragung im GB. dinglichen Charakter und Wirkung gegen Dritte. Auf die Eintragung hat das gSU einen (gesetzlichen) Anspruch. Wird über die näheren Bedingungen keine Einigung (Abs. 2 Satz 1) erzielt, so gelten die gesetzlichen Vorschriften über das schuldrechtliche WkR. (§§ 497 ff. BGB.).

[2]) Vgl Art. 29 § 3 AGBGB.: „Das Wiederkaufsrecht beschränkt sich auf die Fälle, daß der Eigentümer das Rentengut verkauft oder sich durch einen sonstigen Vertrag zur Übertragung des Eigentums verpflichtet oder daß das Rentengut im Wege der Zwangsversteigerung veräußert wird; es kann auch für die Fälle bestellt werden, daß der Eigentümer

stirbt oder eine im Rentengutsvertrage festgesetzte Verpflichtung nicht erfüllt." Diese Vorschrift findet nur auf Rentengüter (§ 1 G. 27. 6. 1890, unten Abteil. II Nr. II) Anwendung, auf diese aber auch jetzt noch (A. 6). Für Ansiedlerstellen, die nicht als Rentengüter begründet sind, gilt nur § 20.

[3]) Im Fall des Verkaufes der Ansiedlerstelle an öffentliche Körperschaften oder an gewisse nahe Verwandte und Verschwägerte darf also das WkR. nicht ausgeübt, es kann für diese Fälle als dingliches Recht überhaupt nicht bedungen werden. Entgegenstehende Abreden sind nichtig.

[4]) Bei Rentengütern in dem Vertrage über die Begründung des Rentengutes, d. h., wenn die Begründung durch Vermittlung des GKA erfolgt: im Rentengutsrezeß (A. 2 zu § 12 G. 7. 7. 1891, untern Abteil. II Nr. III).

[5]) Zugunsten des gSU. — Zugunsten des jeweiligen Eigentümers eines Grundstücks (Art. 29 § 1 Abs. 2 AGBGB.) kann das WkR. des § 20 nicht eingetragen werden. — Eintragung in Abteil. II des GB.: § 11[1] AllgVGBO.

[6]) Der letzte Satz will offenbar zum Ausdruck bringen, daß die Vorschriften der Landesgesetzgebung über das WkR. bei Ansiedlerstellen — in Preußen des Art. 29 AGBGB über das WkR. bei Rentengütern — durch § 20 in keiner Beziehung aufgehoben oder eingeengt werden sollen (wie die Worte „im übrigen" mißverständlich anzudeuten scheinen). Der § 20 will die bestehenden landesgesetzlichen Vorschriften vielmehr nur erweitern, indem er das WkR. auch bei anderen Ansiedlerstellen als Rentengütern zuläßt und dem gSU. auf das WkR. des § 20 und seine Eintragung im GB. in jedem Falle, also auch abgesehen von einer Vertragsabrede, einen gesetzlichen Anspruch gewährt (A. 1). Keine inhaltliche Erweiterung gegenüber Art. 29 § 3 AGBGB. ist es, daß § 20 die Ausübung des WkR. auch zuläßt, wenn der Ansiedler seine Stelle aufgibt, d. h. sie öde liegen läßt,

oder wenn er sie nicht dauernd bewohnt oder bewirtschaftet. Denn zur Selbstbewirtschaftung und zum dauernden Aufenthalt kann er durch den Rentengutsvertrag verpflichtet werden; hat er aber diese Verpflichtung vertragsmäßig übernommen, so ist es auch nach Art. 29 statthaft, für den Fall der Nichterfüllung das WkR. zu bedingen (§ 3 Halbs. 2 a. a. O.).

## § 21*).

**Dem früheren Eigentümer[1]) steht ein Wiederkaufsrecht gegen das Siedlungsunternehmen zu, wenn es das erworbene Grundstück (§§ 3, 15)[2]) nicht innerhalb einer Frist von zehn Jahren[3]) für Siedlungszwecke verwendet hat. Das Wiederkaufsrecht ist innerhalb eines Jahres auszuüben[4]). Das Recht ist als Belastung des Grundstücks im Grundbuch einzutragen. Die Bestimmungen der §§ 497 ff. BGB. finden entsprechende Anwendung[5]).**

[1]) Und zwar für seine Person; nicht (wie i. F. des § 57 Abs. 3 EnteignG.) dem jeweiligen Eigentümer „des durch den ursprünglichen Erwerb verkleinerten Grundstücks".

[2]) § 3: enteignetes Ödland; § 15: enteignetes Land aus dem Bestande der großen Güter. Grundstücke, die durch Ausübung des VkR. (§§ 4 ff, 14) erworben sind, unterliegen dem WkR nicht; noch weniger die freihändig erworbenen Grundstücke.

[3]) Nach der Enteignung, d. h. dem Erwerb des Eigentums durch Enteignung; s. § 7 AGRSG., § 44 Abs. 1 EnteignG. Bei Verträgen, die zur Vermeidung der Enteignung geschlossen sind (§§ 26, 46 EnteignG.), entscheidet der Tag der Eintragung des Unternehmers (gSU. oder LLV.)

*) § 21 fehlt in RSV.

im GB. Vgl. auch die (hier nicht anwendbare) Vorschrift § 57 Abs. 2 EnteignG.

[4]) Hat das gSU. das Grundstück zehn Jahre lang besessen, so kann der frühere Eigentümer (A. 1) ohne weiteres den Wiederverkauf beanspruchen. Er braucht aber seinen Anspruch nicht sogleich geltend zu machen, vielmehr hat er dazu eine einjährige, mit dem Ablauf des zehnten Jahres beginnende, Frist. Zu einer Benachrichtigung des früheren Eigentümers ist das gSU. nicht verpflichtet. (Anders § 57 Abs. 3 EnteignG.). Will jedoch das gSU. vor Ablauf von zehn Jahren das Grundstück zu anderen als Siedlungszwecken veräußern, so muß es den früheren Eigentümer hiervon benachrichtigen. Die einjährige Frist zur Ausübung des WkR. wird in diesem Falle von dem Tage der Benachrichtigung an zu berechnen sein. Veräußert das gSU. das Grundstück, ohne den Ablauf der dem früheren Eigentümer zustehenden Fristen abzuwarten, so macht es sich schadensersatzpflichtig (§ 280 BGB.) — Die Ausübung des WkR. erfolgt durch formlose Erklärung gegenüber dem gSU.: § 497 Abs. 1 BGB.

[5]) Damit ist das Wiederkaufsrecht, das dem BGB. nur als schuldrechtlicher Anspruch bekannt ist, für die Fälle des § 21 unter die dinglichen Rechte eingereiht, ähnlich, wie dies durch § 20 RSG. für das WkR. des gSU. und durch Art. 29 AGBGB. für das WkR. bei Rentengütern geschehen ist. Von einer besonderen Regelung des dinglichen WkR. (wie im Art. 29 a. a. O.) hat das RSG. abgesehen. Es finden darauf, ebenso wie i. F. des § 20, die Vorschriften des BGB. über das schuldrechtliche WkR. (§§ 497—503) Anwendung, die übrigens auch in den Vorschriften des Art. 29 AGBGB. lediglich wiederholt werden.

Das WkR des § 21 tritt an die Stelle des sonst bei Enteignungen gewährten Vorkaufsrechts. Vgl. § 57 EnteignG., der bei Enteignungen zu Siedlungszwecken nicht anwendbar ist.

## Beschaffung von Pachtland für landwirtschaftliche Arbeiter.

### § 22*).

Landgemeinden oder Gutsbezirke können durch Anordnung der von der Landeszentralbehörde zu bezeichnenden Stelle[1]) verpflichtet werden, denjenigen Arbeitern, welche im landwirtschaftlichen Betrieb ihres Bezirkes ständig beschäftigt sind[2]), auf ihren Wunsch Gelegenheit zur Pacht oder sonstigen Nutzung[3]) von Land für den Bedarf des Haushalts[4]) zu geben. Die Verpflichtung gilt als erfüllt, wenn Pacht- oder Nutzland im Umfang bis zu 5 v. H. der landwirtschaftlich genutzten Gemeinde- oder Gutsfeldmark zur Verfügung gestellt ist[5]).

[1]) In Preußen der LKA: § 12 AGRSG.

[2]) RAME. 26. 9. 1919 bestimmt: „1. Inländische Arbeiter können als ständig beschäftigt angesehen werden, wenn sie mindestens 1 Jahr ohne wesentliche Unterbrechung in einem zur Landabgabe (§ 24) verpflichteten Betriebe beschäftigt sind. 2. Auf forstwirtschaftliche Arbeiter finden die Vorschriften der §§ 22—24 entsprechende Anwendung, wenn sie regelmäßig je 100 Tage mindestens zwei Jahre lang in einem forstwirtschaftlichen Betriebe beschäftigt sind." Eine Verpflichtung, die Arbeiter in diesem Falle stets als ständige Arbeiter zu behandeln, ist hier nicht ausgesprochen. Es sind daher die Umstände des einzelnen Falles zu berücksichtigen. Forstwirtschaftliche Arbeiter sollen berücksichtigt werden, wenn sie in einem forstwirtschaftlichen Betriebe während der vorgeschriebenen Zeit beschäftigt waren. Zur Landabgabe nach § 24 braucht dieser

*) RSV.: § 21.

Betrieb nicht verpflichtet zu sein. Das Gutsgesinde — Knechte und Mägde — kommt nicht in Betracht. — Die Worte „ihres Bezirks" bedeuten des Landgemeindebezirks oder des Gutsbezirks. Bei der Ausschußberatung des AGRSG. bemerkte ein Vertreter des RAM.: Bezirk bedeute weder den Ansiedlungsbezirk noch etwa das Weichbild noch die Gutsfeldmark oder die Landgemeindefeldmark, er sei unjuristisch zu verstehen; die Arbeiter, die Land erhalten sollten, müßten „in der Gegend" ständig landwirtschaftlich arbeiten, natürlich nicht stundenweit davon (LVers. 1919 Drucks. Nr. 1439 S. 67). Diese „Auslegung" ist mit dem Wortlaut des § 22 Abs. 1 unvereinbar. S. dagegen auch die Äußerung eines anderen RegVertreters a. a. O. S. 25.

³) z. B. Übertragung von Land zu Eigentum (vgl. A. 2 zu § 23). Andere Rechtsformen als Verpachtung und Eigentumsübertragung dürften kaum in Betracht kommen. Namentlich scheidet Deputatland (Landnutzung als Teil des Lohnes) gemäß § 23 aus.

Die Worte „Gelegenheit zur Pacht . . . zu geben" besagen nicht, daß die Gemeinde (der Gutsbezirk) notwendig selbst als Verpächter usw. auftreten müsse; es genügt vielmehr, wenn die Gemeinde dafür sorgt, daß die Eigentümer ihrerseits Land an die Arbeiter verpachten, wie dies auch § 23 ausdrücklich voraussetzt. Die entgegengesetzte Auffassung, die der LM. bei der Ausschußberatung des AGRSG. äußerte (LVers. 1919 Drucks. Nr. 1439 S. 26f), ist nicht zutreffend. Daher muß das von den Eigentümern unmittelbar hergegebene Land auch auf die 5 v. H. (s. A. 5) angerechnet werden, gleichviel, ob es vor oder nach Erlaß der Anordnung nach § 22 hergegeben ist, freilich nur unter der Voraussetzung, daß dem Pächter keine Arbeitsverpflichtung auferlegt ist (LVers. 1919 Drucks. Nr. 1439 S. 27).

⁴) Nicht zum Anbau von Früchten zum Verkauf. Auch nicht zur Fütterung von Vieh, aus dem (durch Benutzung als Zugvieh oder durch Verkauf) eine besondere Einnahme-

quelle gemacht wird. Wohl aber zur Fütterung von Milchvieh, dessen Milch, oder zur Mästung von Schweinen, deren Fleisch im Haushalt verbraucht wird.

[5]) Nur die landwirtschaftliche Nutzfläche (vgl. A. 2 zu § 12 RSG.) kommt in Betracht. Insbesondere wird auch die Forstfläche in die 5 v. H. nicht eingerechnet. Vgl. ferner A. 3. — Zwang zur Hergabe von Land: § 24.

## § 23*).

Die Pachtverträge, die auf Grund dieses Gesetzes zwischen Arbeitgebern und den in ihren landwirtschaftlichen Betrieben ständig oder zeitweilig beschäftigten Arbeitern über Pacht oder sonstige Nutzung von Land und dazu gehörenden Wirtschafts- und Wohngebäuden abgeschlossen werden[1]), sind schriftlich und gesondert von Lohn- und Arbeitsverträgen zu verlautbaren[2])[3]).

[1]) Die Pachtverträge sind in der Regel von der verpflichteten Gemeinde (§ 22) mit den Arbeitern abzuschließen. Sie können aber auch von den Eigentümern (Arbeitgebern) geschlossen werden. S. A. 3 zu § 22. Nur für diesen Fall kommt § 23 in Betracht.

[2]) Der in der zweiten Lesung (als § 23a) in das Gesetz aufgenommene § 23 (SitzBer. 1195) verfolgt einen ähnlichen Zweck, wie § 12 Abs. 2 AGRSG., wo bestimmt ist, daß den Arbeitern in den Überlassungsverträgen keine Arbeitsverpflichtung gegenüber einem bestimmten Arbeitgeber auferlegt werden dürfe. Das Mittel jedoch, mit dem hier (in § 23) dieser Zweck verfolgt wird, ist ein rein äußerliches: die Pachtverträge sind schriftlich zu schließen und dürfen kein Abkommen über Arbeits- oder Dienstleistungen

---

*) § 23 fehlt in RSV.

und den dafür zu gewährenden Lohn enthalten; die Lohn- und Arbeitsverträge sind vielmehr abgesondert, also, wenn sie schriftlich geschlossen werden, in besonderen Vertragsurkunden zu verlautbaren.

Die Nichtbeobachtung dieser Vorschriften hat aber keine bürgerlich rechtlichen Folgen, etwa für die Gültigkeit der Verträge. Die Folge ist vielmehr lediglich die, daß das unter Nichtbeachtung der Formen des § 23 verpachtete Land auf die Pflichtlieferung der Gemeinde (§ 22: 5 v. H.) nicht angerechnet wird. Vgl. A. 3 zu § 22. Daher steht z. B. dem Abschluß von sog. Heuerverträgen an sich auch künftig nichts entgegen.

[3]) RAME. 26. 9. 1919 bestimmt: „Den Ländern bleiben Maßnahmen dahingehend überlassen, wie den gemäß §§ 22—24 mit Pachtland versehenen Arbeitern auf Wunsch die Ansiedlung zu Eigentum erleichtert werden kann."

## § 24*).

(1) Ist das nötige Pacht- oder Nutzland auf andere Weise nicht zu beschaffen, so kann die Landgemeinde es im Wege der Zwangspachtung[1]) oder Enteignung[2]) in Anspruch nehmen. Zur Hergabe des Landes ist in erster Linie der Arbeitgeber verpflichtet, bei dem die Arbeiter beschäftigt werden[3]). Die Zulässigkeit der Zwangspachtung oder Enteignung wird durch die von der Landeszentralbehörde zu bezeichnende Stelle ausgesprochen[4]).

(2) Abtretung oder Aufteilung ganzer Wirtschaftseinheiten ist ausgeschlossen[5]).

(3) Für die Entschädigung gelten die Vorschriften des § 15 Abs. 1 entsprechend**)[6]).

*) RSV.: § 22.

**) Abs. 3 fehlt in RSV.

(4) Im übrigen bleibt die Regelung der Zwangspachtung und Enteignung den Bundesstaaten vorbehalten [7]).

[1]) §§ 12, 13 AGRSG.

[2]) §§ 1—11 AGRSG.

[3]) d. h. zurzeit beschäftigt werden, auch wenn die Beschäftigung bei diesem Arbeitgeber noch nicht die erforderliche Zeit (A 2 zu § 22) gedauert hat.

[4]) In Preußen durch den PräsLKA. (§ $1^3$, § 13 AGRSG.), der auch die Zwangspacht und die Enteignung selbst auszusprechen hat (§§ 7, 13 das.).

[5]) Die Absicht des Gesetzgebers hat im Abs. 2 nur einen unvollkommenen Ausdruck gefunden. Der Sinn der Vorschrift ist aber nach dem ganzen Zusammenhang offenbar der: es sollen von den Besitzungen nur Teilflächen herangezogen werden, deren Abtrennung nicht nur die wirtschaftliche Selbständigkeit, sondern auch die bisherige Art des Betriebes im wesentlichen unberührt läßt. Dagegen dürfen auch dann Enteignungen stattfinden, wenn der Arbeitgeber im ganzen weniger als 100 ha landwirtschaftlich genutzter Fläche besitzt; § 27 gilt nur für die Enteignung zu Siedlungszwecken, die Verpachtung von Land an Arbeiter nach § 22 ist aber nicht Begründung einer Siedlung (LVerf. 1919 Drucks. Nr. 1439 S. 69).

[6]) Abs. 3 regelt die Entschädigung des Gutsbesitzers durch die Gemeinde, nicht die Höhe der Pacht, die die Arbeiter an die Gemeinde zu entrichten haben. — Wegen der Entschädigung i. F. der Enteignung s. A. 2 zu § 15. Bei der Zwangspacht ist „angemessene Entschädigung" (§ 15 Abs. 1) der ortsübliche Pachtzins für Land in gleicher Lage und von gleicher Güte. Doch bleibt auch hier, ebenso wie bei der Enteignungsentschädigung, die Einwirkung der Kriegsverhältnisse (A. 2c zu § 15) unberücksichtigt. Nötigenfalls ist die Höhe der Entschädigung unter

Berücksichtigung des Ertrages (A. 2a zu § 15) durch Abschätzung zu ermitteln.

[7]) RAME. 26. 9. 1919 bestimmt: „Den Ländern bleibt es überlassen, die Regelung der Rechtsbehelfe gegen die Festsetzung der Entschädigung entsprechend den §§ 3 und 15 zu treffen." Für Preußen: A. 1, 2. Im Gesetz selbst (§ 24 Abs. 4) ist — abweichend vom § 15 Abs. 2 — von den Rechtsbehelfen keine Rede. Die Absicht des Abs. 4 geht aber offenbar dahin, auch deren Regelung der Landesgesetzgebung zu überlassen, so daß Art. 153 Abs. 2 S. 3 der RVerf. („soweit Reichsgesetze nichts anderes bestimmen") anwendbar ist. Der Rechtsweg konnte daher auch hier (vgl. A. 1, 2) durch die Landesgesetzgebung ausgeschlossen werden. Vgl. auch LVerf. 1919 Drucks. Nr. 1439 S. 3, 5.

## § 25*).

Ist in einzelnen Gegenden die Beschaffung von Land für die Hebung bestehender Kleinbetriebe[1]) nicht möglich, so ist die Landeszentralbehörde verpflichtet, bis 10 Prozent der landwirtschaftlichen Fläche benachbarter Staatsdomänen[2]) auch vor Ablauf der Pachtverträge zur Verfügung zu stellen[3]), soweit nicht ihre Erhaltung im Staatsbesitze für Unterrichts-, Versuchs- oder andere Zwecke öffentlicher oder volkswirtschaftlicher Art notwendig ist[4])[5]).

[1]) Vgl. § 1 Abs. 1 S. 1. Es handelt sich um Hebung bis zur Bedeutung „selbständiger Ackernahrungen," u. z. durch Übereignung, nicht etwa durch Verpachtung, wie die Stellung des § 25 im unmittelbaren Anschluß an die §§ 22—24 anzudeuten scheint. Vgl. aber auch A. 5.

*) § 25 fehlt in RSB.

²) § 2 und A. 1 dazu. Landwirtschaftliche Fläche bedeutet hier ebenso, wie im § 12, landwirtschaftliche Nutzfläche; s. A. 2 zu § 12.

³) Und zwar pachtfrei, da das verpachtete Land zur Besiedelung ungeeignet ist. Wie die Pachtfreiheit gegen den Willen des Domänenpächters herbeizuführen ist, sagt das Gesetz nicht. Das gSU. hat auch seinerseits nicht die Möglichkeit, den Staat zur Herbeiführung der Pachtfreiheit zu zwingen. Vgl. hierüber A. 4 zu § 2.

⁴) Wie § 2 Abs. 1 S. 1; vgl. A. 5 dazu.

⁵) RAME. 26. 9. 1919 bestimmt: „Den Ländern bleiben Maßnahmen dahingehend überlassen, soweit Land zur Hebung bestehender Kleinbetriebe nicht zu Eigentum zur Verfügung gestellt wird, den Eigentümern dieser Kleinbetriebe ein VkR. auf das ihnen zur Verfügung gestellte Land einzuräumen für den Fall, daß die Domäne gemäß § 2 bei Ablauf des Pachtvertrags aufgeteilt wird." Hier ist also vorgesehen, daß den Besitzern Domänenland pachtweise zur Verfügung gestellt ist. Auch hierzu (vgl. A. 3) bedarf es der Zustimmung des Domänenpächters.

## Schlußbestimmungen.

### § 26*).

1. Erlaß von Ausführungsbestimmungen. Der Reichsarbeitsminister**) ist ermächtigt, soweit nichts anderes bestimmt ist, nähere Vorschriften, insbesondere zur Ausführung dieses Gesetzes***) zu erlassen¹). Soweit er von dieser Befugnis keinen Gebrauch macht, können die Landeszentralbehörden die erforderlichen Vorschriften erlassen²)³).

*) RSV.: § 24.

**) RSV.: „Staatssekretär des Reichsarbeitsamts."

***) RSV.: „dieser Verordnung."

[1]) Vgl. den Erlaß des RAM. 26. 9. 1919 (RZBl. 1143). — Nach dem Wortlaut des S. 1 könnte es scheinen, als ob der RAM. nicht nur zur Ausführung des RSG., sondern auch darüber hinaus Vorschriften über das Siedlungswesen erlassen könnte. Es dürfte sich aber wohl bei der Wendung „Vorschriften, insbesondere zur Ausführung" nur um eine schiefe Ausdrucksweise handeln, wie sie das RSG. auch an anderen Stellen aufweist. Wollte man den S. 1 nach seinem Wortlaut auslegen, so würde dem RAM. ein fast unbegrenztes Feld zur Regelung im Verordnungswege überlassen sein. Für eine dahingehende Absicht fehlt es an einem sicheren Anhalt, sie darf daher nicht unterstellt werden. Das Verordnungsrecht des RAM. ist daher auf den Erlaß von Vorschriften zu beschränken, die der Durchführung des RSG. dienen. Wenn der Vertreter der Reichsregierung bei der zweiten Lesung bemerkte, daß die „grundlegenden" Bestimmungen des G. von dem RAM. nicht geändert werden dürften (SitzBer. 1195), so ist dies irreführend. Das eine ist gewiß, daß § 26 den RAM. nicht nur zu keiner Änderung grundlegender Vorschriften des RSG., sondern überhaupt zu keiner Änderung des Gesetzes, sei es dieses (des RSG.), sei es einen anderen Reichsgesetzes (s. A. 3) ermächtigt. Der RAM. ist nicht einmal befugt, das Gesetz in einer die Behörden und die Beteiligten bindenden Weise auszulegen.

Wo das RSG. den Erlaß von Vorschriften den Ländern (das G. bezeichnet sie noch als Bundesstaaten) oder der Landesgesetzgebung oder der Landeszentralbehörde ausdrücklich zuweist (A. 2), kann der RAM. nicht seinerseits Vorschriften erlassen. Insoweit ist seinem Verordnungsrecht durch RSG. selbst eine Grenze gezogen.

Besondere Zuständigkeit des RAM.: § 18 Abs. 2, § 28.

[2]) Von dem Verordnungsrecht der LZBeh. gilt grundsätzlich dasselbe, wie von dem des RAM. (A. 1). Die LZBeh. — in Preußen, der LM., z. F. unter Mitwirkung des

FM., JustM. und LWM. — darf sich jedoch mit den Vorschriften des RAM. nicht in Widerspruch setzen und nur solche Angelegenheiten ordnen, die nicht schon der RAM. geregelt hat.

Besondere Bestimmungen über die Zuständigkeit der LZBeh. finden sich im § 1 (Bestimmung der Ansiedlungsbezirke und Anerkennung von Behörden und Anstalten als gSU.), § 4 (Herabsetzung der Größe der dem Vorkauf unterliegenden Grundstücke), § 12 (Übertragung der Geschäfte des LLV. auf eine andere Stelle), § 15 (Ernennung des Vorsitzenden des ständigen Ausschusses), § 18 (Bestimmung über die Deckung der Aufwendungen des LLV., wenn dessen Geschäfte einer anderen Stelle übertragen sind), § 22 (Bezeichnung der Stelle, die die Verpflichtung zur Hergabe von Land für landwirtschaftliche Arbeiter auszusprechen hat), § 24 (Bezeichnung der Stelle, die die Zulässigkeit der Zwangspacht oder der Enteignung von Arbeiterpachtland auszusprechen hat).

In einzelnen Bestimmungen des RSG. ist eine Angelegenheit den Bundesstaaten übertragen; s. § 1 Abs. 1, 2, § 3 Abs. 2, § 15 Abs. 3, § 24 Abs. 4. Damit ist jedoch nicht vorgeschrieben, daß diese Angelegenheiten notwendig durch Landesgesetz geregelt werden müßten. Es hängt vielmehr von der Art der Angelegenheit ab, ob sie im Wege der Gesetzgebung oder der Verwaltungsverordnung und letzteren Falles durch welche staatliche Behörde zu regeln ist. Andererseits ist es den Bundesstaaten auch unbenommen, Angelegenheiten, die das RSG. in den einzelstaatlichen Verordnungsweg verweist, im Wege der Gesetzgebung zu erledigen. Dies gilt namentlich von den Angelegenheiten, die der LZBeh. übertragen sind; vgl. zu § 1 RSG.: § 11 Abs. 1 AGRSG.; zu § 4 das.: § 2 VKV.; zu § 22 das.: § 12 AGRSG.; zu § 24 das.: § 13 AGRSG.

[3]) RAME. 26. 9. 1919 bestimmt: „Werden von den LZBeh. Beamte für die Beurkundung von Verträgen bestimmt, durch die sich der eine Teil verpflichtet, das Eigentum an einem im Deutschen Reiche liegenden Grundstück zur Schaffung neuer Ansiedlungen oder zur Hebung bestehender Kleinbetriebe zu übertragen, so stehen die von diesem Beamten aufgenommenen Verträge den gerichtlichen Urkunden gleich, wenn sie in der für solche Urkunden vorgesehenen Form aufgenommen und als Siedlungssachen bezeichnet werden." Als Vorbild hat § 10 Abs. 2 OrgG. gedient Vgl. ferner § 55 V. 20. 6. 1817 (GS. 161) und Art. 12 § 2 AGBGB. Über die letztere Vorschrift geht die AusfBest. des RAM. hinaus, indem sie die Beurkundung von Grundstücksveräußerungsverträgen durch andere Beamte als Gericht und Notar nicht nur dann zuläßt, wenn einer der Vertragschließenden durch eine öffentliche Behörde vertreten ist und die Grundstücke in Preußen liegen, sondern auch, wenn beide Parteien Privatpersonen sind und die Grundstücke außerhalb Preußens liegen. Nach Art. 142 EGBGB. ist die Landesgesetzgebung befugt, Vorschriften zu erlassen, „welche in Ansehung der in dem Gebiete des Bundesstaates liegenden Grundstücke bestimmen, daß für die Beurkundung des im § 313 BGB bezeichneten Vertrages sowie für die nach § 873 Abs. 2 BGB. zur Bindung der Beteiligten erforderliche Beurkundung der Erklärungen außer den Gerichten und Notaren auch andere Behörden und Beamte zuständig sind". Durch diese Vorschrift wird die AusfBest. des RAM. und eine auf Grund der AusfBest. erlassene Bestimmung der Preußischen LZBeh., die auch für nichtpreußische Grundstücke Geltung beansprucht, nicht gedeckt. Ebenso nicht durch § 26 RSG.; s. A. 1 — Über die Form der gerichtlichen

Urkunden s. §§ 169—180 FGG. — Preußen hat von der AusfBest. durch § 34 AGRSG. Gebrauch gemacht. Diese Vorschrift kann sich aber auf § 27 RSG. stützen.

## § 27*).

Landesrechtliche Vorschriften zur weitergehenden Förderung des Siedlungswesens einschließlich der Beschaffung von Pachtland für landwirtschaftliche Arbeiter[1]) bleiben unberührt[2]). Landwirtschaftlich genutzter Grundbesitz im Eigentum von Personen, deren gesamtes Eigentum dieser Art 100 Hektar nicht erreicht, darf zu Siedlungszwecken jedoch nicht enteignet werden[3]).

[1]) § 27 ist auf Vorschlag des RHAussch. in dritter Lesung in das Gesetz eingefügt. Den Anlaß gab die Frage, ob die Landesgesetzgebung die Enteignung auch bei anderen als großen Gütern d. h. bei weniger als 100 ha großen Grundstücken (§ 12) zulassen dürfe. Diese Frage ist im § 27 Satz 2 besonders beantwortet. Über die Tragweite der allgemeinen Vorschrift Satz 1 geben die Verh. keine nähere Auskunft. — Daß die Ausgestaltung des Siedlungswesens im einzelnen Sache der Landesgesetzgebung sein muß, ergibt sich schon daraus, daß das RSG. nur einen kleinen Ausschnitt davon regelt, nämlich nur die Beschaffung des zur Ansiedlung erforderlichen Landes, und selbst diese nur unvollständig. Die „weitergehende Förderung des Siedlungswesens" durch die Landesgesetzgebung ist also schon notwendig, um dem RSG. überhaupt zur Wirksamkeit zu verhelfen. Vgl. die unten in Abteil. II zusammengestellten Preußischen Gesetze. Die Landesgesetzgebung darf aber auch weitergehende Be-

*) § 27 fehlt in RSV.

stimmungen zur Beschaffung von Siedlungsland d. h. auf demjenigen Gebiete treffen, das im RSG. geregelt ist. Jedoch darf sie sich mit keiner reichsgesetzlichen Vorschrift in Widerspruch setzen. Zu den hier in Betracht kommenden reichsgesetzlichen Vorschriften gehören u. a. die über die Höhe der Enteignungsentschädigung: durch Landesgesetz darf in der Regel keine geringere als eine „angemessene" Entschädigung vorgeschrieben werden. Im RHAussch. wurde ein Antrag, das RSG. mit seinen Bestimmungen über angemessene Entschädigung als die Landesgesetzgebung bindend anzuerkennen, unter Hinweis darauf abgelehnt, daß die RVerf. (Art. 153 Abs. 2) Enteignungen grundsätzlich nur gegen angemessene Entschädigung zulasse. Ausnahme: § 3 Abs. 2.

[2]) Es bleiben nicht nur die bestehenden Vorschriften in Kraft, sondern es können auch neue Vorschriften erlassen werden (SitzBer. 1735 f.). „Bleiben unberührt" bedeutet also dasselbe, wie im EGBGB.; vgl. Art. 3 das.

[3]) Nach § 15 RSG. unterliegen der Enteignung die großen (mindestens 100 ha großen und eine wirtschaftliche Einheit bildenden) Güter. Durch Landesgesetz können ihr auch kleinere Güter unterworfen werden. Doch soll kein Besitzer enteignet werden, dessen gesamter landwirtschaftlich genutzter Besitz weniger als 100 ha beträgt. Bei der Berechnung dieser 100 ha ist es gleichgültig, wo die Grundstücke des Besitzers liegen, ob in ein und derselben Gemarkung oder in verschiedenen Gemarkungen. Noch weniger kommt es darauf an, ob sie zusammen eine wirtschaftliche Einheit bilden oder nicht. — Auf die Enteignung von Ödländereien nach § 3 ist § 27 S. 2 nicht anwendbar. Diese Bestimmung soll, wie sich aus der Erklärung des Berichterstatters des RHAussch. bei der dritten Lesung (Becker: SitzBer. 1735 f.) ergibt, lediglich eine Schranke aufrichten für den der Landesgesetzgebung nach Satz 1 erlaubten Zugriff auf Güter, die nicht zu den großen Gütern des § 12 ge-

hören. An eine Beschränkung des Enteignungsrechts nach § 3 hat man nicht gedacht. Ebensowenig gilt § 27 Satz 2 für die Enteignung von Arbeiterpachtland nach § 24 (A. 5 zu § 24).

## § 28*).

2. Zulassung von Ausnahmen.

Soweit durch landesrechtliche Regelung die Beschaffung von landwirtschaftlichem Siedlungslande bereits in ausreichender Weise gesichert ist, kann der Reichsarbeitsminister**) Ausnahmen von diesem Gesetz***) zulassen[1]).

[1]) Für Preußen ist eine Ausnahme nicht zugelassen.

## § 29****).

3. Kostenfreiheit.

(1) Alle Geschäfte und Verhandlungen, die zur Durchführung von Siedlungsverfahren im Sinne dieses Gesetzes***) dienen[1]), sind, soweit sie nicht im Wege des ordentlichen Rechtsstreits[2]) vorgenommen werden, von allen Gebühren, Stempelabgaben und Steuern des Reichs, der Bundesstaaten und sonstigen öffentlichen Körperschaften[3]) befreit.

(2) Die Gebühren-, Stempel- und Steuerfreiheit ist durch die*****) zuständigen Behörden ohne weitere Nachprüfung zuzugestehen, wenn das gemeinnützige Siedlungsunternehmen (§ 1) versichert, daß der Antrag oder die Handlung zur Durchführung eines solchen Verfahrens erfolgt[4]).

---

*) RSV.: § 25.
**) RSV.: „Staatssekretär des Reichsarbeitsamts"
***) RSV: „dieser Verordnung".
****) RSV.: § 26.
*****) RSV.: „seitens der".

[1]) Das RSG. regelt die Besiedlung nicht unmittelbar, überläßt sie vielmehr der Landesgesetzgebung. Aber es macht die Durchführung der Besiedlung den Einzelstaaten zur Pflicht, indem es ihnen die Gründung von gSU. vorschreibt (§ 1), und stellt das erforderliche Siedlungsland zur Verfügung. „Siedlungsverfahren i. S. dieses Gesetzes" d. h. das RSG. ist daher nicht nur die Beschaffung von Siedlungsland, sondern auch die der Landesgesetzgebung überlassene „Schaffung neuer Ansiedlungen" (§ 1). Daher gilt die Kostenfreiheit nach § 29 auch für die Begründung von Siedlerstellen. Im einzelnen ist zu bemerken:

a) Beschaffung von Siedlungsland. — Dazu gehören: die Kaufverträge, sowohl des LLV. wie das gSU., über den Erwerb von Land; die Unschädlichkeitszeugnisse, auf Grund deren das Siedlungsland an den LLV. oder das gSU. veräußert wird (vgl. A. 3 zu § 9 G. 8. 5. 1916, unten Abteil. II Nr. VI); die Auflassung an den LLV. oder das gSU. und die Eintragung im GBuch; die Löschung der auf dem erworbenen Siedlungslande haftenden dinglichen Rechte, insbesondere der Hypotheken (vgl. § 1 Abs. 4 G. 27. 6. 1890, unten Abteil. II Nr. II); die Enteignung von Siedlungsland (vgl. § 43 EnteignG., unten Nr. II).

b) Begründung neuer Siedlungen. — Dazu gehören: die Verträge über die Begründung von Ansiedlerstellen, die Auflassung an die Ansiedler und die Eintragung im Grundbuch; die Löschung der auf den Stellen haftenden dinglichen Rechte (Hypotheken) und die Eintragung der im Siedlungsvertrage vereinbarten Belastungen; das gesamte Verfahren der Landeskulturbehörde bei Vermittelung der Rentengutsbegründung nach § 12 G. 7. 7. 1891 (unten Abteil II Nr. III) einschließlich der erforderlichen Eintragungen im Grundbuch und der Ablösung der Kaufrente; die Gewährung von Zwischenkredit; die Gewährung von Baudarlehen (§ 2 G. 7. 7. 1891).

c) Der Begründung neuer Siedlungen gleich steht die Erweiterung bestehender Siedlungen zur Bedeutung einer selbständigen Ackernahrung (Zukaufrentengüter; vgl. § 1 Abs. 1 RSG. sowie A. 1, 3 zu § 12 G. 7. 7. 1891).

d) Zwangspachtung, Enteignung von Arbeiterpachtland, Verpachtung des Landes an Landarbeiter. Dahin gehören: das gesamte behördliche Verfahren zur Durchführung dieser Maßnahmen, die erforderlichen Eintragungen im Grundbuch und der Abschluß der erforderlichen Pachtverträge.

e) Ein Siedlungsverfahren i. S. des RSG. (a—c) liegt nur dann vor, wenn der Erwerb des Siedlungslandes durch den LLV. oder das gSU. oder die Begründung der Ansiedlung durch das gSU. (§ 1 RSG.) oder durch dessen (amtliche oder geschäftliche) Vermittlung erfolgt. Andere Personen genießen daher die Kostenfreiheit nach § 29 nicht. Wird jedoch für eine Privatperson oder eine nicht als gemeinnützig anerkannte Gesellschaft von dem gSU, insbesondere einer als gSU. anerkannten öffentlichen Behörde, der Antrag auf Enteignung gestellt (vgl. § 11 AGRSG.), so kommen die Begünstigungen des § 29 in Ansehung der Kosten der Enteignung auch ihr zugute. — Die Überlassung von Land an landwirtschaftliche Arbeiter nach §§ 22, 23 RSG. (d) ist dann als ein Siedlungsverfahren i. S. des RSG. anzusehen, wenn sie auf Grund einer amtlichen Anordnung nach § 22 geschieht.

f) Die Kostenfreiheit erstreckt sich nicht auf die baren Auslagen. Diese sind daher nach den Vorschriften der Landesgesetze zu erstatten. Vgl. § 29 OrgG. (Kosten des Verfahrens der LKBehörden), A. 9 zu § 12 G. 7. 7. 1891 (Kosten der Rentengutsbegründung durch Vermittelung des LKA.), § 43 EnteigG. (Kosten der Enteignung).

²) Dagegen werden bei Streitigkeiten vor den Landeskulturbehörden keine Gebühren usw. erhoben; vgl. auch § 29 OrgG.

³) z. B. der Gemeinden, die eine Umsatzsteuer erheben.

⁴) Der zuständigen Behörde wird indes der Nachweis, daß es sich um keine Durchführung eines Siedlungsverfahrens handele, nicht verwehrt werden dürfen.

## § 30*).

Die bereits bestehenden gemeinnützigen Siedlungsgesellschaften erhalten das Recht, sofort auch vor dem Inkrafttreten entsprechender Ausführungsbestimmungen im Sinne dieses Gesetzes ihre Arbeiten aufzunehmen[1]). 4. Beginn der Tätigkeit der Siedlungsgesellschaften.

[1]) d. h. das erforderliche Siedlungsland zu beschaffen.

## § 31.

Die Verordnung zur Beschaffung von landwirtschaftlichem Siedlungslande vom 29. Januar 1919 (RGBl. S. 115) wird aufgehoben[1]). 5. Aufhebung der Verord. v. 29. 1. 1919.

[1]) S. Vorbem. zur Überschrift des RSG.

## § 32**).

Dieses Gesetz tritt mit dem Tage der Verkündung in Kraft [1]).

[1]) Die das RSG. enthaltende Nr. des RGBl. ist am 18. 8. 1919 in Berlin ausgegeben. Mit diesem Tage ist also das G. in Kraft getreten.

---

*) § 30 fehlt in RSV.

**) § 23 RSV. lautete: „Diese Verordnung tritt mit dem Tage der Verkündigung in Kraft und hat Gesetzeskraft." Das die V. enthaltende RGBl. ist am 30. 1. 1919 ausgegeben.

II.

# Ausführungsgesetz zum Reichssiedlungsgesetze vom 11. August 1919

(Reichs-Gesetzbl. S. 1429.)

Vom 15. Dezember 1919. (GS. 1920 S. 31.)

Vorbemerkung. Entwurf des G. und Begründung: Drucks. Nr. 783 der Verfassunggebenden Preuß. Landesversammlung 1919; erste Lesung (3. 10. 1919): SitzBer. 4676 ff.; Bericht des 14. Ausschusses: Drucks. Nr. 1439; zweite Lesung (15. 12. 1919): SitzBer. 8023; dritte Lesung (15. 12. 1919): SitzBer. 8072. Inkrafttreten des G.: § 40.

Erster Abschnitt.

## Enteignung.

(§§ 3, 15, 24 des Reichssiedlungsgesetzes).

### § 1.

1 Zulässigkeitsbeschluß.

(1) Auf Antrag

1. des gemeinnützigen Siedlungsunternehmens (§ 3 Abs. 1 des Reichssiedlungsgesetzes),
2. des Landlieferungsverbandes (§ 15 Abs. 1 des Reichssiedlungsgesetzes),
3. der Landgemeinde (§ 24 Abs. 1 des Reichssiedlungsgesetzes)[1])

spricht im Falle zu 1 und 3 der Präsident des Landeskulturamts, im Falle zu 2 der ständige Ausschuß, dem der Präsident des Landeskulturamts den Antrag vorlegt, durch Beschluß die Zulässigkeit der Enteignung aus[2]), sobald deren Voraussetzungen[3]) gegeben sind. In dem Beschluß ist das Grundstück zu bezeichnen, das im Wege der Enteignung erworben werden soll[4]), und zugleich die Zeit festzusetzen, innerhalb deren längstens vom Enteignungsrechte Gebrauch zu machen ist[5]).

(2) Der Beschluß ist dem Antragsteller und dem Eigentümer des abzutretenden Grundstücks sowie den aus dem Grundbuch ersichtlichen Berechtigten durch Zustellung[6]), im übrigen durch das Amtsblatt sowie ortsüblich bekannt zu machen.

(3) § 5 Abs. 1 des Gesetzes über die Enteignung von Grundeigentum vom 11. Juni 1874 (Gesetzsamml. S. 221) gilt entsprechend[7]).

[1]) Das gSU stellt den Antrag, wenn es sich um Enteignung von Ödländereien handelt; der LLV., wenn Land aus dem Besitzstande der großen Güter (§ 12 RSG.) enteignet werden soll; die Landgemeinde bei Enteignung von Pachtland für Landarbeiter (über Zwangspachtung für diese s. § 13). — Der Antrag ist in allen Fällen bei dem PräsLKA. zu stellen, auch i. F. zu 2), wo nicht er, sondern der ständige Ausschuß (§ 15 Abs. 2 RSG.) über die Zulässigkeit der Enteignung zu entscheiden hat. Der PräsLKA. hat in diesem Falle den Antrag dem ständigen Ausschuß, dessen geschäftsleitender Vorsitzender er ist (Begr. 10 f.), zur Entscheidung vorzulegen, nachdem er die erforderlichen Unterlagen für die Beschlußfassung beschafft hat. Hält der Ausschuß weitere Aufklärung für erforderlich, so hat der PräsLKA. weitere Erhebungen vorzunehmen.

[2]) Der Beschluß (Zulässigkeitsbeschluß) ersetzt die Verleihung des Enteignungsrechts durch (Königliche) Verordnung nach § 2 EnteignG. und die Planfeststellung nach § 21 das. — Anfechtung des Beschlusses: § 2.

³) Die Voraussetzungen bestimmen sich nach § 3 Abs. 1 (Ödland), § 15 Abs. 1 (große Güter), § 24 Abs. 1 (Pachtland für Landarbeiter).

⁴) Die Bezeichnung (nach Grundbuch oder Grundsteuerbuch) muß so genau sein, daß über die Grenzen der zu enteignenden Fläche kein Zweifel entstehen kann. Soll nur ein Teil eines Grundstücks enteignet werden, so wird dieser in der Regel vorher abgesteckt und vermessen werden müssen (vgl. § 5 Abs. 1 EnteignG.). Doch genügt für die Zwecke des § 1 auch eine Bezeichnung des Grundstücks oder Grundstücksteils nach anderen Merkmalen, z. B. natürlichen Grenzen, wenn dadurch die Fläche in ihrer Begrenzung sicher erkennbar bezeichnet wird. Vgl. A. 5 zu § 7 AGRSG.

⁵) Die Fristsetzung geschieht sonst durch den Planfeststellungsbeschluß des Bezirksausschusses (§ 21 EnteignG. vbd. § 150 ZustG.), oder durch die Verordnung über Verleihung des Enteignungsrechts (§ 2). — Die Frist wird gewahrt, wenn der Unternehmer vor ihrem Ablauf den Antrag auf Festsetzung der Entschädigung stellt. (MöABesch. 12. 9. 1876 bei Seydel, das G. ü. d. Enteign. v. Grundeigentum usw. [4] S. 166). Versäumung der Frist hat den Verlust des Enteignungsrechts zur Folge (§ 42 Abs. 1 EnteignG.; vgl. Begr. 11), schließt aber nicht aus, daß der Unternehmer später einen neuen Beschluß beantragt. Die Frist kann auf einen vor ihrem Ablauf gestellten Antrag aus besonderen Gründen verlängert werden. (MöABesch. 27. 8. 1878 [bei Seydel a. a. O. S. 166]; 29. 9. 1893 Eisenb.Arch. 1901 S. 701]). Die Verlängerung geschieht durch Beschluß nach Abs. 1.

⁶) Die Zustellung auch des Beschlusses des ständigen Ausschusses erfolgt auf Anordnung des PräsLKA. nach den für das Verfahren der Landeskulturbehörden geltenden Vorschriften. S. § 9 Abs. 3 AGRSG. — Sind die im GB. eingetragenen dinglich Berechtigten verstorben oder haben sie ihre Rechte an andere abgetreten, so ist es nicht notwendig,

daß die wahren Berechtigten ermittelt werden und ihnen zugestellt wird. Es genügt in diesem Falle, daß die Zustellung unter der Anschrift der eingetragenen Berechtigten vorgenommen oder versucht wird (AusschBer. 14). Doch gilt dies nicht für den Eigentümer. Der wahre Eigentümer, auch wenn er nicht eingetragen ist, muß stets ermittelt werden und die Zustellung muß an ihn erfolgen (AusschBer. 15).

[7]) S. nachstehend.

§ 5 Abs. 1 EnteignGes.

2. Vorbereitende Handlungen des Unternehmers.

Handlungen, welche zur Vorbereitung eines die Enteignung rechtfertigenden Unternehmens erforderlich sind[1]), muß auf Anordnung der Bezirksregierung[2]) der Besitzer auf seinem Grund und Boden geschehen lassen[3]). Es ist ihm jedoch der hierdurch etwa erwachsende, nötigenfalls im Rechtswege[4]) festzustellende Schaden zu vergüten. Zur Sicherstellung der Entschädigung darf die Bezirksregierung[2]) vor Beginn der Handlungen vom Unternehmer eine Kaution bestellen lassen und deren Höhe bestimmen. Sie ist hierzu verpflichtet, wenn ein Beteiligter[5]) die Kautionsstellung verlangt[6]).

[1]) Z. B. Besichtigung des Grundstücks (Begr. 11), Bodenuntersuchungen, Vermessungen (A. 4 zu § 1 AGRSG) u. dergl. — Zum Betreten von Gebäuden und eingefriedigten Höfen und Gärten bedarf der Unternehmer nach § 5 Abs. 3 EnteignG. einer besonderen Erlaubnis der Ortspolizeibehörde. Diese Beschränkung findet bei der Enteignung nach dem AGRSG. keine Anwendung. Das Betreten kann vielmehr schon durch den PräsLKA. (A. 2) nach Abs. 1 S. 1 erlaubt werden. Die vorbereitenden Handlungen müssen aber in der Verfügung des PräsLKA. so bezeichnet werden, daß genau erkennbar ist, was der Unternehmer tun darf und was nicht. — Keine Voraus=

setzung für die Anordnung Satz 1 ist, daß die Enteignung schon für zulässig erklärt ist. Die Besichtigung usw. dient vielmehr gerade dazu, die Unterlagen für den Antrag auf Erlaß des Zulässigkeitsbeschlusses zu beschaffen (Begr. 11; s. auch EisenbArch. 1892 S. 507). Andererseits kann auch nach Erlaß des Zulässigkeitsbeschlusses eine Anordnung nach Satz 1 ergehen, wie auch eine Handlung, die durch eine früher ergangene Anordnung gestattet war, nachher vorgenommen werden kann. Eine Besichtigung usw. in diesem Abschnitt des Verfahrens kann z. B. den Zweck haben, den Unternehmer über die Entschädigungsfrage zu unterrichten.

[2]) An die Stelle der Bezirksregierung tritt nach § 150 ZustG. der Bezirksausschuß, an dessen Stelle in Siedlungssachen nach § 5 AGRSG. des PräsLKA. — Ein Rechtsmittel gegen die Anordnung des PräsLKA. ist nicht gegeben. Doch kann der LM. im Aufsichtswege einschreiten (§ 50 Abs. 3 LVG.). Unzulässigkeit des Rechtsweges gegen die Anordnung: Strieth. Arch. 91 175.

[3]) Weigert sich der Eigentümer usw., die Handlung (Besichtigung usw.) zu dulden, so kann der PräsLKA. die Zwangsmittel der §§ 132, 133 LVG. anwenden (§ 28 OrgG.). Andererseits hat der PräsLKA. auf Anrufen des Eigentümers auch dann einzuschreiten, wenn der Unternehmer seine Befugnisse überschreitet.

[4]) Der Rechtsweg findet in diesem Falle auch in Siedlungssachen statt.

[5]) Eigentümer, Pächter, Mieter, überhaupt jeder, der durch die vorbereitende Handlung geschädigt werden kann.

[6]) § 41 EnteignG., der den Staat von der Verpflichtung zur Sicherheitsleistung entbindet, findet in Siedlungssachen keine Anwendung. Wenn daher eine als gSU. anerkannte Staatsbehörde (§ 1 Abs. 1 RSG., § 11 AGRSG.) sich für einen nicht als gemeinnützig anerkannten Siedlungsunternehmer (§ 11 AGRSG.) die Erlaubnis zu vorbereitenden

Handlungen erteilen läßt, so ist der Unternehmer zur Sicherheitsleistung verpflichtet; die Berufung darauf, daß ihm alle Rechte der Staatsbehörde zustehen, hilft ihm nichts.

## § 2.

(1) Gegen den Beschluß nach § 1 Abs. 1[1]) kann der Antragsteller, der Eigentümer und jeder, dem in Ansehung des Grundstücks ein Recht zusteht[2]), Beschwerde einlegen. 3 Anfechtung des Zulässigkeitsbeschlusses

(2) Die Beschwerde muß innerhalb einer in der Bekanntmachung festzusetzenden Frist, die auf mindestens zwei Wochen zu bemessen ist[3]), bei dem Präsidenten des Landeskulturamts eingelegt werden[4]). Die Frist beginnt mit der Zustellung, soweit Zustellung nicht erfolgt, mit dem Tage, an welchem das Amtsblatt (§ 1 Abs. 2) ausgegeben wird[5]). Über die Beschwerde entscheiden der Minister für Landwirtschaft, Domänen und Forsten und der Minister der öffentlichen Arbeiten[6]).

[1]) D. h. gegen den Beschluß, der die Zulässigkeit oder die Unzulässigkeit der Enteignung ausspricht. Der Beschluß, der die Unzulässigkeit ausspricht, kann von dem Unternehmer, der Beschluß, der die Zulässigkeit ausspricht, von dem Eigentümer und den am Grundstück Berechtigten angefochten werden.

[2]) Die Worte „dem in Ansehung des Grundstücks ein Recht zusteht" sind so gewählt, daß sie nicht nur die dinglich Berechtigten, sondern auch diejenigen bezeichnen, die nur einen schuldrechtlichen Anspruch auf Nutzung oder auf Übertragung des Eigentums oder auf Einräumung oder Übertragung eines dinglichen Rechts am Grundstück haben. Ihnen allen wird man daher das förmliche Recht zur Beschwerde zuerkennen müssen. Eine andere Frage ist es aber, inwieweit sie durch den Zulässigkeitsbeschluß beschwert sein

können. Grundsätzlich ist davon auszugehen, daß dies nur dann der Fall ist, wenn es an den gesetzlichen Voraussetzungen für die Ausübung des Enteignungsrechts (A 3 zu § 1 AGRSG) fehlt. Doch werden daneben auch Billigkeitsgründe zu berücksichtigen sein, namentlich in Fällen, wo für die Enteignung mehrere Güter in Betracht kommen und zwischen ihnen eine Wahl getroffen werden muß; vgl. insbesondere § 16 RSG.

[3]) Die Fristbestimmung ist Bestandteil des Zulässigkeitsbeschlusses. Ist sie unterblieben, so bedarf es eines ergänzenden Nachtragsbeschlusses. Vgl. auch AusschBer. 14.

[4]) Einlegung bei einer anderen Behörde, auch bei dem LM. oder dem MöA. (Abs. 2 S. 2) ist wirkungslos. Gibt die andere Behörde die Beschwerde an den PräsLKA. ab, so ist sie als unzulässig zu verwerfen, wenn sie bei ihm erst nach Fristablauf eingeht. — Über die Zulässigkeit der Beschwerde, auch ihre Rechtzeitigkeit, entscheidet die Beschwerdebehörde, d. h. der LM. in Gemeinschaft mit dem MöA. § 122 Abs. 2 LVG. ist nicht anwendbar; § 17 Abs. 1 OrgG. erklärt die Vorschriften des LVG. nur auf das Verfahren der Spruchkammer des LKA., nicht auf das des PräsLKA. (oder des ständigen Ausschusses) für anwendbar.

[5]) Liegt das zu enteignende Grundstück in verschiedenen Regierungsbezirken, so muß der Beschluß in den Amtsblättern aller beteiligten Regierungen veröffentlicht werden. Die Frist für diejenigen, denen nicht zugestellt ist, beginnt dann mit der Ausgabe des letzten Reg.-Amtsblattes (AusschBer. 13, 14).

[6]) Beide Minister müssen in Übereinstimmung entscheiden. Einigen sie sich nicht, so kann der Zulässigkeitsbeschluß keine Rechtskraft erlangen. Das Ergebnis ist dann in jedem Fall, daß die Enteignung nicht durchgeführt werden kann.

## § 3[1]).

(1) Die Enteignung erstreckt sich auf das Zubehör des Grundstücks, wenn nicht ein anderes vereinbart ist. Auf Verlangen des Eigentümers ist das zur Bewirtschaftung des enteigneten Grundstücks nicht unbedingt erforderliche Zubehör von der Enteignung auszuschließen. Das Gleiche gilt von einer auf dem Grundstücke gehaltenen Stammherde[2]). 4. Gegenstand der Enteignung.

(2) Rechte an dem Grundstücke sind von der Enteignung ausgeschlossen, wenn der Unternehmer (§ 1 Abs. 1 Nr. 1 bis 3) die Ausschließung beantragt[3]). Gegenüber einem Pächter oder Mieter des Grundstücks ist der Unternehmer berechtigt, an Stelle des Verpächters oder Vermieters in das Vertragsverhältnis einzutreten[4]); macht er von diesem Rechte Gebrauch, so gelten die für den Fall der freiwilligen Veräußerung maßgebenden Vorschriften entsprechend[5]).

[1]) § 3 Abs. 1 S. 1 entspricht dem (aufgehobenen) § 17 S. 1, § 3 Abs. 2 dem § 17 Abs. 2 G. 26. 4. 1886 (unten Abteil. II Nr. I). Abs. 1 S. 2 u. 3 sind bei der Ausschußberatung in das Gesetz eingefügt.

[2]) Bei Enteignung eines ganzen Grundstücks (einer wirtschaftlichen Einheit) hat jeder Teil — Unternehmer wie Eigentümer — ein Recht auf Mitenteignung des Zubehörs. Dabei ergreift die Enteignung grundsätzlich das Zubehör im Ganzen. Es bedarf daher nicht der besonderen Angabe in dem Zulässigkeitsbeschluß, daß das Zubehör mitzuenteignen sei (anders nach § 8 Abs. 1 EnteignG.). Bei Teilenteignungen hingegen muß sich der Zulässigkeitsbeschluß darüber aussprechen, was als Zubehör des zu enteignenden Teiles, z. B. eines zum Gute gehörigen Vorwerks, anzusehen ist. Hat hierüber keine Vereinbarung stattgefunden (Abs. 1 S. 1), so ist darüber nach wirtschaftlichen

Gesichtspunkten zu entscheiden. Der Umstand, daß sich das Zubehör, z. B. eine Herde, räumlich auf dem Vorwerk befindet, ist nicht ohne weiteres ausschlaggebend (AusschBer. 16f.). Auch das Größenverhältnis der zu enteignenden und der Restfläche ist für die Verteilung des Zubehörs, z. B. des Düngers, zwischen beiden nicht unbedingt entscheidend. Es kommt vielmehr darauf an, was zum Betriebe des Vorwerks und was zu dem des Restgutes wirtschaftlich erforderlich ist (AusschBer. 59f.).

Eine Einschränkung des Rechts auf Enteignung enthält Abs. 1 S. 2. Danach kann der Eigentümer verlangen, daß von dem Zubehör nur dasjenige mitenteignet wird, was zur Bewirtschaftung des Grundstücks unbedingt erforderlich ist; eine auf dem Grundstück gehaltene Stammherde aber ist auf sein Verlangen in jedem Fall von der Enteignung auszuschließen, also auch dann, wenn sie zur Bewirtschaftung des zu enteignenden Grundstücks erforderlich sein würde. — Die Notwendigkeit des Zubehörs für das zu enteignende Grundstück ist nach den Bedürfnissen der Zwischenwirtschaft zu bemessen, die auf dem Grundstück bis zu dessen Besiedlung einzurichten ist; vgl. AusschBer. 16, 18. Ist daher reichliches Zubehör vorhanden, so wird oft ein Teil davon dem Eigentümer belassen werden können. Stammherde (Stammzuchtherde: AusschBer. 59) ist eine zur Nachzucht dienende Viehherde. Eine beliebige Anzahl von Tieren, die nur zu Mastzwecken oder nur zur Milcherzeugung gehalten werden, ist keine Stammherde. Schweine und Rinder, die zur Mästung aus der Stammherde ausgeschieden werden, gehören nicht mehr zu ihr. Dagegen hat die Milchgewinnung von den zu einer Rindviehstammherde gehörigen Kühen nicht ohne weiteres deren Ausscheiden aus der Stammherde zur Folge. — Die Einschränkung des Abs. 1 S. 2 gilt sowohl bei Teilenteignungen wie bei Vollenteignungen. — Eine Frist für die Erhebung des Anspruchs nach Abs. 1 S. 2 ist nicht bestimmt; § 6² gilt nur für die Anträge nach Abs. 2. Da die Mitenteignung des Zubehörs i. F. der Vollenteignung stattfindet, wenn der Zulässigkeitsbeschluß das Zubehör nicht ausdrücklich ausnimmt, so kann das Verlangen hier nur solange geltend gemacht werden, als der Zulässigkeitsbeschluß noch nicht Rechtskraft erlangt hat, also spätestens mit der Beschwerde gegen den Zulässigkeitsbeschluß. Im Fall der Teilenteignung gilt das Gleiche, wenn der Zulässigkeitsbeschluß über das Zubehör Bestimmung trifft. Ist dies unterblieben, so muß ein Nachtragsbeschluß über das Zubehör ergehen. In diesem Falle kann der Anspruch nach Abs. 1 S. 2 so lange erhoben werden, bis der Nachtragsbeschluß die Rechtskraft erlangt hat.

Über den Begriff des Zubehörs s. §§ 97ff. BGB., über den Begriff des Zubehörs eines Landgutes: § 98² das.

Ob die Zubehörstücke dem Grundeigentümer oder einem Dritten gehören, macht für die Enteignung keinen Unterschied. Die Entschädigung für die dem Dritten gehörigen Zubehörstücke gebührt selbstverständlich nicht dem Grundeigentümer, sondern dem Dritten, der an dem Enteignungsverfahren mit den gleichen Rechten und Pflichten teilnimmt, wie jener.

[8]) Rechte an dem Grundstück sind dingliche Rechte, nicht hingegen die Auflassungsvormerkung, auch nicht Verfügungsbeschränkungen (Familienguteigenschaft usw.). — Der Antrag auf Ausschließung von der Enteignung steht nur dem Unternehmer, nicht dem Eigentümer oder den dinglich Berechtigten zu. Er muß spätestens in dem kommissarischen Termin (§ 25 EnteignG.) gestellt werden: § 6² AGRSG. Die Folge der Ausschließung ist, daß der Unternehmer die auf dem Grundstück haften bleibenden Rechte übernimmt, dafür aber auch den auf die Rechte entfallenden Teil der Entschädigung nicht zu zahlen braucht. Hierüber ist das Nötige in dem EFBeschluß zu bestimmen, der vor

allem auch die Übernahme der Rechte selbst festzustellen hat: § 6⁴ AGRSG. Vgl. auch noch Begr. 11. — Hat der Unternehmer es unterlassen, den Antrag auf Ausschließung rechtzeitig zu stellen, so kann er ein dingliches Recht nur noch durch Vereinbarung mit dessen Inhaber übernehmen, da dieser an sich einen Rechtsanspruch auf Enteignung gegen Entschädigung hat. (§ 11 EnteignG.).

[4]) Über die Ausschließung des — an sich ebenfalls durch die Enteignung in Wegfall kommenden — Miet- oder Pachtrechts von der Enteignung gilt das A 3 Gesagte ebenfalls. Vgl. insbesondere § 6 ² ⁴ AGRSG (Antragstellung spätestens in dem kommissarischen Termin, Feststellung des Eintritts in das Miet- usw. Verhältnis im EFBeschl.).

[5]) Vgl. §§ 571—579 BGB., die das Rechtsverhältnis i. F. der Veräußerung eines vermieteten Grundstücks regeln und nach § 581 Abs. 2 BGB. auch auf das Pachtverhältnis Anwendung finden. Die §§ 573 und 574 sind durch Art. 2 G. 8. 6. 1915 (RGBl. 327) abgeändert.

## § 4.

5. Enteignungsentschädigung. (1) Die Entschädigung für das enteignete Grundstück erfolgt nach Wahl des Entschädigungsberechtigten in Geld oder in Rentenbriefen[1]).

(2) Für die Entschädigung gelten die Vorschriften der §§ 8 Abs. 2, 9, 10 Abs. 2, 11 und 13 des Enteignungsgesetzes[2]).

(3) Haben die im § 11 des Enteignungsgesetzes bezeichneten Nebenberechtigten ihr Recht erst erworben, nachdem dem Eigentümer der Beschluß (§ 1) zugestellt worden ist, so steht ihnen ein Anspruch auf Entschädigung nicht zu, wenn ihnen der Beschluß zur Zeit des Erwerbes bekannt war[3]).

[1]) Über die Höhe der Entschädigung s. § 3 Abs. 2,

§ 15 Abs. 1, § 24 Abs. 3 RSG. und die in Abs. 2 angeführte Vorschrift des EnteignG. — Abs. 1 handelt von der Art der Entschädigung. § 7 EnteignG. kennt nur eine Entschädigung in Geld; eine andere Art z. B. eine Naturalentschädigung kann dem Entschädigungsberechtigten nicht aufgedrungen (RG. 86 17), aber von ihm auch nicht gefordert werden. In Siedlungssachen dagegen ist dem Entschädigungsberechtigten das Recht verliehen, anstatt des Geldes Rentenbriefe zu beanspruchen.

Die Rentenbriefe sind zum Verkehrs-(Kurs-)Wert anzurechnen. Die Wahl zwischen zu $3^1/_2$ und zu 4 v. H. verzinslichen Rentenbriefen steht nicht dem Eigentümer, sondern dem Unternehmer zu (§ 262 BGB.). Verlangt der Eigentümer ausdrücklich zu 4 v. H. verzinsliche Rentenbriefe, so kann der Unternehmer dieses Verlangen schlechthin ablehnen. — Die erforderlichen Rentenbriefe wird der Unternehmer häufig aus früheren Rentengutsbegründungen besitzen. Hat er keine Rentenbriefe zur Verfügung, so muß er sie im freien Handel anschaffen. Unterläßt er dies, so ist er, von dem Fall unverschuldeter Unmöglichkeit abgesehen (§§ 275, 280 BGB.), zum Schadensersatz verpflichtet.

[2]) S. die Erläuterungen zu den folgenden §§.

[3]) Abs. 3 des § 4 entspricht dem (aufgehobenen) § 18 Abs. 3 G. 26. 4. 1886 in der Fassung des Art. I [10] G 20. 3. 1908 (unten Abteil. II Nr. I). Über Abs. 3 s. A. 2 zu § 11 EnteignG.

## § 8 Abs. 2 EnteignGes.

Wird nur ein Teil eines Grundbesitzes desselben Eigentümers[1]) in Anspruch genommen[2]), so umfaßt die Entschädigung zugleich den Mehrwert, welchen der abzutretende Teil durch seinen örtlichen oder wirtschaftlichen Zusammenhang mit dem Ganzen hat[3]), sowie den Minderwert, welcher für den übrigen Grundbesitz durch die Abtretung entsteht[4]). 6. Teilenteignung a) Entschädigung für den Minderwert des Restgrundstücks.

[1]) Der Begriff „Grundbesitz desselben Eigentümers" setzt örtlichen oder wirtschaftlichen Zusammenhang und Eigentum einer und derselben Person an dem Grundstück oder den Grundstücken voraus. Pachtungen, Niesbrauchgrundstücke usw. kommen nicht in Betracht (Eger, Entsch. 2 260); ebenso wenig Grundstücke, auf die der zu Enteignende nur einen schuldrechtlichen Anspruch hat, auch wenn er sie noch vor der Enteignungserklärung zu Eigentum erwirbt (Eger, Entsch. 10 83, 11 139, 345). Auch das unterirdische Bergwerk bildet mit den dazu gehörigen Grundstücken keinen zusammenhängenden Besitz; Enteignung jener Grundstücke ist daher keine Teilenteignung i. S. des § 8 (RG. 84 254).

[2]) Anspruch des Eigentümers auf Mitenteignung des Restbesitzes: § 9 EnteignG.

[3]) Der Mehrwert, den der abzutretende Teil für das Ganze hat, entspricht dem Minderwert des Restbesitzes; vgl. RG. 2 234; Eger, Entsch. 1 299. Mehrwert und Minderwert dürfen daher bei der Entschädigung nicht gleichzeitig in Ansatz gebracht werden (Eger, Entsch 9 378, 10 273). Die Entschädigung für den Mehr- oder Minderwert ist auch nicht eine besondere, die neben dem Wert des enteigneten Grundstücks zu gewähren ist; vielmehr ist die Enteignungsentschädigung einheitlich und die Beträge für Mehr- oder Minderwert bilden nur Rechnungsposten bei ihrer Berechnung. Die Entschädigung kann daher mit der Behauptung, daß der Mehr- oder Minderwert zu niedrig berechnet sei, nicht angefochten werden, wenn ihr Gesamtbetrag die von dem Eigentümer verlangte Höhe hat (RG. 14 267; 74 287; Eger, Entsch 5 90, 6 340; JW. 1888 S. 448, 1891 S. 519).

[4]) Minderwert (s. A. 3). Im Siedlungsverfahren kommen namentlich in Betracht: ungünstige, die Bewirtschaftung erschwerende, Form des Restgrundstücks (RG. 30 294; Eger, Entsch. 13 62, 20 135); Unterbrechung oder Erschwerung der Verbindung zwischen den ein-

zelnen Teilen des Restbesitzes (Strieth Arch. 32 181, 86 294; RG. 13 244, 44 331; Eger, Entsch. 1 209, 286; 3 105, 232; JW 1894 S. 464, 1901 S. 158, 1903 S. 437, 1909 S. 119); Verlust einer werterhöhenden Annehmlichkeit, z. B. Abschneidung eines Parks (Eger, Entsch. 9 378, 10 140, 278, 12 144); Sinken des Ertrages des Restbesitzes infolge der Abgabe einer Fläche, die für die Ertragsfähigkeit besonders ins Gewicht fiel oder deren Fortfall den Besitzer nötigt, den Betrieb zu ändern und zu diesem Zwecke Aufwendungen zu machen (vgl. RG. 41 257); Unmöglichkeit der vollen Ausnutzung der vorhandenen Gutsgebäude infolge Verkleinerung der Wirtschaftsfläche (RG. 13 244; JW 1888 S. 352; Eger, Entsch. 13 242, 28 432); Verlust des bisherigen Grenzschutzes durch Hecken, Zäune, Gräben usw. (Strieth Arch. 32 181, 35 284; Eger, Entsch. 10 140); Unmöglichkeit der Ausübung einer Grunddienstbarkeit (Eger, Entsch. 8 363); Verlust der Eigenschaft als Bauplatz (RG 2 234, 30 294; Eger, Entsch. 13 62, 19 216, 23 300, 26 197); Verlust der Eigenjagd auf dem verkleinerten Besitztum (RG. 41 257).

Über Gegeneinanderrechnung der Nachteile und der dem Enteigneten aus dem Unternehmen des Enteigners entstehenden Vorteile s. insbesondere RG. 57 242. Bei Teilenteignungen zu Siedlungszwecken dürften derartige Vorteile selten in Frage kommen. Ganz ausgeschlossen sind sie aber nicht. Der Restbesitz kann z. B. durch einen für die Siedlung angelegten öffentlichen Weg, durch Regelung der Vorflut u. A. Vorteil haben. Derartige Vorteile dürfen, wie die angeführte Entscheidung zutreffend darlegt, dem Enteigneten nicht angerechnet werden, wenn es sich dabei um Vorteile allgemeiner Art handelt, die nicht nur dem Enteigneten, sondern auch anderen Grundbesitzern zugute kommen, z. B. um den Vorteil, den ein öffentlicher Weg bietet.

Der Grundsatz, daß in Siedlungssachen nur der gemeine Wert zu vergüten ist, erleidet bei Teilenteignungen durch

§ 8 Abs. 2 EnteigG. eine Änderung. Der dem Enteigneten zu ersetzende Minderwert des Restbesitzes ist in dem gemeinen Wert des abgetretenen Teils an sich nicht enthalten, die Enteignungsentschädigung geht also hier über den gemeinen Wert hinaus, wenn auch die Entschädigung für den Minderwert auf der Grundlage des für das ganze Besitztum ermittelten gemeinen Wertes zu berechnen ist. Die Berücksichtigung des Minderwertes überschreitet jedoch nicht den Rahmen des RSG, da ohne solche die Entschädigung nicht „angemessen" sein würde (§ 15 Abs. 1 RSG.). Zweifelhaft könnte es sein, ob sich § 8 Abs. 2 EnteignG. mit § 3 Abs. 2 RSG. vereinigen läßt Indessen gehört der Minderwert zu den hier genannten „besonderen Verhältnissen", die eine Erhöhung der regelmäßigen Entschädigung gestatten, und auf Grund des § 27 RSG. dürfte die Landesgesetzgebung befugt sein, die Berücksichtigung dieses „besonderen" Umstandes allgemein vorzuschreiben.

§ 9 EnteignGes.

b) Anspruch auf Mitenteignung des Restgrundstücks.

(1) Wird nur ein Teil von einem Grundstück [1]) in Anspruch genommen, so kann der Eigentümer verlangen [2]), daß der Unternehmer das Ganze gegen Entschädigung [3]) übernimmt [4]), wenn das Grundstück durch die Abtretung so zerstückelt werden würde, daß das Restgrundstück nach seiner bisherigen Bestimmung nicht mehr zweckmäßig benutzt werden kann [5]).

(2) Trifft die geminderte Benutzbarkeit nur bestimmte Teile des Restgrundstücks [6]), so beschränkt sich die Pflicht zur Mitübernahme auf diese Teile.

(3) Bei Gebäuden, welche teilweise in Anspruch genommen werden, umfaßt diese Pflicht jedenfalls das ganze Gebäude [7]).

(4) Bei den Vorschriften dieses Paragraphen ist unter

der Bezeichnung Grundstück jeder in Zusammenhang stehende Grundbesitz des nämlichen Eigentümers begriffen[8]).

[1]) S. Abs. 4.

[2]) Nur der Eigentümer, nicht andere dinglich Berechtigte, auch nicht der Unternehmer (Eger, Entsch. 17 141). — Frist für die Geltendmachung des Anspruchs: § 25 Abs. 7 EnteignG.

[3]) Zum gemeinen Wert: A. 2 zu § 15 RSG.

[4]) Im Wege des Enteignungsverfahrens (RG. 82 284; Eger, Entsch. 8 347, 12 160, 15 313, 17 141).

[5]) Zerstückelt wird das Gut auch dann, wenn der verkleinerte Rest eine zusammenhängende Fläche bleibt. — Die bisherige Bestimmung ist die, die ihm der Eigentümer nach seinem Willen gegeben hat. Die Bestimmung muß aber schon verwirklicht, zum wenigsten muß auf dem Grundstück mit der Herstellung der Anlagen, die der beabsichtigten Benutzung dienen sollen, schon begonnen sein (OLKG. 14. 7. 1911 bei Holzapfel, die GesGeb. über Gem. Teil usw. i. d. Rheinprovinz, S. 59 A. 6b). Es genügt nicht, daß eine bestimmte Art der Benutzung nur erst geplant war (Gruchot 35 1102; Eisenb. Arch. 1885 S. 424; Eger, Entsch. 1 265, 3 437, 4 367, 8 348). — Bloße Erschwerung der bisherigen Benutzung genügt nicht. Die (bestimmungsmäßige) Benutzung muß zwar nicht unmöglich, aber doch so unwirtschaftlich sein, daß ein verständiger Landwirt sie aufgeben würde, z B. weil ihre Fortsetzung unverhältnismäßige Aufwendungen erfordern würde (RG. 39 279, 42 394; Eger, Entsch. 8 348).

Wegen der Zerstückelung einzelner Gutspläne s. Abs. 2.

[6]) Geminderte Benutzbarkeit ist i. S. des Abs. 1 zu verstehen; s. A. 5. Beispiele: Der Restplan verliert seine Zugänglichkeit; einem Weideplan wird das Tränkwasser, einer Rieselwiese das Rieselwasser abgeschnitten; von einem Ackerplan bleibt ein minderwertiger nur zur Aufforstung geeigneter Teil übrig. Vorausgesetzt ist aber auch

hier, daß die Herstellung eines Zugangs, die Beschaffung von Tränk- oder Rieselwasser usw. unwirtschaftliche Aufwendungen nötig machen würde und deshalb unzweckmäßig wäre. Dagegen kann der Unternehmer den Anspruch auf Mitenteignung nicht dadurch beseitigen, daß er sich erbietet, die zur Wiederherstellung der Benutzbarkeit erforderlichen Anlagen zu bauen, da der Eigentümer eine andere als eine Geld- oder Rentenbriefentschädigung nicht anzunehmen braucht (RG. **86** 17).

[7]) Begriff des Gebäudes: RG. **13** 209, **21** 212, **30** 153, **55** 281, **59** 20; Eger, Entsch. **1** 229, **3** 5, **17** 141, **18** 218. Teilweise Inanspruchnahme: RG. **42** 394. Vgl. auch RG. **2** 279. Im Siedlungsverfahren wird der Fall des Abs. 3 kaum vorkommen.

[8]) Der Begriff des Grundstücks ist hier derselbe, wie der des Grundbesitzes im § 8 Abs. 2; s. A. 1 dazu. Örtlicher Zusammenhang ist nicht erforderlich; es genügt der rein wirtschaftliche Zusammenhang, d. h. auch die eine wirtschaftliche Einheit bildenden, aber örtlich auseinander liegenden Flächen sind ein Grundstück (RG. **73** 316). Ausgeschlossen sind dagegen Trennstücke, die mit dem (einheitlich bewirtschafteten) Gute in keinem örtlichen Zusammenhange stehen und an Dritte verpachtet sind. Doch wird durch Verpachtung an Gutsarbeiter, durch Ausgabe zu Deputatland usw. der wirtschaftliche Zusammenhang mit dem Gut nicht aufgehoben. — Vorhandensein muß der Zusammenhang in dem Zeitpunkt, in dem der Anspruch auf Mitenteignung nach Abs. 1 geltend gemacht wird. Die Geltendmachung aber muß spätestens in dem kommissarischen Termin (§ 25 EnteignG.) erfolgen; s. § 25 Abs. 7 EnteignG. und A. dazu.

### § 10 Abs. 2 EnteignGes.

7. Werterhöhende Wirkung des Unternehmers. Eine Werterhöhung, welche das abzutretende Grundstück erst infolge der neuen Anlage erhält, kommt bei der Bemessung der Entschädigung nicht in Anschlag[1]).

[1]) Als neue Anlage kann bei der Enteignung zu Siedlungszwecken nur die neue Siedlung mit ihren Einrichtungen (Wegen, Vorflutanlagen usw.) in Betracht kommen. Der nicht in Anschlag zu bringende Wert ist mithin der, den das abgetretene Land durch die Anlage der Siedlung oder durch die Aussicht auf deren Anlage (JW. 1900 S. 198) erhält. — Wie die durch die neue Anlage herbeigeführte Werterhöhung dem Eigentümer nicht zugute kommt, so bildet auch eine dadurch herbeigeführte Wertminderung keinen Grund, die Entschädigung herabzusetzen (RG. **8** 237, **28** 271; PrVBl. **25** 480, **26** 360).

§ 11 EnteignGes.

Der Betrag des Schadens, welchen Nutzungs-, Gebrauchs- und Servitutberechtigte, Pächter und Mieter durch die Enteignung erleiden, ist, soweit derselbe nicht in der nach § 8[1]) für das enteignete Grundeigentum bestimmten Entschädigung oder in der an derselben zu gewährenden Nutzung begriffen ist[2]) besonders zu ersetzen[3]). 8. Nebenberechtigte.

[1]) § 8 Abs. 1 EnteignG. (Entschädigung zum vollen Wert) ist im Siedlungsverfahren nicht anwendbar: Vgl. für dieses § 3 Abs. 2, § 15 Abs. 1, § 24 Abs. 3 RSG., auch A. 4 zu § 8 Abs. 2 EnteignG.

[2]) Reallastberechtigte, Hypotheken- und Grundschuldgläubiger (RG. **74** 410), auch (dingliche) Vorkaufsberechtigte (RG. **86** 184) erhalten ihre Entschädigung lediglich aus der für das Eigentum gewährten Entschädigungssumme, die dem Eigentümer nur insoweit zufällt, als die dinglich Berechtigten sie nicht in Anspruch nehmen. Auf eine besondere, darüber hinausgehende Entschädigung haben diese Nebenberechtigten keinen Anspruch. Auch Nutzungs-, Gebrauchs- und Dienstbarkeitsberechtigte, ferner Pächter und Mieter sind zunächst darauf angewiesen, ihre Entschädigung in der für das Eigentum gewährten Ent-

schädigung zu suchen, Niesbraucher insofern, als sie den dem Eigentümer zufallenden Teil des Betrages, auf den ihr Recht nach den Grundsätzen der Ersatzlehre (§ 45 Abs. 2 EnteignG) übergeht, nutzen. Doch können diese Nebenberechtigten durch die Enteignung einen Schaden erleiden, für den der auf sie entfallende Anteil an der Eigentumsentschädigung kein ausreichender Ersatz ist. In diesem Falle haben sie Anspruch auf eine besondere Entschädigung; s. A. 3.

Der Anspruch auf eine Sonderentschädigung fällt jedoch weg, wenn der Fall des § 4 Abs. 3 AGRSG. vorliegt. Hier ist bestimmt:

> Haben die im § 11 des EnteignG. bezeichneten Nebenberechtigten ihr Recht erst erworben, nachdem dem Eigentümer der Beschluß (§ 1 dieses G.) zugestellt worden ist, so steht ihnen ein Anspruch auf Entschädigung nicht zu, wenn ihnen der Beschluß zurzeit des Erwerbs bekannt war.

Hierzu bemerkt Begr. 11: „Die Vorschrift im Abs. 3 will den Unternehmer dagegen schützen, daß der Eigentümer noch während des schwebenden Entschädigungsverfahrens durch Begründung von Rechten, für die Entschädigung gewährt werden muß, die Entschädigungslast des Unternehmers arglistig erhöhen und dadurch die Enteignung erschweren kann." Indessen ist Arglist nach § 4 Abs. 3 a. a. O. keine Voraussetzung für den Fortfall der Entschädigungspflicht. Vielmehr fällt diese schon dann fort, wenn dem Nebenberechtigten bewiesen wird, daß ihm der Erlaß des Zulässigkeitsbeschlusses zurzeit des Rechtserwerbes bekannt war. Zweifelhaft ist es, ob Abs. 3 auch dann Anwendung findet, wenn der Nebenberechtigte sein Recht zwar erst nach erlangter Kenntnis von dem Zulässigkeitsbeschluß, einen schuldrechtlichen Anspruch gegen dem Eigentümer auf die Einräumung des Rechts aber schon vorher erworben hat. Da Abs. 3 nach seinem Grundgedanken nur einem arglistigen Verhalten der Beteiligten entgegentreten will, so wird man ihn auf diesen Fall nicht anwenden dürfen. Die Einräumung eines dinglichen Rechts, auf das der Berechtigte in gutem Glauben einen Rechtsanspruch erworben hat, fällt daher selbst dann nicht unter Abs. 3, wenn sie erst erfolgt, nachdem der Berechtigte von dem Zulässigkeitsbeschluß Kenntnis erhalten hat.

[3]) Voraussetzung für den Anspruch auf eine Sonderentschädigung ist, daß der Vorteil, den der Nebenberechtigte von seiner Berechtigung hat, in Geld ausgedrückt größer ist, als der Nachteil, den der Eigentümer durch die Ausübung der Berechtigung erleidet (AbgH. 1873/74 Druckſ. 149 [KomBer.] S. 6; Eger, Entsch. 13 148). Dies kann bei Grund- und beschränkten persönlichen Dienstbarkeiten, beim Niesbrauch (Eger, Entsch. 11 236, 12 160, 18 67), beim Erbbaurecht und bei den älteren, aus der Zeit vor dem Jahre 1900 stammenden, dinglichen Nutzungsrechten vorkommen. Ferner bei Miete und Pacht; doch kann der Mieter oder Pächter einen Anspruch nach § 11 EnteignG. nur erheben, wenn er in den Miet- oder Pachtbesitz gelangt ist (RG. 29 273, 35 256, 74 367, 93 10). Der Betrag, der dem Nachteil entspricht d. h. um den sich der Wert des Eigentums vermöge der an dem Grundstück bestehenden Berechtigung vermindert, ist stets in der Eigentumsentschädigung enthalten. Diesen Betrag erhält daher der Nebenberechtigte des § 11 aus der für das Eigentum ausgeworfenen Entschädigung; der ihm an dieser zustehende Anteil ist z. F. nach § 29 Abs. 1 S. 2 EnteignG. festzusetzen. Gegenstand der Sonderentschädigung nach § 11 ist mithin der Unterschied zwischen diesem Betrage und dem Wert des Vorteils, den die Berechtigung dem Berechtigten gewährt. Wird eine Sonderentschädigung neben der Eigentumsentschädigung zuerkannt, so übersteigt die von dem Unternehmer zu leistende Gesamtentschädigung den gemeinen Wert des Grundstücks. Daß gleichwohl die im § 11 EnteignG. vorgesehene Regelung der Entschädigung mit dem RSG. nicht

in Widerspruch steht, folgt aus dem oben A. 4 zu § 8 Abs. 2 EnteignG. Gesagten Das dort über die Entschädigung des Minderwerts bei Teilenteignungen Ausgeführte findet aber auch insofern Anwendung, als der Vorteil, den der Nebenberechtigte von seiner Berechtigung hat, auf der Grundlage des gemeinen Wertes zu veranschlagen ist. Vgl. auch AusschBer. 19.

Den Anspruch auf Sonderentschädigung hat der Nebenberechtigte geltend zu machen; dem Eigentümer steht es nicht zu, ihn zu erheben (RG 68 116; JW. 1908 S. 317, 1910 S. 363). Er richtet sich gegen den Unternehmer.

§ 13 EnteignGes.

9. Entschädigung für Neuanlagen. Für Neubauten, Anpflanzungen, sonstige neue Anlagen und Verbesserungen wird beim Widerspruch des Unternehmers [1]) eine Vergütung nicht gewährt, vielmehr nur dem Eigentümer die Wiederwegnahme auf seine Kosten bis zur Enteignung [2]) des Grundstücks vorbehalten, wenn aus der Art der Anlage, dem Zeitpunkte ihrer Errichtung oder den sonst obwaltenden Umständen erhellt, daß dieselben nur in der Absicht vorgenommen sind, eine höhere Entschädigung zu erzielen [3]).

[1]) Widerspruch des Unternehmers. Von Amtswegen darf die Vergütung aus den Gründen des § 13 nicht versagt werden. An eine Frist ist der Widerspruch nicht gebunden; er kann auch noch im Spruchverfahren über die Höhe der Entschädigung erhoben werden. Vgl aber A. 2.

[2]) Bis zur Enteignung, d. h. bis zum Eigentumsübergang auf Grund der Enteignungserklärung (§ 7 AGRSG).

[3]) Der Beweis für diese Absicht liegt dem widersprechenden Unternehmer ob. Doch hat die Behörde bei der Beurteilung freistes Ermessen; vgl. Strieth, Arch. 98 329 — S. ferner § 8 AGRSG., wonach auch Verschlechterungen, die später (nach der Abschätzung) eingetreten sind, berücksichtigt werden

können; sowie § 4 Abs. 3 das., der eine dem § 13 EnteignG. ähnliche Vorschrift für den Fall der Neubelastung des Grundstücks trifft.

## § 5.

Soweit in diesem Gesetze für das Enteignungsverfahren die Vorschriften des Enteignungsgesetzes für anwendbar erklärt werden, tritt an Stelle des Regierungspräsidenten und des Bezirksausschusses der Präsident des Landeskulturamts und an Stelle des Ministers der öffentlichen Arbeiten der Minister für Landwirtschaft, Domänen und Forsten. Die Zuständigkeit des ständigen Ausschusses (§ 15 Abs. 2 des Reichssiedlungsgesetzes) bleibt unberührt[1]). 10. Zuständigkeit.

[1]) Das EnteignG. beruft zur Leitung des EnteignVerf. die Bezirksregierung. Nach § 150 ZustG. ist deren Zuständigkeit teils auf den RegPräs. (§ 24 EnteignG.: Entgegennahme des Antrages auf Festsetzung der Entschädigung und der Mitteilungen des GBAmts über Veränderungen nach Eintragung der Enteign.Vermerkung, Ersuchen um Löschung der Enteign.Vormerkung; § 27 das.: Ernennung der Schätzer), teils auf den Bezirksausschuß (§ 5 das.: Genehmigung zu Vorarbeiten; § 29 das.: Festsetzung der Enteign.Entschädigung; § 33 das.: Ersuchen um Eintragung des Unternehmers als Eigentümer) übergegangen. In Siedlungssachen tritt an die Stelle der Bezirksregierung der PräsLKA. Ausgenommen ist jedoch der EFBeschl. i. F. des § 15 Abs. 2 RSG. (nicht in den übrigen Fällen), der nicht vom PräsLKA, sondern von dem ständigen Ausschuß zu erlassen ist; vgl. A. 1 zu § 29 EnteignG.

Über Beschwerden gegen die erstinstanzlichen Beschlüsse des Bezirksausschusses entscheidet nach § 150 Abs. 3 ZustG. der MöA. In Siedlungssachen tritt an seine Stelle der LM. Auch zur Entscheidung auf Beschwerden gegen Beschlüsse des PräsLKA. und des ständigen Ausschusses (§ 15 Abs. 2 RSG.) ist der LM. zuständig; vgl. hierzu A. 1 zu § 16 RSG. Die Zuständigkeit des LM. fällt jedoch fort, wo gegen den Beschluß (des PräsLKA. oder des ständigen Ausschusses) der Antrag auf mündliche Verhandlung vor der Spruchkammer des LKA. zugelassen ist. — Über Mitwirkung des MöA. bei Beschwerden gegen den Zulässigkeitsbeschluß s. § 2 AGRSG.

## § 6.

11. Festsetzung der Entschädigung. a) Anwendung der Vorschriften des Enteignungsgesetzes.

Für die Feststellung der Entschädigung gelten die Vorschriften der §§ 24 bis 30 des Enteignungsgesetzes mit folgenden Maßgaben entsprechend:

1. Der Antrag auf Feststellung der Entschädigung (§ 24 des Enteignungsgesetzes) ist schon vor der Erledigung des Beschwerdeverfahrens nach § 2 dieses Gesetzes zulässig.
2. Die Erklärungen des Unternehmers über die Ausübung der ihm nach § 3 Abs. 2 zustehenden Befugnisse sind dem Kommissar gegenüber spätestens in dem Termine (§ 25 des Enteignungsgesetzes) abzugeben.
3. In dem Gutachten (§ 28 des Enteignungsgesetzes) ist der Zustand des Grundstücks und des Zubehörs genau festzustellen.
4. Der Beschluß über die Entschädigung (§ 29 des Enteignungsgesetzes) hat genaue Angaben über den Zustand des Grundstücks und des Zubehörs zu enthalten, der der Entschädigung zugrunde gelegt ist. Auch ist darin auszusprechen, welche Rechte an dem Grundstücke von der Enteignung ausgeschlossen sind und ob der Unternehmer in ein bestehendes Pacht- oder Mietverhältnis eintritt (§ 3 Abs. 2).

5. Hinsichtlich der Entscheidung über die Entschädigung (§ 30 des Enteignungsgesetzes) tritt an Stelle des Rechtswegs der Antrag auf mündliche Verhandlung vor der Spruchkammer des Landeskulturamts. Der Antrag ist binnen einem Monat nach Zustellung der Entscheidung bei der Spruchkammer zu stellen. Der Spruchkammer treten für diese Entscheidung zwei richterliche Mitglieder hinzu, die nebst zwei Stellvertretern aus den Richtern des Oberlandesgerichtsbezirkes, in dem das Landeskulturamt seinen Sitz hat, durch gemeinschaftliche Verfügung des Justizministers und des Ministers für Landwirtschaft, Domänen und Forsten zu berufen sind. Die Spruchkammer ist beschlußfähig, wenn der Vorsitzende oder sein Stellvertreter, zwei richterliche und vier weitere Mitglieder anwesend sind.

Gegen den Beschluß der Spruchkammer ist binnen zwei Wochen Beschwerde an das Oberlandeskulturamt zulässig[1].

[1] S. wegen § 6 die A. zu den nachfolgenden §§ 24—30 EnteignG. — Im Abs. 1 der Nr. 5 sind die S. 3 und 4 bei der Ausschußberatung hinzugefügt, um „die Garantien, die sonst der ordentliche Rechtsweg biete, im Verfahren der Spruchkammer" zu „verstärken"; vgl. Aussch. Ber. 19 ff.

§ 24 EnteignGes.

(1) Der Antrag auf Feststellung der Entschädigung ist von dem Unternehmer schriftlich bei der Bezirksregierung[1]) einzubringen[2]). b) Antrag.

(2) Der Antrag muß das zu enteignende Grundstück, dessen Eigentümer sowie, wo nur eine Belastung in Frage steht, die Art und den Umfang derselben genau bezeichnen (§ 18)[3]).

(3) Dem Antrage ist zum Nachweis der Rechte am Grundstück ein beglaubigter Auszug aus dem Grundbuch (Hypothekenbuch, Währschaftsbuch, Stockbuch[5]), wo aber ein solches nicht vorhanden ist oder nicht ausreicht[5]), eine Bescheinigung des Ortsvorstandes oder der sonst zur Ausstellung solcher Bescheinigungen berufenen Behörde[6]) über den Eigentumsbesitz und die bekannten Realrechte beizufügen. Diese Urkunden haben die betreffenden Behörden dem Unternehmer auf Grund der Feststellung (§ 21) oder einer sonstigen Bescheinigung der Regierung[7]) gegen Erstattung der Kopialien[8]) zu erteilen, auch demselben Einsicht des Grundbuchs zu gestatten.

(4) Gleichzeitig[9]) mit Erteilung des Auszugs hat die Grundbuchbehörde, soweit die betreffenden Grundbücher dazu geeignet sind, u. z. ohne weiteren Antrag eine Vormerkung über das eingeleitete Enteignungsverfahren im Grundbuche einzutragen[10]), deren Löschung mit vollzogener Enteignung (§ 33) oder auf besonderes Ersuchen der Regierung[11]) erfolgt. Auch hat dieselbe während der Dauer des Enteignungsverfahrens von jeder an dem Grundstücke eintretenden Rechtsveränderung, welche für die Vertretung des Grundstücks oder die Auszahlung der Entschädigung von Bedeutung ist[12]), von Amtswegen der Enteignungsbehörde[13]) Nachricht zu geben.

[1]) In Siedlungssachen beim PräsLKA: § 5 AGRSG.

[2]) Abweichend von dem gewöhnlichen Verfahren, in dem der Antrag erst nach der Feststellung des Planes durch die Behörde (§ 21 EnteignG) oder durch Vereinbarung (§ 16 das.) zulässig ist, kann er in Siedlungssachen nach § 6[1] AGRSG schon gestellt werden, wenn der Zulässigkeitsbeschluß nach § 1 das. erlassen ist. Die Rechtskraft des Zulässigkeitsbeschlusses braucht nicht abgewartet zu werden.

Verzögert der Unternehmer den Antrag auf Entschädigungsfeststellung, so kann er im Rechtswege zur Antragstellung gezwungen werden (RG. 55 7; Eger Entsch. 7 367, 8 116; JW. 1904 S. 503, 1905 S 127, 151, 1910 S. 397, 1912 S 593; PrVBl. 12 520). Dieser Grundsatz gilt auch in Siedlungssachen. An die Stelle des Rechtweges tritt hier jedoch der Antrag auf mündliche Verhandlung vor der Spruchkammer (§ 6 [5] AGRSG), denn der Antrag hat den gleichen Rechtsgrund und dasselbe Ziel, wie der Anspruch auf Festsetzung der Entschädigung; vgl. RG. 72 358, JW. 1911 S. 406, wonach der Übergang von der Klage auf Stellung des Enteignungsantrages oder des Antrages nach § 24 Abs. 1 EnteignG. zur Klage auf Zahlung oder Festsetzung der Entschädigung keine Klagänderung ist. Voraussetzung des Antrags auf m. V. ist aber hier, daß der Zulässigkeitsbeschluß rechtskräftig geworden ist. Solange die Zulässigkeit der Enteignung nicht rechtskräftig feststeht, hat zwar der Unternehmer (Abs. 1), nicht aber der Eigentümer ein Recht auf Entschädigungsfeststellung.

[3]) § 18 EnteignG. schreibt vor, daß der Unternehmer bei Beantragung des Planfeststellungsverfahrens einen Auszug aus dem (vorläufig festgestellten) Plan nebst Beilagen vorzulegen habe, „welche die zu enteignenden Grundstücke nach ihrer grundbuchmäßigen, katastermäßigen oder sonst üblichen Bezeichnung und Größe, deren Eigentümer nach Namen und Wohnort, . . . sowie, wo nur eine Belastung von Grundeigentum in Frage steht, die Art und den Umfang dieser Belastung enthalten müssen". Im Siedlungsverfahren ist § 18 an sich nicht anwendbar; doch ist das, was hier über den Inhalt des Antrags auf Planfeststellung gesagt ist, auch bei dem Antrag nach § 24 Abs 2 zu beachten. — Nur, wo eine Belastung des Grundstücks besteht, ist diese näher anzugeben. Sind mehrere Belastungen vorhanden, so ist es an dem nach Abs. 3 einzureichenden Grundbuchauszug genug.

4) An die Stelle der eingeklammerten Bücher ist jetzt überall das GBuch getreten.

5) Also wo das GBuch nicht oder noch nicht angelegt ist (Art. 1 V. 13. 11. 1899 GS. 519 vbd § 90 GBO.) oder wo eine Rechtsänderung ohne Eintragung, wie i. F. des Todes des eingetragenen Berechtigten, eingetreten ist.

6) Vgl. Art. 11 V. 13. 11. 1899 GS. 519 (Bescheinigung einer staatlichen Behörde über den Eigentumsbesitz der juristischen Personen).

7) An die Stelle der Planfeststellung nach § 21 EnteignG. tritt in Siedlungssachen der Zulässigkeitsbeschluß (§ 1 AGRSG.), an die Stelle der Bescheinigung der Regierung die des PräsLKA. — Die Rechtskraft des Zulässigkeitsbeschlusses ist nicht erforderlich und braucht nicht nachgewiesen zu werden.

8) Nach JustMBl. 1881 S. 149 sind die Abschriften den öffentlichen Behörden unentgeltlich zu erteilen. Zu den öffentlichen Behörden gehören nicht die gSU, außer in dem Fall, daß einer öffentlichen Behörde die Eigenschaft eines gSU. beigelegt ist. Wenn jedoch die Behörde in diesem Fall die Enteignung für einen nicht als gemeinnützig anerkannten Siedlungsunternehmer betreibt (§ 11 Abs 2 AGRSG.), so hat dieser keinen Anspruch auf kostenlose Erteilung der Abschriften. § 11 Abs 2 AGRSG. läßt ihn zwar in alle Rechte des gSU. aus dem Enteignungsverfahren eintreten. Der Anspruch auf kostenlose Abschrifterteilung ist aber kein Recht, das aus dem Enteignungsverfahren hervorgeht, sondern ein besonderes Vorrecht der öffentlichen Behörde.

9) Richtiger: auf Vorlegung des Zulässigkeitsbeschlusses oder der Bescheinigung des PräsLKA. (A. 7).

10) Enteignungsvormerkung. Ihre Eintragung geschieht v. A. w.; ein Antrag ist nicht erforderlich. Soll nur ein Teil eines Grundstücks enteignet werden, so ist er genau zu beschreiben; eine Fortschreibung des Grundsteuerbuches ist zur Eintragung nicht erforderlich. Ungenaue Be-

zeichnung hindert die Eintragung nicht; doch ist die Ungenauigkeit auf Grund der von der Enteignungsbehörde zu erfordernden weiteren Angaben nachträglich zu beseitigen (KGJ. 35 261). — Rechtswirkungen hat die Vormerkung nicht; sie soll nur über das Schweben des Enteignungsverfahrens unterrichten. Ähnlich: § 8 Abs. 4 G. 4 8. 1904 GS. 191 (Konsolidationsvermerk). — Eintragung in Abteil II: § 11 [3] AllgVGBO.

[11]) Hier: der PräsLKA. (§ 5 AGRSG.). Bei Berichtigung des Grundbuchs auf Grund der Enteignungserklärung (§ 33 EnteignG.) hat das GBAmt die Vormerkung v. A. w. zu löschen. Unterläßt es dies, so kann der PräsLKA. um Löschung ersuchen. Das Ersuchen kann aber auch schon vor der GBBerichtigung erlassen werden.

[12]) Eintragung eines neuen Eigentümers, Eintragung neuer und Änderung oder Löschung bestehender dinglicher Rechte und Verfügungsbeschränkungen, Einverleibung in ein Fideikommiß oder Entlassung aus dem Verbande eines solchen u. dergl.

[13]) PräsLKA. (§ 5 AGRSG.).

§ 25 EnteignGes.

(1) Der Entscheidung der Bezirksregierung [1]) muß eine kommissarische Verhandlung mit den Beteiligten unter Vorlegung des definitiv festgestellten Planes [2]) vorangehen. c) Kommissarische Verhandlung.

(2) Der Kommissar hat auf Grund der nach § 24 beizubringenden Urkunden darauf zu achten, daß das Verfahren gegen den wirklichen Eigentümer gerichtet wird [3]).

(3) Er hat den Unternehmer [4]), den Eigentümer, sowie auch Nebenberechtigte, welche sich zur Teilnahme an dem Verfahren gemeldet haben [5]), zu einem nötigenfalls an Ort und Stelle abzuhaltenden Termine vorzuladen [6]).

(4) Alle übrigen Beteiligten werden durch eine in dem Regierungsamtsblatt und in dem betreffenden Kreisblatt,

owie geeignetenfalls in sonstigen Blättern bekannt zu machende Vorladung aufgefordert, ihre Rechte im Termine wahrzunehmen.

(5) Die Ladungen erfolgen unter der Verwarnung, daß beim Ausbleiben der Geladenen ohne deren Zutun die Entschädigung festgestellt und wegen Auszahlung oder Hinterlegung der letzteren werde verfügt werden[7].

(6) In dem Termin ist jeder an dem zu enteignenden Grundstücke Berechtigte befugt, zu erscheinen und sein Interesse an der Feststellung der Entschädigung sowie bezüglich der Auszahlung und Hinterlegung derselben wahrzunehmen[8].

(7) In dem Termine hat der Grundeigentümer seine Anträge auf vollständige Übernahme eines teilweise in Anspruch genommenen Grundstücks (§ 9) anzubringen. Spätere Anträge dieser Art sind unzulässig[9].

[1]) Die — nach § 24 EnteignG. beantragte — Entscheidung des PräsLKA. oder des ständigen Ausschusses über die Höhe der Entschädigung, also der EFBeschluß des § 29.

[2]) Statt des festgestellten Planes (§ 21 EnteignG.) ist in Siedlungssachen der Zulässigkeitsbeschluß (§ 1 AGRSG.) vorzulegen. Die Verhandlung kann aber schon stattfinden, bevor der Zulässigkeitsbeschluß „definitiv" d. h. rechtskräftig geworden ist; s. § 6 [1] AGRSG. und dazu Begr. 12.

Zum Kommissar soll nach E. des MöA 15. 3. 1882 (Eger 278) in der Regel der mit der Bearbeitung der landespolizeilichen Angelegenheiten des Unternehmens betraute Dezernent der Regierung ernannt werden. In Siedlungssachen wird der VKA. oder der mit der Bearbeitung der Enteignung betraute Rat des PräsLKA. in Betracht kommen. Die Ernennung erfolgt durch den PräsLKA., auch wenn der EFBeschluß vom ständigen Ausschuß zu erlassen ist; vgl. A. 1 zu § 1 AGRSG.

[3]) Der wirkliche Eigentümer ist nicht immer der im

GBuch eingetragene; vgl. A. 5 zu § 24 EnteignG. — Der Kommissar hat nicht nur für den Ausweis des Eigentümers, sondern auch der übrigen Teilnahmeberechtigten zu sorgen; vgl. A 10 zu § 29 EnteignG.

[4]) Im Falle des § 11 Abs. 2 AGRSG. den, für den di öffentliche Behörde oder Anstalt den Antrag auf Enteignung gestellt hat. Der Ladung der Behörde oder Anstalt selbst bedarf es nicht. Vgl. auch Eger, Entsch. 23 116.

[5]) Nebenberechtigte, welche sich ... gemeldet haben. Zu den Nebenberechtigten gehören nicht nur die des § 11 EnteignG., die auf eine besondere Entschädigung neben der Entschädigung für das Eigentum Anspruch erheben, sondern auch die, die ihre Entschädigung lediglich aus der Entschädigung des Eigentümers suchen, wie Hypothekengläubiger, Reallastberechtigte usw. — Eine besondere Ladung erhalten die Nebenberechtigten — im Gegensatz zu Unternehmer und Eigentümer — nur, wenn sie sich vor der kommissarischen Verhandlung beim PräsLKA. oder seinem Kommissar gemeldet haben. Außerdem werden diejenigen Nebenberechtigten zu laden sein, denen der Zulässigkeitsbeschluß nach § 1 Abs 2 AGRSG. zugestellt ist. Vgl. im übrigen Abs. 4.

Die Nebenberechtigten werden in Ansehung ihrer Sonderansprüche aus § 11 EnteignG. durch den Eigentümer nicht mitvertreten (RG. 35 256).

[6]) Die Zustellung der Ladungen erfolgt nicht nach den Vorschriften der ZPO. (§ 39 EnteignG. ist in Siedlungssachen nicht anwendbar), sondern nach den — für die LK.-Behörden geltenden — Vorschriften der Auseinandersetzungsgesetze: § 9 Abs. 3 AGRSG vbd. § 21 GeschO. f. d. Spruchk.

Die im Abs. 3 bezeichneten Beteiligten sind zwar stets besonders zu laden; ihre Ladung kann durch die öffentliche Bekanntmachung des Abs. 4 nicht ersetzt werden. Aber sie haben deshalb vor den nach Abs. 4 Geladenen keine bevorzugte Rechtsstellung in dem Verfahren. Vgl. RG. 24 205, 28 262, 44 325.

Haftung des Eigentümers gegenüber dem Mieter, dem er von der Einleitung der Enteignung keine Nachricht gegeben hat: RG. **35** 256.

⁷) Unbeschadet ihres Rechts, die Entscheidung der Spruchkammer (§ 6⁵ AGRSG.) anzurufen; vgl. RG. **24** 205, **28** 262. Ist jedoch der Anspruch eines Nebenberechtigten auf eine besondere Entschädigung nach § 11 EnteignG. infolge Nichtanmeldung unberücksichtigt geblieben, und versäumt der Nebenberechtigte auch die rechtzeitige Anrufung der Spruchkammer (vgl. A. 1 zu § 30 EnteignG.), so geht er seines (besonderen) Anspruchs gegen den Unternehmer verlustig. Unter den gleichen Voraussetzungen verlieren auch andere Nebenberechtigte, die ihre Entschädigung lediglich aus der Entschädigung für das Eigentum suchen, das Recht, die Höhe dieser Entschädigung zu bemängeln; dagegen bleiben ihre persönlichen Ansprüche gegen den Eigentümer, z. B. aus dem der Hypothek zugrunde liegenden Darlehensgeschäft, unberührt.

⁸) An dem ... Grundstück Berechtigte. Dazu gehören nur die sog. Realberechtigten, nicht Personen, die nur schuldrechtliche Ansprüche gegen den Eigentümer haben (RG. 28 262; vgl. auch Eger, Entsch. 8 329).

⁹) Außer dem Anspruch auf Mitenteignung des Restbesitzes i. F. der Teilenteignung (§ 9 EnteignG.) muß in dem Termin geltend gemacht werden: der Anspruch des Unternehmers auf Ausschließung von Rechten am Grundstück von der Enteignung und sein Anspruch, in einen Miet- oder Pachtvertrag einzutreten (§ 3 Abs. 2 AGRSG.): § 6² AGRSG. Für die Vereinbarung über den Ausschluß des Zubehörs gilt die Frist des Abs. 7 natürlich nicht, sie kann auch nach dem Termin getroffen werden. Über den Anspruch des Eigentümers auf Ausschließung des Zubehörs oder eines Teils des Zubehörs von der Enteignung (§ 3 Abs. 1 S. 2 AGRSG) s. A. 2 zu § 3 AGRSG.

Finden mehrere kommissarische Termine statt, so genügt Erhebung der Ansprüche in dem letzten Termin (JW. 1908 S. 726). Spätere Geltendmachung ist unzulässig. Die Mitenteignung des durch Teilenteignung verkleinerten Restbesitzes kann auch nicht durch nachträgliche Beantragung eines neuen Enteignungsverfahrens erzwungen werden (Eger, Entsch. 24 181).

Die Erklärung des Eigentümers (§ 9 EnteignG.) und des Unternehmers (§ 6 ² AGRSG.) ist unwiderruflich. Sie muß aber unbedingt abgegeben sein; ist sie an eine Bedingung geknüpft, z. B. die Mitenteignung des Restbesitzes an die Gewährung einer bestimmten Entschädigung, so bindet sie den Erklärenden nicht, wenn die Bedingung ausfällt (vgl. RG. 42 225). Sie kann alsdann auch noch im Verfahren vor der Spruchkammer widerrufen werden. Die Spruchkammer kann in diesem Falle auf Rückgewähr des mitenteigneten Restbesitzes selbst dann erkennen, wenn die Enteignung inzwischen ausgesprochen ist (RG. 42 225).

### § 26 EnteignGes.

(1) Der Kommissar hat eine Vereinbarung der Beteiligten zu Protokoll zu nehmen [1]) und ihnen eine Ausfertigung auf Verlangen zu erteilen [2]). a) Vereinbarungen.

(2) Das Protokoll hat die Kraft einer gerichtlichen oder notariellen Urkunde [3]). In Bezug auf die Rechtsverbindlichkeit der vor dem Kommissar abgeschlossenen Verträge kommen die Bestimmungen des § 17 Abs. 2 und 5 zur Anwendung [4]).

[1]) Vereinbarung der Beteiligten. Sie kann sich nicht nur auf Art und Höhe der Entschädigung, sondern auch auf den Gegenstand der Enteignung, insbesondere seine Begrenzung, beziehen. Im Verhältnis zu dem Zulässigkeitsbeschluß kann also der Enteignungsgegenstand beschränkt oder erweitert werden.

Die Wirkung der Vereinbarung für das Enteignungsverfahren ist im § 46 EnteignG. bestimmt. Hierüber ist zu bemerken:

a) Ist über alle Punkte (Gegenstand der Enteignung und Entschädigung) mit allen Beteiligten eine Einigung erzielt, so ist das Verfahren damit beendet und kann eingestellt werden. An die Stelle der förmlichen Enteignung (§ 7 AGRSG.) tritt das (freiwillige) Veräußerungsgeschäft, das durch Auflassung zu erfüllen ist (RG. 72 354). Doch steht es dem Unternehmer auch frei, statt der Auflassung die förmliche Enteignung zu beantragen. Aber auch wenn er dies nicht beantragt und das Enteignungsverfahren nicht fortgeführt wird, bleibt doch die Vereinbarung eine Handlung des Enteignungsverfahrens, an die sich die Wirkungen des § 45 EnteignG. knüpfen (Aufhebung der dinglichen Rechte und ihre Ersetzung durch die Entschädigung). U. z. treten diese Wirkungen ein, wenn die Entschädigung gezahlt oder hinterlegt und das Grundstück dem Unternehmer aufgelassen ist (§ 46 EnteignG. vbd. §§ 45, 32, 44 das. und RG. 72 357). Ferner bleibt der Unternehmer berechtigt, nach § 42 Abs. 2 EnteignG vom Unternehmen zurückzutreten (RG. 61 102).

b) Wird eine vollständige Einigung zwischen Unternehmer und Eigentümer, nicht aber mit den Nebenberechtigten, erzielt, so gilt das zu a Gesagte ebenfalls. Jedoch können die Nebenberechtigten, die eine besondere Entschädigung neben der für das Eigentum gewährten beanspruchen (§ 11 EnteignG), fordern, daß über ihre Ansprüche durch EFBeschluß entschieden wird. Lehnt die Enteign.Behörde den Erlaß des Beschlusses ab, so können sie ohne solchen ihre Ansprüche bei der Spruchkammer (§ 6[5] AGRSG) weiter verfolgen (RG. 74 242). Nebenberechtigte, die keine Sonderentschädigung nach § 11 EnteignG. fordern, können den Erlaß eines EFBeschl. nicht beanspruchen, sind vielmehr von vornherein lediglich auf den Antrag auf m. V. bei der Spruchkammer verwiesen (§ 46 S. 2 EnteignG.).

c) Einigen sich Unternehmer und Eigentümer nur über den Gegenstand der Enteignung, nicht aber über die Entschädigung, so ist das Enteignungsverfahren durch alle Abschnitte hindurch bis zu Ende zu führen. Doch hat die EnteignBehörde das Vereinbarte in dem EFBeschluß (§ 29 EnteignG.) und der Enteignungserklärung (§ 7 AGRSG.) zugrunde zu legen. Ebenso sind bei Durchführung des Enteignungsverfahrens die sonstigen Vereinbarungen der Beteiligten, insbesondere auch die mit den Nebenberechtigten getroffenen, zu berücksichtigen.

d) Aus den Vereinbarungen der Beteiligten findet keine Zwangsvollstreckung, insbesondere auch nicht das Verwaltungszwangsverfahren statt (§ 28 S. 2 OrgG. gilt nur für den BKA. und überdies nur für Auseinandersetzungsangelegenheiten, ist daher trotz § 34 AGRSG., hier nicht anwendbar). Doch können sich die Vertragsparteien der sofortigen Vollstreckung unterwerfen; in diesem Falle gilt § 794 [5] ZPO.; vgl. Abs 2 S. 1. Außerdem kann jeder Teil auf Vertragserfüllung klagen. Die Klage gehört in den ordentlichen Rechtsweg, nicht vor die Spruchkammer, deren Zuständigkeit in Enteignungssachen grundsätzlich auf die Feststellung der Entschädigung beschränkt ist.

[2]) Die Kosten der Abschrift trägt der Antragsteller, nicht etwa der Unternehmer (§ 43 EnteignG.; vgl A. 2 dazu).

[3]) Ähnlich: § 55 V. 20. 6. 1817 GS. 161 (Verhandlungsschrift des [Spezialkommissars, jetzt] BKA.) und § 34 AGRSG. — Auf Grund der Verhandlungsschrift kann daher Eintragung im GBuch erfolgen (§ 29 GBO.), ebenso genügt sie der Formvorschrift § 313 BGB. Überdies ist der von dem PräsLKA. beauftragte Kommissar nach § 34 AGRSG. befugt, die Auflassungserklärung entgegenzunehmen, auf Grund deren der Unternehmer im GB. als Eigentümer eingetragen werden kann. Vgl. übrigens auch noch Art. 12 § 1 Abs. 2 AGBGB., wonach bei Verträgen über Landabtretung zu Enteignungszwecken die einfache Schriftform ausreicht.

[4]) Statt „§ 17 Abs. 2 und 5" muß es (richtig) heißen: „§ 17 Abs. 2 bis 5". Hier ist bestimmt:

(2) Handelt es sich um Grundstücke oder Gerechtigkeiten bevormundeter, in Konkurs geratener, unter Kuratel stehender oder anderer handlungsunfähiger Personen, so genügt der Abschluß des Vertrages durch den Vertreter unter Genehmigung des vormundschaftlichen Gerichts oder desjenigen Gerichts, welches die Veräußerung der Grundstücke und Gerechtigkeiten solcher Personen aus freier Hand zu genehmigen befugt ist.

(3) Lehns- und Fideikommißbesitzer sind befugt, solche Verträge unter Zustimmung der beiden nächsten Agnaten abzuschließen, sofern die Stiftungsurkunden oder besondere gesetzliche Bestimmungen jene Veräußerungen nicht unter erleichterter Form gestatten.

(4) Im Bezirk des Appellationsgerichtshofes zu Köln sind die Vertreter der Minderjährigen, Abwesenden, Interdizierten und anderer handlungsunfähiger Personen, sowie die Fallitmassen befugt, gültig in die Veräußerung zu willigen, wenn sie dazu vom Gericht auf Antrag in der Ratskammer nach Anhörung des öffentlichen Ministeriums ermächtigt sind. Diese Vorschrift findet auch auf Dotal- und Fideikommißgrundstücke Anwendung.

(5) Veräußerungsbeschränkungen, welche zur Verhütung der Trennung von Gutsverbänden oder der Zerstückelung von Ländereien bestehen, finden keine Anwendung.

Hierzu ist zu bemerken: Die Verträge der unter Vormundschaft oder Pflegschaft stehenden Personen (Abs. 2, 4) bedürfen jetzt lediglich der Genehmigung des Vormundschaftsgerichts (§§ 1821 [1], 1897, 1915 BGB.). Der Konkursverwalter (Abs. 2, 4) soll zwar die Genehmigung des Gläubigerausschusses oder der Gläubigerversammlung einholen; doch ist diese Genehmigung keine Bedingung der Gültigkeit des Geschäfts (§§ 134 [1], 136 KonkO.). Lehns- und Fideikommißbesitzer (Abs. 3) bedürfen, wenn es sich um eine vom LLV. betriebene Enteignung von Land aus dem Besitzstand der großen Güter handelt, nicht mehr der Zustimmung der Anwärter (§ 17 RSG.). Zu den außer Anwendung bleibenden Veräußerungsbeschränkungen des Abs. 5 gehören die Vorschriften des Nassauischen Rechts über Mindestmaße (§ 11 Nass. V. 12. 9. 1829 bei Holzapfel, Neues Kons. Buch [2] S. 7 vbd. Art. 119 [2] EGBGB.).

§ 27 EnteignGes.

e) Zuziehung von Sachverständigen.

(1) Zu der kommissarischen Verhandlung sind ein bis drei Sachverständige zuzuziehen, welche von der Bezirksregierung [1]) entweder für das ganze Unternehmen oder einzelne Teile desselben zu ernennen sind, doch steht auch den Beteiligten zu, sich vor dem Abschätzungstermine über Sachverständige zu einigen, und dieselben dem Kommissar zu bezeichnen [2]).

(2) Die ernannten [3]) Sachverständigen müssen die in den betreffenden Prozeßgesetzen vorgeschriebenen Eigenschaften eines völlig glaubwürdigen Zeugen besitzen; dieselben dürfen insbesondere nicht zu denjenigen Personen gehören, die selbst als Entschädigungsberechtigte von der Enteignung betroffen sind [4]).

[1]) In Siedlungssachen vom PräsLKA. (§ 5 AGRSG.). Die Ernennung darf nicht dem Kommissar (§ 25 EnteignG.) überlassen werden. Doch kann die Zuziehung eines vom Kommissar ohne Zustimmung des PräsLKA. zugezogenen Sachverständigen nachträglich von dem PräsLKA. gültig genehmigt werden.

[2]) Erfolgt eine solche Einigung vor dem Abschätzungstermin, d. h. vor dem kommissarischen Termin (§ 25 EnteignG.), zu dem die Sachverständigen zugezogen sind, so müssen die von den Parteien benannten Sachverständigen zugezogen werden und das Ernennungsrecht des PräsLKA. fällt fort. An der Einigung müssen aber alle Berechtigte teilgenommen haben, die Anspruch auf eine Entschädigung haben, die Nebenberechtigten auch dann, wenn sie ihre Entschädigung lediglich aus der dem Eigentümer zufallenden Entschädigung, also keine besondere Entschädigung (§ 11 EnteignG). fordern.

Das Schätzungsamt, das an sich auf Ersuchen der Auseinandersetzungsbehörde zur Schätzung verpflichtet ist, ist in Enteignungsangelegenheiten nicht zuzuziehen: § 3 Abs. 3 SchAG. 8. 6. 1918 (GS. 83).

[3]) Nicht auch die Sachverständigen, auf die sich die Parteien geeinigt haben.

[4]) S. die Vorschriften § 406 ZPO über Ablehnung von Sachverständigen; vgl. auch § 408 Abs 3; § 383 [1–3], § 384 [1 2] vbd. § 393 [3]; § 393 [4] vbd. § 402 ZPO. und (zu § 393 [3 4] ZPO.) Gruchot 30 1134. Diese Vorschriften werden dem Sinne nach auch hier anzuwenden sein. Der Kommissar wird die Sachverständigen vor ihrer Vernehmung über ihre persönlichen Verhältnisse zu befragen und den Parteien Gelegenheit zur Erhebung von Einwendungen zu geben haben. Hat er Bedenken gegen die Vernehmung eines Sachverständigen, so muß er die Entscheidung des PräsLKA. einholen. Dieser kann auch nachträglich anordnen, daß an Stelle eines vernommenen Sachverständigen, der den Anforderungen des Abs. 2 nicht genügt, ein neuer Sachverständiger zugezogen wird.

§ 28 EnteignGes.

f) Gutachten der Sachverständigen. (1) Das Gutachten[1]) wird von den Sachverständigen entweder mündlich zu Protokoll[2]) erklärt oder schriftlich eingereicht[3]). Dasselbe muß mit Gründen unterstützt und beeidet[4]) werden. Sind die Sachverständigen ein für allemal als solche vereidet, so genügt die Versicherung der Richtigkeit des Gutachtens auf den geleisteten Eid im Protokoll oder unter dem schriftlich eingereichten Gutachten.

(2) Den Beteiligten ist vor der Entscheidung der Bezirksregierung (§ 29)[5]) Gelegenheit zu geben, über das Gutachten sich auszusprechen[6]).

[1]) Das Gutachten muß außer der Abschätzung auch eine genaue Feststellung des Zustandes des Grundstücks und seines Zubehörs enthalten (§ 6 [3] AGRSG.), „damit eine sichere Grundlage für die Feststellung der Entschädigung und für den über die Höhe der Entschädigung zulässigen Streit im Verfahren vor der Spruchkammer gewonnen wird" (Begr. 12 zu § 6 a. a. O.). Auch für den Nachtragsbeschluß nach § 8 AGRSG. ist die Feststellung von Wichtigkeit. Das Zubehör bleibt selbstverständlich außer Betracht, wenn seine Enteignung nach § 3 Abs. 1 AGRSG. ausgeschlossen ist Vgl. auch noch A. 2 zu § 29 EnteignG.

[2]) Des Kommissars (§ 25 EnteignG.).

[3]) Hält der PräsLKA. oder der ständige Ausschuß das Gutachten für unzureichend, so kann er seine Ergänzung, erforderlichen Falles auch die Vernehmung eines neuen Sachverständigen anordnen.

[4]) Die Eidesformel ist nicht vorgeschrieben. Es werden die Vorschriften der ZPO. angewendet. Vgl. § 410 ZPO. (Voreid oder Nacheid), ferner § 1 G. 18. 2 1880 (GS. 1899 S 403) und § 17 OrgG., endlich Art 177 RVerf. 11. 8. 1919 (Fortlassung der religiösen Beteuerungsformel).

[5]) Des PräsLKA. oder des ständigen Ausschusses (§ 5 AGRSG.). Die gemeinte Entscheidung ist der EJBeschluß des § 29 EnteignG.

[6]) Hierzu ist, wenn das Gutachten nicht sogleich in dem ersten Termin eröffnet wird, ein neuer Termin anzuberaumen, zu dem die Beteiligten unter Mitteilung des schriftlich erstatteten Gutachtens zu laden sind (MBl. 1899 S. 89).

§ 29 EnteignG.

g) Entschädigungsfestsetzungs-Beschluß.

(1) Die Entscheidung der Bezirksregierung[1]) über die Entschädigung[2]), die zu bestellende Kaution[3]) und die sonstigen aus §§ 7—13 sich ergebenden Verpflichtungen[4]) erfolgt mittelst motivierten Beschlusses[5]).

(2) Die Entschädigungssumme ist für jeden Eigentümer[6]), sowie für jeden der im § 11 bezeichneten Nebenberechtigten, soweit ihm eine nicht schon im Werte des enteigneten Grundeigentums begriffene Entschädigung zuzusprechen ist, besonders festzustellen[7]). Auch ist da, wo die den Nebenberechtigten gebührende Entschädigung in dem Werte des enteigneten Grundeigentums begriffen ist[8]), auf Antrag des Eigentümers oder des betreffenden Nebenberechtigten das Anteilsverhältnis festzustellen, nach welchem dem letzteren innerhalb seiner vom Eigentümer anerkannten[9]) Berechtigung aus der für das Eigentum festgestellten Entschädigungssumme oder deren Nutzungen Entschädigung gebührt[10]) [11]).

(3) In dem Beschlusse ist zugleich zu bestimmen, daß die Enteignung des Grundstücks nur nach erfolgter Zahlung oder Hinterlegung der Entschädigungs- oder Kautionssumme[3]) auszusprechen sei[12]).

[1]) In Siedlungssachen wird der EFBeschluß statt vom Bezirksausschuß (§ 150 Abs. 1 ZustG.) vom ständigen Ausschuß (§ 15 Abs. 2 RSG.) erlassen, wenn Land aus dem Bestande der großen Güter enteignet wird, im übrigen (bei Enteignung von Ödland [§ 3 Abs. 1 RSG.] oder bei Enteignung von Arbeiterpachtland [24 Abs. 1 RSG.]) vom PräsLKA.: § 5 AGRSG.

Der Bezirksausschuß verfährt nach § 150 Abs. 1 ZustG. im Beschlußverfahren (§§ 115—126 LVG.). Diese Bestimmung findet auch in Siedlungssachen Anwendung. Daher ist, wo der ständige Ausschuß zu entscheiden hat, der Vorsitzende d. h. der PräsLKA. befugt, in Fällen, die keinen Aufschub zulassen oder in denen das Sach- und Rechtsverhältnis klarliegt, einen Vorbescheid nach § 117 LVG. zu erlassen.

[2]) Die Entschädigung ist in Geld oder in Rentenbriefen (§ 4 Abs. 1 AGRSG) festzustellen. Die Rentenbriefe sind nach ihrer Verzinsung (ob 4 oder $3^1/_2$ v. H.) und nach ihrem Nennwert anzugeben. Über die Fälligkeit der Entschädigung ist in der Regel nichts zu bestimmen, sie darf aber keinesfalls auf einen der Enteignung (§ 7 AGRSG.) folgenden Zeitpunkt festgesetzt werden (RG. **75** 16). Auch an eine Bedingung darf die Zahlung oder Hinterlegung nicht geknüpft werden (JW. 1908 S. 317).

Als Grundlage für die Bemessung der Entschädigung dient das Gutachten der Sachverständigen (§ 27 EnteignG.). Doch ist die Beschlußbehörde an dieses nicht gebunden, sie hat es namentlich in der Richtung nachzuprüfen, ob die Sachverständigen auf den richtigen Wert (vgl. A. 4 zu § 3, A. 2 zu § 15, A. 3 zu § 24 RSG.) abgestellt haben; vgl. RG. **84** 257. Erforderlichenfalls ist vor Erlaß des Beschlusses eine Ergänzung oder Berichtigung des Gutachtens oder die Vernehmung eines neuen Sachverständigen anzuordnen. Der Zeitpunkt, nach dem die Höhe der Entschädigung zu bemessen ist, ist der der Abschätzung (A. 2f. zu § 15 RSG.). Wertänderungen, die in der Zeit zwischen Abschätzung und Enteignung eintreten, sind nach § 8 AGRSG. zu berücksichtigen. Demgemäß ist in § 6 [3 4] AGRSG. vorgeschrieben, daß sowohl das Gutachten der Sachverständigen wie der EFBeschluß genaue Angaben über den der Schätzung zugrunde gelegten Zustand des Grundstücks und seines Zubehörs enthalten muß.

Hinsichtlich der Bezeichnung des zu enteignenden Grundstücks gilt das oben (A. 4 zu § 1 AGRSG.) über den Zulässigkeitsbeschluß Gesagte. Über weitere Festsetzungen des EFBeschlusses s. A. 4 und Abs. 2.

[3]) Kaution. Gemeint ist die Sicherheitsleistung nach der — in Siedlungssachen nicht anwendbaren — Vorschrift § 12 EnteignG.

[4]) Von den angeführten Vorschriften (§§ 7—13) sind im Siedlungsverfahren nur anwendbar: § 8 Abs. 2 (Berücksichtigung des Minderwertes des Restbesitzes bei Teilenteignungen), § 9 (Anspruch auf Übernahme des Restbesitzes bei Teilenteignung), § 10 Abs. 2 (Nichtberücksichtigong einer Werterhöhung, die eine Folge der neuen Anlage ist), § 11 (Sonderentschädigung gewisser Nebenberechtigter), § 13 (Recht des Eigentümers zur Wegnahme von Neubauten usw. anstatt der Entschädigung). Die Vorschriften § 8 Abs. 2, § 10 Abs 2 sind schon bei der Bemessung der Höhe der Entschädigung (A. 2) zu berücksichtigen. Selbstverständlich ist ferner, daß die den Nutzungsberechtigten des § 11 neben der Entschädigung für das Eigentum zukommende besondere Entschädigung im EFBeschluß besonders ausgeworfen werden muß. Wird das Zubehör mit enteignet (§ 3 Abs. 1 AGRSG; vgl. § 8 Abs. 1 EnteignG.), so ist auch die Entschädigung für dieses festzustellen, u. z. für solche Zubehörstücke, die nicht dem Grundeigentümer gehören, zugunsten des Eigentümers der Stücke, der damit als Hauptbeteiligter neben den Grundeigentümer tritt. Der Anspruch auf Mitenteignung des Restbesitzes bei Teilenteignung i. F. des § 9 gehört zu dem Anspruch auf Entschädigung und ist in dem EFBeschluß auch dann zu regeln, wenn ihn der Unternehmer anerkannt hat (RG. 82 284). Im Falle des § 13 ist dem Eigentümer das Recht, die ihm nicht vergüteten Neubauten, Neuanpflanzungen usw. bis zur Enteignung (§ 7 AGRSG.) fortzunehmen, ausdrücklich vorzubehalten.

Nach § 6[4] AGRSG. ist endlich im EFBeschluß zu bestimmen, welche Rechte an dem Grundstück von der Enteignung ausgeschlossen sind und ob der Unternehmer in ein bestehendes Pacht- oder Mietverhältnis eintritt (§ 3 Abs. 2 AGRSG.) Im letzteren Fall sind zugleich die etwa vereinbarten besonderen Bedingungen des Eintritts anzugeben.

[5]) Der EFBeschluß kann erlassen werden, bevor der Zulässigkeitsbeschluß (§ 1 AGRSG.) Rechtskraft erlangt hat: § 6 [1] AGRSG. Doch empfiehlt es sich, die Rechtskraft abzuwarten. Über den Einfluß von Vereinbarungen (§ 26 Abs. 1 EnteignG.) auf die Notwendigkeit des Beschlusses und auf dessen Inhalt s A. 1 zu § 26 EnteignG. Lehnt die EnteignBehörde den Erlaß ab, so kann dagegen im Beschwerdewege die Entscheidung des LM. angerufen werden. Über den Fall, daß der Erlaß des Beschlusses nicht durchgesetzt wird, s. A. 1 b zu § 26 EnteignG.

Zu einer Änderung des erlassenen Beschlusses ist die EnteignBehörde, abgesehen von dem Fall des § 8 AGRSG., nicht befugt (Eger, Entsch 17 141; vgl. aber auch RG. 65 299). Dagegen können offenbare Schreib- und Rechenfehler berichtigt werden (OVG 49 436, 59 465; PrVBl. 16 196, 22 513; vgl. § 319 ZPO., auch RG. 65 299).

Der EFBeschluß geht grundsätzlich nur auf Feststellung der Entschädigung, nicht auf Verurteilung zur Leistung. Er kann daher auch nicht nach § 60 LVG. vollstreckt werden (RG. 69 64, 90 361). Anders der Nachtragsbeschluß nach § 8 AGRSG., der erst nach der Enteignung (§ 7 das.) ergeht, also zu einer Zeit, zu der die Entschädigung fällig ist. Dieser hat die Verurteilung zur Rückgewähr des zuviel Geleisteten oder zur Nachzahlung (oder Hinterlegung) des zuwenig Geleisteten auszusprechen, ist auch, bevor er die Rechtskraft erlangt, vorläufig vollstreckbar.

Über Zustellung des EFBeschlusses s. A. 1 zu § 30 EnteignG; über seine Anfechtung: A 2 das.

[6]) Hier wird vorausgesetzt, daß sich der EFBeschluß gleichzeitig auf eine Mehrheit von Grundstücken verschie-

dener Eigentümer bezieht. Im Siedlungsverfahren wird dieser Fall seltener sein, doch kann er auch hier vorkommen, z. B. bei der Enteignung von Ödländereien nach § 3 Abs. 1 RSG.; vgl. auch § 24 Abs. 1 das. (Enteignung von Arbeiterpachtland).

[7]) Die Entschädigung ist auch für den von dem Grundeigentümer verschiedenen Eigentümer des mitenteigneten Zubehörs (A. 4) besonders festzustellen.

[8]) Vgl. A. 3 zu § 11 EnteignG.

[9]) Soweit der Eigentümer eine Berechtigung nicht anerkennt, hat sich der EFBeschluß der Feststellung des Anteilsverhältnisses zu enthalten. S. auch A. 10.

[10]) Das Anteilsverhältnis ist nur auf Antrag festzustellen und auch nur für die Berechtigten, von denen oder für die es (vom Eigentümer) beantragt ist. Dem Unternehmer steht kein Antragsrecht zu. — Über Bestehen oder Nichtbestehen der Berechtigungen hat die EnteignBehörde ebensowenig zu entscheiden, wie über das Eigentum des zu Enteignenden an dem Grundstück. Entsteht hierüber Streit, so ist er im Rechtswege auszutragen (Eger, Entsch. 2 260). Inzwischen können die Streitteile ihr Recht durch den Antrag auf Hinterlegung (statt Auszahlung) der Entschädigungssumme wahren. Die EnteignBehörde hat jedoch den Ausweis der sämtlichen Berechtigten auf Grund der ihr vorgelegten Unterlagen (§ 24 EnteignG.) um so sorgfältiger zu prüfen, als der Spruchkammer in dem Spruchverfahren über die Entschädigung eine Nachprüfung des Ausweises nicht zusteht (RG. 7 223, 43 302, 44 325; JW. 1890 S. 170).

[11]) Vgl. § 7 Abs. 1 AGRSG. Auf die hier (§ 7 Abs. 1) gegebene Vorschrift soll in dem Beschluß besonders hingewiesen werden. Dagegen ist keine Entscheidung darüber zu treffen, ob zu zahlen oder zu hinterlegen sei.

§ 30 EnteignGes.

(1) Gegen die Entscheidung der Regierung steht sowohl dem Unternehmer als den übrigen Beteiligten innerhalb sechs Monaten nach Zustellung des Regierungsbeschlusses [1]) die Beschreitung des Rechtsweges zu [2]). Ein Streit über das Anteilsverhältnis eines Nebenberechtigten an der für das Eigentum festgestellten Entschädigungssumme ist lediglich zwischen dem Nebenberechtigten und dem Eigentümer auszutragen [3]).

h) Anfechtung des Entschädigungsfestsetzungsbeschlusses

(2) Eines vorgängigen Sühneversuchs bedarf es nicht.

(3) Zuständig ist das Gericht, in dessen Bezirk das betreffende Grundstück belegen ist [4]).

(4) Sind die Parteien über die Sachverständigen nicht einig, so ernennt das Gericht dieselben [5]).

(5) Wird von dem Unternehmer auf richterliche Entscheidung angetragen, so fallen ihm jedenfalls die Kosten der ersten Instanz zur Last [6]).

[1]) In Siedlungssachen: des EFBeschlusses des PräsLKA. oder des ständigen Ausschusses (A. 1 zu § 29 EnteignG.). Hat der Vorsitzende des ständigen Ausschusses einen Vorbescheid nach § 117 LVG. erlassen (A 1 zu § 29 EnteignG.), so findet das Spruchverfahren (der Rechtsweg) gegen diesen erst statt, wenn der Vorbescheid nach § 117 Abs 4 a. a. O. (weil innerhalb der zweiwöchigen Frist kein Antrag auf mündliche Verhandlung gestellt ist) endgültig geworden ist. (RG. 85 271).

Die Frist zu Stellung des Antrags auf mündliche Verhandlung vor der Spruchkammer beträgt einen Monat (s. A. 2). Sie beginnt mit der Zustellung. Für die Beteiligten, die in dem EFBeschluß nicht erwähnt werden und denen dieser auch nicht zugestellt ist, beginnt die Frist mit der Zustellung an den Eigentümer (RG. 24 205, 28 262, 68 116). Die Frist gilt auch für die Widerklage, mit der der Gegner des Antragstellers im Spruchverfahren den EFBeschluß anficht (Eger, Entsch 3 308, 5 359). Wird der EFBeschluß (unzulässigerweise: A. 5 zu § 29 EnteignG.) durch einen neuen Beschluß sachlich geändert, so beginnt der Fristlauf mit Zustellung des zweiten Beschlusses von neuem (RG. 65 299; Eger, Entsch. 24 53). Für einen Beschluß, der nur offenbare Unrichtigkeiten des ersten Beschlusses berichtigt, gilt dies nicht. Ebenso nicht für den Nachtragsbeschluß nach § 8 AGRSG. — Berechnung der Frist: § 188 BGB. Ein Wechsel des Eigentums an dem enteigneten Grundstück ist auf den Ablauf der Frist ohne Einfluß; die gegen den früheren Eigentümer in Lauf gesetzte Frist läuft gegen den neuen Eigentümer weiter (Eger, Entsch 8 18). Auch die Ferien der Spruchkammer unterbrechen den Lauf der Frist nicht; vgl § 7 GeschO. f. d. Spruchk., auch RG. 63 55. — Vor der Zustellung des EFBeschlusses ist der Antrag auf m V. vor der Spruchkammer unzulässig (JW 1884 S 99, 315). — Die Frist ist keine Verjährungsfrist, sondern eine Ausschlußfrist Wer ihren Ablauf behauptet, ist beweispflichtig (Eger, Entsch. 3 403). Ihre Nichteinhaltung ist aber v. A. w. zu beachten, wenn die Tatsache selbst feststeht.

²) § 6⁵ AGRSG. bestimmt:

Hinsichtlich der Entscheidung über die Entschädigung (§ 30 des EnteignG.) tritt an Stelle des Rechtswegs der Antrag auf mündliche Verhandlung vor der Spruchkammer des Landeskulturamts. Der Antrag ist binnen einem Monat nach Zustellung der Entscheidung bei der Spruchkammer zu stellen. Der Spruchkammer treten für diese Entscheidung zwei richterliche Mitglieder hinzu, die nebst zwei Stellvertretern aus den Richtern des Oberlandesgerichtsbezirks, in dem das Landeskulturamt seinen Sitz hat, durch gemeinschaftliche Verfügung des Justizministers und des Ministers für Landwirtschaft, Domänen und Forsten zu berufen sind. Die Spruchkammer ist beschlußfähig, wenn der Vorsitzende oder sein Stellvertreter, zwei richterliche und vier weitere Mitglieder anwesend sind.

Gegen den Beschluß der Spruchkammer ist binnen zwei Wochen Beschwerde an das Oberlandeskulturamt zulässig.

Der hier vorgesehene Ausschluß des ordentlichen Rechtsweges ist im § 3 Abs. 2 RSG. für die Enteignung von Ödländereien ausdrücklich angeordnet. Für die Fälle des § 15 RSG. ist die Regelung des Enteignungsverfahrens den Bundesstaaten überlassen (Abs. 3 a. a. O.), die daher von dem Grundsatz Art. 153 Abs. 2 RVerf. 11. 8. 1919 (Entscheidung über die Höhe der Entschädigung durch das ordentliche Gericht) eine Ausnahme machen konnten. Für die Fälle des § 24 Abs. 4 RSG. gilt dasselbe. Vgl. AusschBer. 3, 5, 7 f. 20.

a) Voraussetzung des Spruchverfahrens ist der Erlaß des EJBeschlusses (§ 29 EnteignG.). Lehnt jedoch die Enteignungsbehörde den Erlaß ab, so können die Entschädigungsberechtigten, auch ohne daß ein Beschluß ergangen ist, die Feststellung der Entschädigung im Spruchverfahren beantragen (A 1 b zu § 26 EnteignG.). Dasselbe wird anzunehmen sein, wenn die Parteien vereinbaren, die Entschädigung sogleich im Spruchverfahren feststellen zu lassen (Eger, Entsch. 1 87, 4 255). — Rechtskraft des Zulässigkeitsbeschlusses ist keine Voraussetzung des Antrags auf m. V. (§ 6 [1] AGRSG.). — Der Antrag auf m. V ist der einzige gegen den EJBeschluß zulässige Rechtsbehelf. Durch Beschwerde im Verwaltungswege kann der Beschluß nicht angefochten werden (StriethArch. 75 130).

b) Berechtigt zum Antrag auf m V sind alle, deren Rechte durch den EJBeschluß berührt werden, nicht nur der

Unternehmer, der Eigentümer und die sonst in dem Beschluß erwähnten Nebenberechtigten, sondern auch diejenigen, deren Rechte in dem Beschluß nicht erwähnt werden, gleichviel, ob sie an dem Verwaltungsverfahren teilgenommen haben oder nicht (RG. **5** 281, **24** 205, **28** 262, 325; JW. 1908 S. 317, 1910 S. 947). Entscheidend für die Antragsbefugnis ist der Zeitpunkt der Antragstellung; sie steht daher dem Käufer des Grundstücks zu, wenn er bis dahin seine Eintragung erlangt hat (Eger, Entsch. **6** 319, **15** 244, **29** 349). — Der Unternehmer verliert sein Anfechtungsrecht, wenn er die im Verwaltungsverfahren festgestellte Entschädigung ohne Vorbehalt zahlt oder hinterlegt, es müßte denn aus den Umständen erhellen, daß die vorbehaltlose Zahlung usw. keinen Verzicht bedeutet. Doch ist ein Verzicht regelmäßig ausgeschlossen, wenn der Unternehmer im Dringlichkeitsverfahren (§ 34 EnteignG.) zahlt oder hinterlegt, um in den ihm dringlichen Besitz des Grundstücks zu gelangen (RG **30** 168, **55** 156; Eger, Entsch. **1** 204; JW. 1901 S 45). Da das Verfahren nach AGRSG. stets das Dringlichkeitsverfahren ist (§ 7 AGRSG. und dazu Begr. 12), so findet der letzte Satz in diesem stets Anwendung. — Der Eigentümer nimmt mit seinem Antrag auf m. V. auch die Rechte der Nebenberechtigten wahr, die ihre Entschädigung aus der für das Eigentum gewährten Entschädigung zu beanspruchen haben. Dagegen ist er nicht befugt, die Ansprüche der Nebenberechtigten auf eine besondere Entschädigung (§ 11 EnteignG.) zu verfolgen (RG. **63** 116). — Der Unternehmer ist nicht berechtigt, die (nach Abs. 1 S. 2 nur zwischen Eigentümer und Nebenberechtigten auszutragenden) Ansprüche auf Feststellung des Anteilsverhältnisses an der für das Eigentum gewährten Entschädigung zu verfolgen (Eger, Entsch. **12** 136, 47; vgl. aber auch das. **15** 8).

c) Die Ansprüche des Eigentümers und der Nebenberechtigten auf Erhöhung der Entschädigung richten sich gegen den Unternehmer, die des Unternehmers auf Herabsetzung der Entschädigung gegen den Eigentümer und die Nebenberechtigten oder gegen einen oder einige von ihnen. Die Antragsgegner sind von der Spruchkammer v. A. w. zum Spruchverfahren zuzuziehen, auch wenn der Antragsteller sie nicht ausdrücklich genannt hat Doch bedarf es, wenn der Unternehmer auf m. B. angetragen hat, der Zuziehung solcher Nebenberechtigter, die keine besondere Entschädigung nach § 11 EnteignG. fordern, nur dann, wenn sie im Verwaltungsverfahren mit selbständigen Anträgen (neben dem Eigentümer) hervorgetreten sind (JW. 1911 S. 604); anderenfalls werden sie durch den Eigentümer mit vertreten (RG. **74** 410). — Vgl. auch Abs. 1 S. 2 des § 30 und dazu oben zu b) a. E.

d) Der Ausweis der Beteiligten (Unternehmer, Eigentümer, Nebenberechtigte) ist vom Spruchrichter nicht zu prüfen. In dieser Beziehung ist für ihn der EFBeschluß maßgebend (RG. **7** 223, **44** 325). Streitigkeiten über Teilnahmerechte (Eigentum, dingliche Rechte, Pacht, Miete) sind nicht vor dem Spruchrichter, sondern im ordentlichen Rechtsweg auszutragen. Wer ein Teilnahmerecht in Anspruch nimmt, das der EFBeschluß einem anderen zuspricht, kann im EnteignVerfahren sein Recht nur durch den Antrag auf Hinterlegung der Entschädigung nach § 37 [1] EnteignG. verfolgen; am Spruchverfahren nimmt er nicht teil. Nur dann hat der Spruchrichter den Ausweis zu prüfen, wenn ein Entschädigungsberechtigter einen EFBeschl. anficht, in dem er nicht erwähnt ist, oder wenn er m. B. beantragt, ohne daß ein EFBeschluß vorausgegangen wäre (oben zu a); vgl. RG. **5** 281, **7** 223, **24** 205, **28** 263, **43** 299, **44** 325.

e) Gegenstand des Spruchverfahrens ist Art und Höhe der Entschädigung. Zur Frage der Entschädigung gehört auch die, ob der Eigentümer i. F. der Teilenteignung die Mitenteignung des Restgrundstücks fordern kann und welche Entschädigung ihm für das Restgrundstück gebührt (Eger, Entsch. 8 355, 9 208, 13 67, 15 313).

Der Anspruch auf Zinsen von der Entschädigungssumme ist ebenfalls ein Teil des Entschädigungsanspruchs. (Er kann daher, wie dieser, im Spruchverfahren nur geltend gemacht werden, wenn der Entschädigungsberechtigte rechtzeitig Antrag auf m. V. gestellt hat: RG. 74 155.) Die Parteien können ihre (durch rechtzeitige Antragstellung vor die Spruchkammer gebrachten) Ansprüche beschränken und erweitern. § 268 ZPO. (RG. 12 299) findet zwar in dem Beschlußverfahren vor der LKBehörde (unten zu f) keine Anwendung; doch gelten seine Grundsätze auch hier. Der Entschädigungsberechtigte kann daher, auch wenn er i. F. der Teilenteignung Mitenteignung des Restgrundstücks gefordert (§ 9 EnteignG.) und der EFBeschl. diesem Antrage stattgegeben hatte, im Spruchverfahren beantragen, von der Mitenteignung abzusehen (RG. 42 225; JW. 1900 S. 198). Dagegen kann er den nicht rechtzeitig (§ 25 Abs. 7 EnteignG.) erhobenen Mitenteignungsanspruch im Spruchverfahren nicht mehr geltend machen. Ferner kann der Entschädigungsberechtigte, der rechtzeitig auf m. V. angetragen hat, seinen Anspruch auf Verzinsung der Entschädigungssumme ausdehnen; vgl. RG. 1 349, 12 299; Eger, Entsch. 24 351, 367; JW. 1907 S. 192, 1910 S. 955; PrVBl. 29 539 — Die Förmlichkeiten des Verwaltungsverfahrens sind im Spruchverfahren nicht nachzuprüfen. — Die Entscheidung der Spruchbehörde hat grundsätzlich die Natur des Feststellungs-, nicht des Leistungsurteils; das vom EFBeschluß Gesagte gilt auch hier. Doch gelten auch hier die oben A 5 zu § 29 EnteignG angegebenen Ausnahmen. Ist daher die Entschädigung zur Zeit der Entscheidung schon fällig, weil die Enteignungserklärung schon erlassen ist (vgl. § 7 AGRSG.), so hat die Entscheidung nicht auf Feststellung, sondern auf Zahlung oder Hinterlegung des (vor der Enteignungserklärung:

§ 7 AGRSG.) zuviel oder zuwenig Geleisteten zu lauten (RG 79 275, 82 433). Dabei darf aber die Fälligkeit oder der Beginn der Verzinsung der Entschädigungssumme nicht auf einen der Enteignung (§ 7 AGRSG) folgenden Tag verlegt werden (RG. 75 16). Auf Einleitung eines neuen Verwaltungsverfahrens kann nicht erkannt werden (Eger, Entsch 17 23, 116, 142).

f) Das Verfahren der Spruchkammer und des OLKA. ist das Beschlußverfahren der §§ 115—125 LVG. vbd § 17 OrgG. vbd. § 6[5] Abs. 2 AGRSG. Mündliche Verhandlung findet vor der Spruchkammer immer statt, vor dem OLKA. dagegen nur, wenn der Gerichtshof sie für angemessen hält (§ 119 LVG.). — Die Frist zur Stellung des Antrags auf m. V ist gewahrt, wenn der Antrag vor Ablauf der Frist an die Spruchkammer gelangt oder bei einem ordentlichen Geschäftsgang dieser Behörde an sie hätte gelangen können (OVG. 33 457, 44 451; PrVBl. 15 177, 16 389, 19 313, 33 457, 35 893). Insbesondere genügt auch Eingang des für die Spruchkammer bestimmten Schriftstücks beim PräsLKA. (PrVBl. 7 345, 11 169); nicht dagegen sonst bei einer unzuständigen Behörde (OVG. 12 237), auch nicht Abgabe an eine zum Empfang nicht berechtigte Person (OVG. 34 447; PrVBl. 38 403), oder gar der bloße (vergebliche) Versuch der Bestellung (OVG. 36 451). — Wiedereinsetzung i. d. v St. gegen Versäumung der Frist des § 6[5] AGRSG. (oben A. 1) ist nicht zulässig, wohl aber gegen Versäumung der Frist zur Beschwerde an das OLKA: § 52 Abs. 2 LVG. — Die Entscheidung des OLKA. ist nicht weiter anfechtbar. — Über Zuständigkeit der Spruchkammer s. A. 4, über die Entbehrlichkeit eines Sühneversuchs (der im Beschlußverfahren übrigens nicht vorgeschrieben ist): Abs. 2 des § 30.

[3]) Vgl. § 11 und § 29 Abs. 2 EnteignG., auch oben A. 2 zu b.

[4]) In Siedlungssachen: die Spruchkammer, in deren Bezirk

das Grundstück liegt. Ist es zweifelhaft, zu welchem Bezirk das Grundstück gehört, so bestimmt der LM. die zuständige Spruchkammer. Ebenso bestimmt sie der LM., wenn ein einheitliches Enteignungsverfahren mehrere in verschiedenen Bezirken liegende Grundstücke betrifft. Vgl. § 13 Abs. 3 OrgG. — Nach RG. **93** 312 (Vgl. **3** 303, **92** 40) genügt es zur Wahrung der Frist des § 30 Abs 3, daß die Klage bei irgendeinem örtlich zuständigen Gericht erhoben wird; sachliche Zuständigkeit ist nicht erforderlich. In Siedlungssachen ist dieser Grundsatz nicht anwendbar, insbesondere genügt nicht Stellung des Antrags auf m. V. bei dem VKA. Im Gegensatz zu § 30 Abs. 3 EnteignG., wo nur das örtlich zuständige Gericht bezeichnet wird, bezeichnet das Gesetz (§ 6 AGRSG. vbd. § 30 Abs 3 EnteignG., § 6[5] AGRSG.) in Siedlungssachen nicht nur die örtlich, sondern auch die sachlich zuständige Spruchbehörde so genau, daß von einem Zweifel oder von einer Wahl zwischen mehreren Behörden keine Rede sein kann.

[5]) Die Sachverständigen, über die sich die Parteien geeinigt haben, müssen vernommen werden. Die Spruchbehörde ist aber an ihr Gutachten nicht gebunden, auch nicht gehindert, weitere (von ihr selbst ernannte) Sachverständige zu vernehmen, wenn ihr das erste Gutachten nicht genügt; vgl. § 76 LVG. vbd. § 17 OrgG. — Als Gericht, das die Sachverständigen ernennt, kommt nicht nur die Spruchkammer, sondern auch das OLKA in Betracht, das die durch Beschwerde ihm unterbreiteten Sachen nicht nur in rechtlicher, sondern auch in tatsächlicher Beziehung zu prüfen hat.

[6]) Das Streitverfahren vor der Spruchkammer und dem OLKA. ist gebührenfrei: § 29 OrgG. Vgl. auch § 29 RSG., der die Erhebung von Gebühren, Stempelabgaben (und Steuern) nur bei solchen Geschäften zuläßt, die „im Wege des ordentlichen Rechtsstreits“ vorgenommen werden, also bei den vor den ordentlichen Gerichten verhandelten Streitigkeiten (A. 2 zu § 43 EnteignG.). Doch kommen die

baren Auslagen der Staatskasse, insbesondere die Nebenkosten des § 4 [8] Abs. 3 KostG. 24. 6. 1875 (GS. 395) [Reisekosten der Beamten, Vergütungen der Sachverständigen und Zeugen] unter Umständen zur Erhebung; sie können nach § 29 Abs. 3 OrgG. demjenigen auferlegt werden, der sie durch seine Anträge oder durch unbegründete Einwendungen verursacht hat. Auf diese baren Auslagen findet § 30 Abs. 5 keine Anwendung; sie können daher dem Unternehmer nur dann auferlegt werden, wenn sie ihn auch nach § 29 Abs. 3 OrgG. treffen würden. § 30 Abs. 5 hat nur diejenigen (erstinstanzlichen) Kosten im Auge, die den Gegner des Unternehmers aus dem Grunde treffen müßten, weil er (in der Hauptsache) ganz oder teilweise unterliegt. Über einschränkende Auslegung des Abs. 5 s. auch RG. **34** 194. — Streitigkeiten nach § 30 Abs. 1 S. 2 fallen überhaupt nicht unter Abs. 5.

## § 7 [1]).

(1) Die Enteignung des Grundstücks wird auf Antrag des Unternehmers [2]) von dem Präsidenten des Landeskulturamts ausgesprochen [3]), wenn nachgewiesen ist, daß die vereinbarte oder festgestellte Entschädigungssumme (§§ 26, 29 des Enteignungsgesetzes) rechtsgültig gezahlt oder hinterlegt ist [4]). 12. Enteignungserklärung.

(2) Die Enteignungserklärung [5]) schließt die Einweisung in den Besitz in sich [6]).

[1]) § 7 AGRSG. ist dem § 32 EnteignG. nachgebildet. Er weicht aber von diesem darin ab, daß er die Enteignungserklärung ähnlich wie im Falle der Dringlichkeit (§ 34 EnteignG.) schon zuläßt, bevor die Entschädigung endgültig festgestellt ist. Nur muß über die Entschädigung, wenn sie nicht vereinbart ist (§ 26 EnteignG.), der ESBeschluß des § 29 ergangen sein, da sonst die Voraussetzung, daß die Entschädigungssumme bezahlt oder hinterlegt sein muß (§ 7

Abs. 1), nicht erfüllt sein kann. — Von selbst versteht es sich, daß die Zulässigkeit der Enteignung (§ 1 AGRSG) endgültig feststehen muß (Begr. 12).

²) Der Antrag des Unternehmers ist notwendige Bedingung der Enteignungserklärung. — Wenn der Unternehmer (die Zahlung oder Hinterlegung der Entschädigungssumme und infolgedessen auch) den Antrag verschleppt, so kann er dazu im Wege der Klage angehalten werden (Eisenb. Arch. 1909 S. 1025). Auch in Siedlungssachen wird man dem Entschädigungsberechtigten das Recht geben müssen, den Unternehmer zur Antragstellung zu zwingen, hier aber nicht im Rechtswege, sondern durch Antrag auf m. V. bei der Spruchkammer. Denn das letzte Ziel des Anspruchs des Entschädigungsberechtigten ist die Erlangung der Entschädigungssumme, und für diesen Anspruch muß ebenso, wie für den Anspruch auf Feststellung der Entschädigung (§ 6⁵ AGRSG), die Zuständigkeit der Spruchkammer angenommen werden. Vgl. auch § 8 AGRSG. und A. 5 zu § 29, A. 2e zu § 30 EnteignG.

³) Der PräsLKA. erläßt die Enteignungserklärung in allen Fällen, also auch dann, wenn über die Zulässigkeit der Enteignung und über die Entschädigung der ständige Ausschuß zu entscheiden hat (§ 1 Abs. 1² AGRSG, § 15 RSG.).

Auf Beschwerden gegen die Ablehnung der Enteignungserklärung durch den PräsLKA. entscheidet der LM. (§ 125 LVG. vbd. § 5 AGRSG.). Gegen die Enteignungserklärung selbst findet weder die Beschwerde noch sonst ein Rechtsbehelf statt (Gruchot **34** 721; RG. **44** 325, **45** 379). Auch die Aufsichtsbeschwerde an dem LM ist nicht zulässig; vgl OVG. **33** 232. Dies schließt aber nicht aus, daß, wenn bei Teilenteignungen der EFBeschluß auf den Antrag des Eigentümers (§ 9 EnteignG.) dem Unternehmer die Übernahme des Restgrundstücks aufgegeben und der PräsLKA. demzufolge das Restgrundstück in die Enteignungserklärung eingeschlossen hat, im Spruchverfahren vor der Spruchkammer die Mitenteignung wieder rückgängig gemacht wird. Denn die Frage der Mitenteignung ist eine Frage der Entschädigung des Eigentümers, über die im Spruchverfahren zu entscheiden ist (RG. 42 225).

Der PräsLKA. kann die einmal von ihm erlassene Enteignungserklärung nicht widerrufen. Erlassen ist sie aber erst, wenn sie wenigstens einem der Beteiligten (§ 44 EnteignG.) zugestellt ist; vgl. RG. 90 295.

[4]) Hinterlegen darf der Unternehmer nur in den gesetzlich (§ 37 EnteignG) vorgeschriebenen Fällen. Liegt keiner dieser Fälle vor, so muß er zahlen. Den Nachweis der Zahlung oder Hinterlegung hat er bei Stellung des Antrages auf Erlaß der Enteignungserklärung zu führen; dabei muß er gleichzeitig nachweisen, daß die Voraussetzungen für die Zahlung, oder im Falle der Hinterlegung, daß sie für diese vorliegen. — Über die Frage, an wen zu zahlen und von wann ab die Entschädigungssumme zu verzinsen ist, s. § 36 EnteignG. — Ob der Unternehmer diesen Bestimmungen entsprechend rechtsgültig gezahlt oder hinterlegt hat, hat der PräsLKA. zu prüfen.

[5]) Die Enteignungserklärung muß das enteignete Grundstück so genau bezeichnen, daß über seine Begrenzung kein Zweifel möglich ist. Auch hier gilt das oben A. 4 zu § 1 AGRSG. über den Zulässigkeitsbeschluß Gesagte; vgl. auch A. 2 zu § 29 EnteignG. — Über Berichtigung des GBuchs auf Grund der Enteignung s. § 33 EnteignG.

[6]) Einer besonderen Erklärung bedarf die Besitzeinweisung nicht. — Widersetzt sich der Enteignete der Inbesitznahme durch den Unternehmer, so hat ihn der PräsLKA. in Vollstreckung der Enteignungserklärung (vgl. § 132 LVG. vbd. § 28 OrgG.) zwangsweise zu entsetzen; vgl. StriethArch. 75 130.

§ 32 Abs. 2 EnteignG., der mit § 7 Abs. 2 AGRSG. im übrigen wörtlich übereinstimmt, enthält hinter „schließt“

noch den Zwischensatz: „insofern nicht ein anderes dabei vorbehalten wird". Ein derartiger Vorbehalt ist selbstverständlich auch in Siedlungssachen zulässig. Ein Aufschub der Besitzeinweisung wird z. B. i. F. des § 10 AGRSG. (Setzung einer Frist für die Räumung eines Wohnhauses) auszusprechen sein.

## § 8.

13. Nachträgliche Änderung der Enteignungsentschädigung.

(1) Vor der Übernahme des Grundstücks durch den Unternehmer hat der Präsident des Landeskulturamts auf Antrag durch einen Kommissar, erforderlichenfalls unter Zuziehung von Sachverständigen, feststellen zu lassen, inwieweit an dem Grundstück und dem Zubehör seit der Erstattung des Gutachtens Änderungen eingetreten sind, die eine Berichtigung des Beschlusses über die Entschädigung erforderlich machen [1]. Gegebenenfalls ist die Entscheidung über die Entschädigung abzuändern. Über diese Änderung beschließt der Präsident des Landeskulturamts, im Falle des § 1 Abs. 1 Nr. 2 der ständige Ausschuß [2].

(2) Der Beschluß ist vorläufig vollstreckbar.

(3) Die Vorschriften der §§ 26, 30 des Enteignungsgesetzes in Verbindung mit § 6 Nr. 5 dieses Gesetzes gelten entsprechend [3].

[1]) Begr. 12 bemerkt: „Bis zur Enteignung des Grundstücks trägt der Enteignete die Gefahr des zufälligen Untergangs und der Verschlechterung des Grundstücks einschließlich des enteigneten Zubehörs. Da diese Gefahr bei landwirtschaftlichen Betrieben in hohem Grade besteht, andererseits aber in der Zwischenzeit eine Werterhöhung eintreten kann, so erscheint es notwendig, daß vor der Übernahme des Grundstücks durch den Unternehmer die in der Zwischenzeit seit der Feststellung der Enteignung" (muß heißen: Entschädigung;

s. aber unten) „eingetretenen Änderungen in dem Zustande des Grundstücks und des Zubehörs ermittelt und daß auf dieser Grundlage nötigenfalls der Beschluß über die Feststellung der Entschädigung vorbehaltlich der endgültigen Entscheidung im Verfahren vor der Spruchkammer berichtigt wird. Wenn möglich, wird darauf Bedacht zu nehmen sein, daß Kommissar und Sachverständiger dieselben Personen sind, wie in der kommissarischen Verhandlung über die Entschädigung (§ 8 Abs. 1)."

Den Ausgangspunkt für die danach zu treffende Feststellung bilden das Gutachten der bei der kommissarischen Verhandlung vernommenen Sachverständigen (§ 6 [3] AGRSG.) und der EF-Beschluß (§ 6 [4] das.). Beide sollen den Zustand des Enteignungsgegenstandes genau beschreiben. Sie beziehen sich auf den Zeitpunkt der Abschätzung durch die Sachverständigen, der auch bei der Festsetzung der Entschädigung zugrunde gelegt ist (vgl. A. 2 zu § 29 EnteignG.), und ermöglichen so einen Vergleich mit dem gegenwärtigen Zustande.

Bei der erneuten Abschätzung sind nur die Änderungen im tatsächlichen Zustande ins Auge zu fassen. Wertänderungen, die aus anderen Gründen eingetreten sind, z. B. infolge von Preissteigerungen oder Preisminderungen, kommen nicht in Betracht.

[2]) Hat sich der tatsächliche Zustand des enteigneten Gegenstandes in einer den Wert beeinflussenden Weise geändert, so ist die Entschädigung neu festzustellen. Soweit sich eingetretene Werterhöhungen mit Verminderungen ausgleichen, bedarf es selbstverständlich keiner Änderung der Entschädigung. Daß die Entschädigung früher vereinbart oder daß sie im Spruchverfahren rechtskräftig festgestellt war, ist kein Hindernis für die Änderung. — Erforderlich ist jedenfalls ein Antrag. Wird der Antrag vom Unternehmer gestellt, so kann nicht nur eine Herabsetzung, sondern auch eine Erhöhung der Entschädigung erfolgen; ebenso umgekehrt, wenn der Antrag vom Enteigneten ge-

stellt wird. Nebenberechtigte werden den Antrag dann stellen können, wenn die erneute Feststellung nach § 8 Satz 1 die Höhe der ihnen zukommenden Entschädigung beeinflussen kann.

Wenn sich die Parteien nicht einigen (§ 26 EnteignG.), so erläßt der PräsLKA. oder der ständige Ausschuß einen neuen EFBeschluß (A. 1 zu § 29 EnteignG.). Über dessen Anfechtung s. A. 3. Der Beschluß hat sich in diesem Falle nicht auf einen Ausspruch über die Höhe des Betrages zu beschränken, sondern sogleich auch, je nachdem es sich um eine Herabsetzung oder eine Erhöhung des ursprünglichen Betrages handelt, die Rückzahlung oder Nachzahlung anzuordnen. Es folgt dies aus der im Abs. 2 anerkannten Vollstreckbarkeit, die ein Leistungs-, nicht bloß ein Feststellungsurteil voraussetzt.

[3]) Gegen den nach Abs. 1 S. 3 erlassenen neuen EFBeschluß ist wiederum der Antrag auf m. V. vor der Spruchkammer nach § 6 [5] AGRSG. zulässig. Das Verfahren beschränkt sich aber auf die Nachprüfung, ob die von dem neuen Beschluß unterstellten Änderungen des tatsächlichen Zustandes richtig festgestellt sind und ob die danach festgesetzte Änderung der Entschädigung gerechtfertigt ist. Die Entschädigungsfrage im ganzen ist nicht mehr aufzuwerfen. Ist jedoch zur Zeit des Antrags auf m. V. das erstinstanzliche Spruchverfahren über den ersten EFBeschluß noch nicht beendet, so steht nichts entgegen, und es ist in der Regel sogar zweckmäßig, das alte und das neue Verfahren miteinander zu verbinden.

Der Antrag auf m. V. muß innerhalb der vorgeschriebenen Frist von einem Monat gestellt werden (§ 6 [5] AGRSG.). Die Zustellung des neuen Beschlusses eröffnet aber nur die Frist zur Anfechtung dieses Beschlusses, nicht etwa eine (neue) Frist zur Anfechtung des früheren EFBeschlusses, mag die Frist zu dessen Anfechtung bei Zustellung des neuen Beschlusses auch noch gelaufen haben. Jeder der beiden Beschlüsse ist also für sich und innerhalb der für einen jeden durch die Zustellung in Lauf gesetzten Frist anzufechten.

Der erste EF-Beschluß (§ 29 EnteignG.) ist nicht vollstreckbar. Über Erzwingung der Zahlung der Entschädigungssumme s A. 2 zu § 7 AGNSG. Dagegen ist der zweite EF-Beschluß kraft Gesetzes vorläufig vollstreckbar. Der Unternehmer ist also in der Lage, das zuviel Gezahlte oder Hinterlegte sofort zurück zu erlangen, der Entschädigungsberechtigte, die sofortige Nachzahlung des zu wenig Gezahlten zu erzwingen. Die Vollstreckung erfolgt auf Anordnung des PräsLKA. im Verwaltungszwangsverfahren (§ 28 OrgG.; vgl. V. 15. 11. 1899, GS. 545).

## § 9.

(1) Die Vollziehung und die Wirkungen der Enteignung richten sich im übrigen nach den §§ 33, 36 bis 38, 44 bis 49 des Enteignungsgesetzes und den Art. 35 bis 41 des Ausführungsgesetzes zum Reichsgesetz über die Zwangsversteigerung und die Zwangsverwaltung vom 23. September 1899 (Gesetzsamml. S. 291)[1]). 14. Wirkung der Enteignung.

(2) Desgleichen gelten unbeschadet des § 1 Abs. 1 Satz 2 dieses Gesetzes der § 42 und unbeschadet des § 29 des Reichssiedlungsgesetzes der § 43 des Enteignungsgesetzes entsprechend[1]).

(3) Auf die Ladungen und Zustellungen finden die für das Verfahren vor der Spruchkammer des Landeskulturamts maßgebenden Vorschriften Anwendung[2]).

[1]) S die Erläuterungen zu den nachfolgenden §§ des EnteignG.

[2]) D. h die Vorschriften der Auseinandersetzungsgesetze (§ 21 GeschO. f. d Spruchk. vbd. § 17 OrgG.) Dieselben Vorschriften finden auch in dem Spruchverfahren vor dem OLKA. Anwendung (§ 11 GeschO. f. d. OLKA.). Die Vorschriften selbst s. bei Glatzel-Sterneberg-Peltzer, Das Verf. in AuseinAngel. (2) §§ 103ff. — Eine Ladungsfrist ist nicht vorgeschrieben.

§ 33 EnteignGes.

15. Berichtigung des Grundbuchs. Gleichzeitig mit der Enteignungserklärung hat die Regierung da, wo nach den bestehenden Gesetzen von dem Eigentumsübergange Nachricht zu Gerichtsakten zu nehmen ist oder wo zur Eintragung des Eigentumsüberganges bestimmte öffentliche Bücher bestehen, der zuständigen Gerichts- oder sonstigen Behörde von der Enteignung Nachricht zu geben bzw. dieselbe um Bewirkung der Eintragung zu ersuchen. Der Enteignungsbeschluß der Regierung steht hierbei dem Erkenntnisse eines Gerichts gleich [1]).

[1]) Die in S. 1 gemachte Voraussetzung — das Vorhandensein von Grundbüchern — trifft jetzt überall zu.

Das Ersuchen um Eintragung erläßt der PräsLKA. (§ 5 AGRSG. vbd. § 150 Abs. 1 ZustG.). Die Enteignungserklärung braucht ihm nicht beigefügt zu werden. Doch muß das Ersuchen auf sie Bezug nehmen und den Tag ihrer Zustellung an Unternehmer und Eigentümer angeben, da erst mit dieser die Wirkung der Enteignung eintritt (§ 44 EnteignG.); vgl. KGJ. 32 208. Das Ersuchungsschreiben muß unterschrieben und untersiegelt sein (Art. 9 AGGBO.). Der PräsLKA. kann nur um Eintragung des Unternehmers als Eigentümer ersuchen. Zu dem Antrage, auch die durch die Enteignung (nach § 45 EnteignG.) erloschenen dinglichen Rechte zu löschen, ist er nicht befugt. Die Berichtigung des GBuchs in dieser Beziehung hat der Unternehmer zu betreiben; vgl. KGJ. 2 11. Im Falle der Teilenteignung braucht dem Ersuchen kein Auszug aus dem Grundsteuerbuch und der Grundsteuerkarte beigefügt zu werden (§ 30 Abs. 3 AllgVGBO.; vgl. Abs. 1 das.). Doch muß das abzuschreibende Trennstück und das Restgrundstück nach dem fortgeschriebenen Grundsteuerbuche (§ 3 AllgVGBO.) bezeichnet sein (KGJ. 32 208). — Das Ersuchen ist nach § 39 GBO. zu beurteilen. Zu einer Prüfung seines Inhaltes und Gegenstandes ist der GBRichter nicht befugt. Namentlich ist ihm die Prüfung der Frage entzogen, ob das EnteignVerf. gesetzmäßig durchgeführt ist und die richtigen Beteiligten zugezogen sind (KGJ. 24 114, 27 255).

Gleichzeitig mit der Eintragung des neuen Eigentümers hat das GBAmt die Enteignungsvormerkung v. A. w. zu löschen. Doch kann der PräsLKA. auch um Löschung ersuchen. Vgl. A. 11 zu § 24 EnteignG.

§ 36 EnteignGes.

(1) Die Entschädigungssumme wird an denjenigen gezahlt, für welchen die Feststellung stattgefunden hat[1]). 16. Zahlung der Enteignungsentschädigung.

(2) Dieselbe wird in Ermangelung abweichender Vertragsbestimmungen[2]) von dem Unternehmer mit fünf[3]) Prozent vom Tage der Enteignung verzinst, soweit sie zu dieser Zeit nicht bezahlt oder in Gemäßheit des § 37 hinterlegt ist[4]).

(3) Wird die durch Beschluß der Regierung festgesetzte Entschädigungssumme durch die gerichtliche Entscheidung[5]) herabgesetzt, so erhält der Unternehmer den gezahlten Mehrbetrag ohne Zinsen, den hinterlegten Mehrbetrag aber mit den davon in der Zwischenzeit etwa aufgesammelten Zinsen zurück[6]).

[1]) D. h. an denjenigen, der in dem EFBeschluß (§ 29 EnteignG.) als entschädigungsberechtigt bezeichnet ist, gleichviel, ob er der wahre Eigentümer, dinglich Berechtigte usw. ist, oder nicht. Der übergangene wahre Berechtigte hat nur einen schuldrechtlichen Anspruch gegen den Empfänger des Entschädigungbetrages (RG. 7 223, 43 299, 44 325; KGJ. 27 255); vgl. A. 2 d zu § 30 EnteignG. — Einer besonderen Anweisung zur Zahlung durch den PräsLKA. bedarf es nicht.

[2]) § 26 EnteignG.

[3]) Jetzt 4 v. H.: Art. 10 AGBGB.

[4]) Vom Tage der Enteignung, d. h. des mit Zustellung der Enteignungserklärung sich vollziehenden Eigentumsübergangs (§ 44 EnteignG.). — Die Zinsen sind von dem Mehrbetrag zu zahlen, den der Entschädigungsberechtigte im Spruchverfahren erstreitet. Der Zinsanspruch muß aber im Spruchverfahren geltend gemacht werden; eine spätere Geltendmachung ist unzulässig, wenn inzwischen die Frist (§ 6 [5] AGRSG.) verstrichen ist; vgl. A 2 e zu § 30 EnteignG. — Zinspflicht für die Gesamtentschädigung, ohne Rücksicht auf die einzelnen Posten, aus denen sie sich zusammensetzt: PrVBl. **12** 333.

[5]) Gerichtliche Entscheidung. Hier kommt die Entscheidung der Spruchkammer oder des OLKA. in Betracht.

[6]) Von dem Betrag, den der Unternehmer gezahlt hat, erhält er auch keine Prozeßzinsen (§ 291 BGB.): RG. **74** 45 Von dem hinterlegten Betrage erhält er die Hinterlegungszinsen. — Wenn der Entschädigungsberechtigte nach Beendigung des Spruchverfahrens mit der ihm rechtskräftig auferlegten Rückzahlung in Verzug gerät, so hat er Verzugszinsen nach § 288 BGB. zu zahlen.

### § 37 EnteignGes.

17. Hinterlegung der Entschädigungssumme.

(1) Der Unternehmer ist verpflichtet, die Entschädigungssumme zu hinterlegen [1]):

1. wenn neben dem Eigentümer Entschädigungsberechtigte vorhanden sind, deren Ansprüche an die Entschädigungssumme zurzeit nicht feststehen [2]);
2. wenn das betreffende Grundstück Fideikommiß oder Stammgut ist oder im Lehn- oder Leiheverbande steht;
3. wenn Reallasten, Hypotheken oder Grundschulden auf dem betreffenden Grundstück haften [3]).

(2) Die Hinterlegung erfolgt bei derjenigen Stelle, welche für den Bezirk der belegenen Sache zur Annahme von

Hinterlegungen der betreffenden Art bzw. von gerichtlichen Hinterlegungen bestimmt ist[4]).

(3) Über die Rechtmäßigkeit der Hinterlegung findet ein gerichtliches Verfahren nicht statt[5]). Jeder Beteiligte kann sein Recht an der hinterlegten Summe gegen den dasselbe bestreitenden Mitbeteiligten im Rechtswege geltend machen[6]). Soweit nach dem Rechte einzelner Landesteile ein gerichtliches Verteilungsverfahren in derartigen Fällen stattfindet, behält es dabei sein Bewenden[7]).

[1]) Außer den hier unter Nr. 1—3 angeführten Fällen darf der Unternehmer nicht hinterlegen, sondern er muß zahlen, es sei denn, daß die allgemeinen gesetzlichen Voraussetzungen vorliegen, unter denen ein zur Zahlung verpflichteter Schuldner hinterlegen darf (EisenbArch. 1892 S. 533). Vgl § 372 BGB.

Ob ein EFBeschluß ergangen oder ob dieser durch eine Vereinbarung nach § 26 EnteignG. vermieden ist (vgl. A. 1 zu § 26 a. a O.), ist für die Anwendung § 37 gleichgültig; vgl. MinBl. 1894 S. 205.

[2]) Es handelt sich hier nur um solche Nebenberechtigte, die aus der für das Eigentum gewährten Entschädigung zu befriedigen sind. Nicht fest stehen deren Ansprüche, wenn entweder ihr Recht bestritten oder der ihnen zukommende Teil der Entschädigungssumme im EFBeschluß nicht (gemäß § 29 Abs 2 S. 2 EnteignG) festgestellt ist. — Nebenberechtigten, die nach § 11 EnteignG. eine besondere Entschädigung neben der für das Eigentum gewährten zu empfangen haben, erhalten diese ohne weiteres in der festgestellten Höhe ausgezahlt.

[3]) Auch in diesem Falle hat aber der Unternehmer zu zahlen, nicht zu hinterlegen, wenn der Anteil der Hypothekengläubiger usw. an der (für das Eigentum gewährten) Entschädigung im EFBeschluß festgestellt ist und die Reallastberechtigten und Hypotheken- usw. Gläubiger einwilligen

(§ 48 EnteignG.); vgl. Nr. 1 und A. 2 dazu. — Auf Hinterlegung haben die Hypothekengläubiger usw., wenn die Voraussetzungen dazu vorliegen, einen klagbaren Anspruch (RG. **43** 299). Dieser Anspruch ist aber auch in Siedlungssachen im ordentlichen Rechtswege, nicht im Spruchverfahren bei den LKBeh, zu verfolgen, es sei denn, daß zwischen Kläger und Unternehmer gleichzeitig über die Höhe der Entschädigung gestritten wird; vgl. A. 2 f zu § 30 EnteignG.

[4]) Also regelmäßig beim Amtsgericht (§ 2 HO.); wenn es sich aber um Lehns-, Fideikommiß- oder Stiftungssachen handelt, beim Landgericht oder Oberlandesgericht der belegenen Sache (§ 2 JustME. 5. 2. 1914, JustMBl. 115). In der Hinterlegungserklärung sind die Personen, zu deren Gunsten hinterlegt wird, hier also die Entschädigungsberechtigten, genau zu bezeichnen; vgl. § 7 JustME. 5. 2. 1914. „Beschwerden gegen die Entscheidungen der Hinterlegungsstellen werden im Aufsichtswege erledigt." (§ 3 Abs. 1 S. 1 HO.)

[5]) Ob die Voraussetzungen der Hinterlegung nach Abs. 1 gegeben sind, hat der Unternehmer zunächst selbst zu prüfen. Hat er sich für Hinterlegung entschieden und diese vorgenommen, so prüft nunmehr der PräsLKA., ob sie nach Abs. 1 rechtmäßig war; bejahendenfalls erläßt er die Enteignungserklärung (§ 7 AGRSG.). Ein Spruchverfahren zu dem Zweck, um festzustellen, ob die Voraussetzungen der Enteignungserklärung durch die Hinterlegung erfüllt sind, ist unzulässig. Dies schließt aber nicht aus, daß im gerichtlichen Verfahren darüber gestritten wird, ob die Hinterlegung gesetzlich zulässig war und demgemäß den Schuldner (Unternehmer) von seiner Schuld befreit hat. Dies ist deshalb von Bedeutung, weil der Entschädigungsberechtigte, wenn zu Unrecht hinterlegt worden ist, über den Betrag der Hinterlegungszinsen hinaus 4 v. H. Zinsen von der Enteignung an (§ 36 Abs 2 EnteignG.) fordern kann.

[6]) Auch im Siedlungsverfahren findet hier der ordent-

liche Rechtsweg statt. Denn mit der Hinterlegung scheidet die Entschädigungssumme aus dem amtlichen Bereiche der Enteignungsbehörde und der Spruchkammer aus. Über ihre Auszahlung und Verteilung haben diese Behörden, abgesehen von dem Fall § 8 AGRSG., nicht zu befinden.

Über die an dem hinterlegten Betrage bestehenden Rechtsverhältnisse s. § 38 EnteignG. (Teilenteignung), §§ 45 f. (Ersatzlehre), § 47 (Fideikommisse usw.), § 58 (Hypotheken und Reallasten).

Die Hinterlegungsstelle hat an die Beteiligten zu zahlen, wenn diese ihre Empfangsberechtigung nachweisen; vgl. §§ 13 ff. HO., aber auch A. 2 zu § 37 EnteignG.

[7]) Gerichtliches Verteilungsverfahren: Art. 36—41 AGZVG. (unten); Inanspruchnahme der Auseinandersetzungsbehörde: § 49 EnteignG.

§ 38 EnteignGes.

(1) Ist nur ein Teil eines Grundbesitzes[1]) enteignet, so stehen der Auszahlung der für den enteigneten Teil bestimmten Entschädigungssumme die auf dem gesamten Grundbesitz haftenden Hypotheken und Grundschulden nicht entgegen[2]), wenn dieselben den fünfzehnfachen Betrag des Grundsteuerreinertrages des Restgrundbesitzes nicht übersteigen. Reallasten, welche der Eintragung in das Grundbuch bedürfen[3]), werden hierbei den Hypotheken gleich geachtet und in entsprechender Anwendung der bei notwendigen Subhastationen geltenden Grundsätze[4]) zu Kapital veranschlagt. 18 Zahlung der Entschädigung bei Teilenteignung.

(2) Auch wird bei einer solchen teilweisen Enteignung die Auszahlung der für den enteigneten Teil[1]) bestimmten Entschädigungssumme durch nicht eingetragene Reallasten, Fideikommiß-, Stammgut-, Lehn- oder Leiheverband des gesamten Grundbesitzes nicht gehindert[2]), wenn die gedachte Entschädigungssumme den fünffachen Betrag des Grund-

steuerreinertrages des gesamten Grundbesitzes und auch die Summe von dreihundert Mark nicht übersteigt.

(3) Die Auszahlung laufender Nutzungen der Entschädigungssumme kann ohne Rücksicht auf die vorgedachten Realverhältnisse erfolgen[5]).

[1]) Unter dem Ganzen (des Grundbesitzes) im Gegensatz zu dem (enteigneten) Teil ist die Gesamtheit der demselben Eigentümer gehörigen und in gleicher Weise mit dinglichen Rechten belasteten oder zu demselben Fideikommiß usw. gehörigen Grundstücke zu verstehen (Realverband). Ähnlich Art. 19[1] AGBGB., wo für die Erteilung der Unschädlichkeitszeugnisse bestimmt ist: „Bei der Entscheidung, ob der Grundstücksteil im Verhältnisse zum Hauptgrundstücke von geringem Werte oder Umfang ist, wird, wenn die Belastungen, von denen der Teil befreit werden soll, noch auf anderen Grundstücken desselben Eigentümers haften, die Gesamtheit der belasteten Grundstücke als Hauptgrundstück behandelt."

[2]) Es ist nicht Sache der Hinterlegungsstelle, zu prüfen, ob die Voraussetzungen der Auszahlung nach § 38 vorliegen (vgl. § 14, 15 HO). Vielmehr hat der Enteignete sein Recht auf Auszahlung auch hier gegen die übrigen Beteiligten (Hypothekengläubiger usw) geltend zu machen und deren Einwilligung zur Auszahlung herbeizuführen oder im Rechtswege zu erzwingen. Die Hinterlegungsstelle zahlt auf den Nachweis der Einwilligung oder auf Vorlage des rechtskräftigen Urteils (§ 14[1,2] HO) aus. — Die Hinterlegungspflicht des Unternehmers (§ 37 EnteignG.) wird durch die Vorschriften des § 38 nicht berührt.

[3]) Dies sind alle Reallasten des bürgerlichen Rechts, mögen sie eingetragen sein oder nicht. Öffentlich-rechtliche Reallasten (gemeine Lasten) kommen nicht in Betracht.

[4]) Vgl. §§ 92, 121 ZVG. § 92 Abs. 3 bestimmt: „Bei

ablösbaren Rechten bestimmt sich der Betrag der Ersatzleistung durch die Ablösungssumme." Diese Vorschrift findet in Preußen fast auf alle Reallasten Anwendung Die Ablösungssumme ist nach den Gesetzen über die Ablösung der Reallasten zu berechnen.

[5]) Es handelt sich um Auszahlung der Nutzungen, d. h. der auflaufenden Hinterlegungszinsen (2½ v. H.: § 2 V. 2. 2. 1914, GS 9) an die Nebenberechtigten, denen, wie Hypothekengläubigern, Niesbrauchern usw ein Anspruch auf Entrichtung von Zinsen oder auf fortlaufende Nutzung zusteht. Der Nebenberechtigte muß der Hinterlegungsstelle seinen Anspruch auf die Nutzungen in gleicher Weise nachweisen, wie in den Fällen des Abs. 1, 2 der Enteignete; s. A. 2.

§ 42 EnteignGes.

(1) Wenn der Unternehmer von dem ihm verliehenen Enteignungsrechte nicht binnen der in § 21 gedachten Zeit Gebrauch macht oder von dem Unternehmen zurücktritt, bevor die Festsetzung der Entschädigung durch Beschluß der Regierung erfolgt ist, so erlischt jenes Recht[1]). Der Unternehmer haftet in diesem Falle den Entschädigungsberechtigten im Rechtswege für die Nachteile, welche denselben durch das Enteignungsverfahren erwachsen sind[2]). 19. Einstellung des Enteignungsverfahrens.

(2) Tritt der Unternehmer zurück, nachdem bereits die Feststellung der Entschädigung durch Beschluß der Regierung erfolgt ist, so hat der Eigentümer die Wahl, ob er lediglich Ersatz für die Nachteile, welche ihm durch das Enteignungsverfahren erwachsen sind[3]), oder Zahlung der festgestellten Entschädigung gegen Abtretung des Grundstücks geeignetenfalls nach vorgängiger Durchführung des in § 30 gedachten Prozeßverfahrens im Rechtswege beanspruchen will[4]) [5]).

[1]) Das Enteignungsrecht wird in Siedlungssachen durch den Zulässigkeitsbeschluß (§ 1 AGRSG.) verliehen, der

zugleich eine Frist für die Ausübung des Rechts festzusetzen hat (§ 1 Abs. 1 S. 2 a. a. O.). — An Stelle des Beschlusses der Regierung tritt hier der EFBeschluß des PräsLKA. oder des ständigen Ausschusses (§ 29 EnteignG. und A. 1 dazu). Vgl. auch § 9 Abs. 2 AGRSG.

²) Auch in Siedlungssachen gehört der Entschädigungsanspruch in den ordentlichen Rechtsweg.

³) S. Abs. 1.

⁴) Die Ansprüche des Abs. 2 sind ebenfalls im ordentlichen Rechtswege zu verfolgen. Das Enteignungsverfahren erreicht mit dem Rücktritt des Unternehmers sein Ende; von einer Zuständigkeit der EnteignBeh. oder der Spruchkammer kann daher nach dem Rücktritt nicht mehr die Rede sein. Es gilt dies auch dann, wenn der Eigentümer Zahlung der Entschädigung gegen Abtretung des Grundstücks beansprucht und zugleich die Höhe der in dem EFBeschluß festgesetzten Höhe der Entschädigung bemängelt. Denn die Zuständigkeit der Spruchkammer tritt nur im EnteignVerfahren ein, während es sich hier um einen Anspruch handelt, der aus dem Rahmen dieses Verfahrens herausfällt. Der Hinweis des § 42 Abs. 2 auf das „in § 30 gedachte Prozeßverfahren" steht dieser Auffassung nicht entgegen. Damit soll nicht auf ein Verfahren besonderer Art, sondern nur auf den besonderen Gegenstand des gerichtlichen Verfahrens, nämlich den Anspruch auf Erhöhung (oder Ermäßigung) der in dem EFBeschluß festgesetzten Entschädigung hingewiesen werden. Ein Verfahren besonderer Art kommt überdies bei § 30 EnteignG. gar nicht in Frage; hier sowohl wie i. F. des § 42 handelt es sich um den gewöhnlichen gerichtlichen Streit. Die „entsprechende" Anwendung des § 42 in Siedlungssachen (§ 9 Abs. 2 AGRSG.) kann daher nicht zu der Auslegung führen, daß hier an die Stelle des nach § 30 stattfindenden Rechtsweges auch i. F. des § 42 das Spruchverfahren des § 6⁵ AGRSG. trete.

Die nach § 42 Abs. 2 vereinbarte oder erzwungene Übernahme des Grundstücks gegen Zahlung der Entschädigung hat ferner nicht die Wirkung der Enteignung. Die an dem Grnndstück bestehenden dinglichen Rechte, Pacht und Miete, bleiben daher von der Abtretung unberührt. Noch weniger steht den dinglich Berechtigten selbst ein Anspruch auf Entschädigung nach Abs. 2 zu; der Anspruch ist nur dem Eigentümer verliehen. Andererseits ist die in dem EF-Beschluß festgesetzte Entschädigung so bemessen, daß dadurch nicht nur der Eigentümer, sondern auch die Nebenberechtigten abgefunden werden. Auf den Teil der Entschädigung, der auf diese entfällt, hat der Eigentümer selbstverständlich keinen Anspruch.

Verlangt der Eigentümer Zahlung der Entschädigung gegen Abtretung des Grundstücks, so ist auch der Unternehmer befugt, die Höhe der im EFBeschluß bestimmten Entschädigung zu bemängeln und im Rechtswege deren Herabsetzung zu fordern. — Zu bemessen ist die Entschädigung nach den Grundsätzen, die für das Enteignungsverfahren in Siedlungssachen gelten; s. § 3 Abs. 2, § 15 Abs. 1, § 24 Abs. 3 RSG.

[5]) Die Vorschriften des § 42 finden auch dann Anwendung, wenn nach Einleitung des Enteignungsverfahrens zur Vermeidung des EFBeschlusses ein vollständiges Abkommen über die Höhe der Entschädigung zwischen den Beteiligten (§ 26 EnteignG.) geschlossen war (RG. **61** 102). — Von dem Rücktritt des Unternehmers hat der PräsLKA. dem GBAmt zur Löschung der Enteignungsvormerkung (§ 24 EnteignG.) Nachricht zu geben.

## § 43 EnteignGes.

(1) Die Kosten des administrativen Verfahrens trägt der Unternehmer. Bei demselben kommen nur Auslagen, nicht aber Stempel und Sporteln zur Anwendung und können die Entschädigungsberechtigten Ersatz für Wege und Versäumnisse nicht fordern. 20. Kosten der Enteignung.

(2) Im prozessualischen Verfahren werden die Kosten und Stempel taxmäßig berechnet.

(3) Die Kosten des im § 35 erwähnten Verfahrens sind vom Antragsteller vorzuschießen. Über die Verbindlichkeit zur endlichen Übernahme dieser Kosten ist im nachfolgenden Rechtsstreit zu entscheiden. Im Bezirke des Appellationsgerichtshofes zu Köln werden die Gebühren für die betreffenden Verrichtungen des Friedensgerichts nach der Taxe für die Friedensgerichte vom 23. Mai 1859 (GS. S. 309) berechnet [1]).

(4) Sämtliche übrigen Verhandlungen vor den Gerichten, Grundbuch- und Auseinandersetzungsbehörden, einschließlich der nach § 17 eintretenden freiwilligen Veräußerungsgeschäfte über Grundeigentum innerhalb des vorgelegten Planes, sowie einschließlich der Quittungen und Konsense der Hypothekengläubiger und sonstigen Beteiligten, sind gebühren- und stempelfrei. Auch werden keine Depositalgebühren angesetzt.

(5) Soweit diese Verhandlungen vor den Notaren vorgenommen werden, sind sie stempelfrei [2]).

[1]) § 35 EnteignG. (Dringlichkeitsverfahren) findet in Siedlungssachen keine Anwendung.

[2]) Nach § 29 RSG. (vgl. § 9 Abs. 2 AGRSG.) sind alle Geschäfte und Verhandlungen zur Durchführung der Siedlungssachen, soweit sie nicht im Wege des ordentlichen Rechtsweges vorgenommen werden, frei von Gebühren, Stempeln, Abgaben und Steuern jeder Art. Vgl. A. 1 zu § 29 RSG. Diese Bestimmung gilt auch für die Enteignung zu Siedlungszwecken einschließlich des Spruchverfahrens nach § 6 [5] AGRSG. Nur bare Auslagen dürfen erhoben werden. Die Vorschrift führt also für das Enteignungsverfahren zu demselben Ergebnis, wie § 43 EnteignG.

Zu den baren Auslagen, die der Unternehmer zu tragen hat, gehören die Reisekosten des Kommissars (§ 25 a. a. O.) und die Vergütung der Sachverständigen (§ 27 EnteignG, § 8 Abs. 1 AGRSG.), nicht aber die Schreibgebühren, die bei den Enteignungsbehörden entstehen (MBl. 1876 S. 221, EBBl. 1900 S. 509), es sei denn, daß es sich um Abschriften handelt, die zur ordnungsmäßigen Durchführung des Verfahrens nicht erforderlich sind, vielmehr den Beteiligten auf ihren Antrag besonders erteilt werden.

Die Beteiligten selbst haben nicht nur keinen Anspruch auf Vergütung für Wege und Zeitversäumnis, sondern auch keinen Anspruch auf Erstattung der Kosten ihrer Vertreter und Bevollmächtigten (RG. 58 422).

Wird die Enteignung von einer als gSU. anerkannten öffentlichen Behörde oder Anstalt (§ 11 Abs 2 AGRSG) zugunsten eines nicht als gemeinnützig anerkannten Siedlungsunternehmers betrieben, so stehen die Rechte und Pflichten aus § 43 EnteignG. diesem zu (KGJ 51 343, wo der Fall des Übergangs des Unternehmens von dem ersten Unternehmer auf einen ferneren vorausgesetzt wird, behandelt einen andersartigen Fall und trifft hier nicht zu).

## § 44 EnteignGes.

(1) Mit Zustellung des Enteignungsbeschlusses (§ 32)[1]) an Eigentümer[2]) und Unternehmer geht das Eigentum des enteigneten Grundstücks auf den Unternehmer über. 21. Eigentumsübergang.

(2) Erfolgt die Zustellung an den Eigentümer und Unternehmer nicht an demselben Tage, so bestimmt die zuletzt erfolgte Zustellung den Zeitpunkt des Überganges des Eigentums[3]).

(3) Diese Vorschrift gilt auch in den Landesteilen, in denen nach den allgemeinen Gesetzen der Übergang des

Eigentums von der Einschreibung in die Grundbücher oder von der Einreichung des Vertrages bei dem Realrichter abhängig gemacht ist[4]).

[1]) Statt § 32 EnteignG. kommt hier § 7 AGRSG. in Betracht.

[2]) D. h. die in der Enteignungserklärung als Eigentümer bezeichnete Person (KGJ. 27 255).

[3]) Die Zustellung muß an beide, Eigentümer und Unternehmer, erfolgt sein. Der Eigentumsübergang, der sich ohne Eintragung im Grundbuch vollzieht (vgl. Abs. 3 obd. Art. 109 EGBGB.), tritt mit der letzten Zustellung ein (Abs 2). — Berichtigung des Grundbuchs: § 33 EnteignG.

[4]) S. A. 3.

§ 45 EnteignGes.

22. Wirkung der Enteignung gegen Dritte.

(1) Das enteignete Grundstück wird mit dem im § 44 bestimmten Zeitpunkt von allen darauf haftenden privatrechtlichen Verpflichtungen frei, soweit der Unternehmer dieselben nicht vertragsmäßig übernommen hat[1]).

(2) Die Entschädigung tritt rücksichtlich aller Eigentums-, Nutzungs- und sonstigen Realansprüche, insbesondere der Reallasten, Hypotheken und Grundschulden an die Stelle des enteigneten Gegenstandes[2]).

[1]) Der Ausdruck „privatrechtliche Verpflichtungen" trifft nicht nur die dinglichen Rechte, sondern auch andere Verstrickungen bürgerlich rechtlicher Art, insbesondere Miete und Pacht (§ 11 EnteignG), Fideikommiß-, Lehns-, Stammguts-, Anerbenguteigenschaft, die durch eine Vormerkung begründeten Verpflichtungen (§ 883 BGB.) usw. Bei den dinglichen Rechten macht es keinen Unterschied, ob sie im GBuch eingetragen sind oder nicht. Eingetragene Rechte sind nach § 22 GBO zu löschen. Die Löschung geschieht aber nicht v A. w., auch nicht auf Ersuchen des PräsLKA., sondern auf Antrag des Unternehmers, der den Nachweis des Erlöschens nach § 45 Abs. 1 EnteignG.

zu führen hat. Der Unternehmer hat dazu nicht nur die Enteignungserklärung mit dem Nachweis ihrer Zustellung, sondern auch den EFBeschluß oder die Verhandlungsschrift über eine den EFBeschluß ersetzende Vereinbarung (§ 26 EnteignG.) vorzulegen. Aus diesen Urkunden kann der GBRichter ersehen, ob und welche Rechte von dem Unternehmer etwa übernommen (§ 6 [4] AGRSG.) und daher von der Löschung auszuschließen sind.

[2]) Abs 2 regelt die Rechtsverhältnisse an der Entschädigungssumme nach den Grundsätzen der Ersatzlehre; vgl. § 147 GTO. 7 6. 1821 (GS 53) und die ihm nachgebildeten Vorschriften der neueren Gemeinheitsteilungs- und Zusammenlegungsgesetze, von denen § 45 Abs. 2 jedoch darin abweicht, daß er auf öffentliche Rechte (öffentliche Abgaben, Gemeindezugehörigkeit usw.) keine Anwendung findet. — Ob die Berechtigten ihre Rechte im EnteignVerf geltend gemacht haben oder nicht, ist für die Anwendung des Abs. 2 gleichgültig; die Entschädigungssumme überkommt auch die im EFBeschluß nicht berücksichtigten Rechte (RG. 5 281). Doch werden diese bei der Auszahlung oder bei der Verteilung des hinterlegten Geldes nur berücksichtigt, wenn sie sich vorher gemeldet haben. Anderenfalls bleibt ihnen nur ein schuldrechtlicher Anspruch an den Empfänger der Entschädigungssumme. Keine Anwendung findet § 45 Abs. 2 auf die Sonderentschädigung, die einem Nebenberechtigten nach § 11 EnteignG neben der Entschädigung für das Eigentum gewährt wird. Unter der im Abs. 2 genannten „Entschädigung" ist nur die für das Eigentum gewährte zu verstehen.

Den Eisenbahnbehörden ist es zur Pflicht gemacht, in jedem Falle einer Enteignung zu Bahnzwecken die Rentenbankdirektionen und die Regierungen zu benachrichtigen, damit sie ihre Ansprüche wegen etwaiger Rentenbank- oder Domänentilgungsrenten rechtzeitig anmelden können (EVBl. 1879 S. 189).

Über Anwendung des § 45 Abs. 2 i. F. einer den EF-Beschluß ausschließenden Vereinbarung (§ 26 EnteignG.) s. § 46 EnteignG.

## § 46 EnteignGes.

23. Enteignungswirkung im Falle einer Vereinbarung. Ist die Abtretung des Grundstücks durch Vereinbarung zwischen Unternehmer und Eigentümer erfolgt u. z. in Gemäßheit des § 16 unter Durchführung des Enteignungsverfahrens [1]) oder in Gemäßheit des § 26, so treten die rechtlichen Wirkungen des § 45 auch in diesem Falle ein [2]). Hypotheken- und Grundschuldgläubiger sowie Realberechtigte können jedoch, soweit ihre Forderungen durch die zwischen Unternehmer und Eigentümer vereinbarte Entschädigungssumme nicht gedeckt werden, deren Festsetzung im Rechtswege gegen den Unternehmer fordern [3]), wobei die Beweisvorschriften der §§ 30 und 40 zur Anwendung kommen [4]).

[1]) § 16 EnteignG. findet in Siedlungssachen keine Anwendung.

[2]) Über die Anwendung der §§ 45, 46 i. F. einer Vereinbarung s. A. 1 zu § 26 EnteignG.

[3]) Vgl. A. 1 b zu § 26 EnteignG. Die Festsetzung erfolgt in Siedlungssachen nicht im Rechtswege, sondern im Spruchverfahren vor der LKBehörde (§ 6 [5] AGRSG.) — An eine Frist ist der Antrag auf m. V. vor der Spruchkammer in diesem Falle nicht gebunden.

[4]) § 40 EnteignG. ist im Siedlungsverfahren nicht anwendbar — § 30 a. a. O. enthält eine Beweisvorschrift nur in Abs. 4 (Einigung der Parteien über die zu vernehmenden Sachverständigen).

## § 47 EnteignGes.

24. Fideikommisse, Stammgüter, Lehen. War das enteignete Grundstück Fideikommiß- oder Stammgut oder stand dasselbe im Lehn- oder Leiheverbande [1]), so ist — mit Ausnahme des § 38 vorgesehenen Falles [2]) —

der Besitzer über die Entschädigungssumme nur nach den Vorschriften zu verfügen berechtigt, welche in den verschiedenen Landesteilen für die Verfügungen über derartige Güter und die an deren Stelle tretenden Kapitalien maßgebend sind[3]).

[1]) In diesen Fällen muß die Entschädigung stets hinterlegt werden: § 37 Abs. 1[2] EnteignG.

[2]) D. h bei Enteignung kleiner Teile von verhältnismäßig geringem Wert.

[3]) Wo Fideikommißaufsichtsbehörden bestehen, werden diese die erforderlichen Anordnungen zu treffen und die nötigen Bescheinigungen auszustellen haben. Dabei gilt § 17 HO., wonach, wenn die Anordnung usw. von einer preußischen Behörde ausgeht, die Hinterlegungsstelle deren Zuständigkeit (vgl. § 14[3] HO.) nicht zu prüfen hat. — Vgl. auch § 8 Abs. 2[5], § 13 V. 10. 3. 1919 (GS 39).

### § 48 EnteignGes.

War das enteignete Grundstück mit Reallasten, Hypotheken oder Grundschulden belastet, so kann — mit Ausnahme des § 38 vorgesehenen Falles[1]) — der Eigentümer über die Entschädigungssumme nur verfügen, wenn die Realberechtigten einwilligen[2]). 25. Hypotheken- und Reallasten.

[1]) Vgl. § 47 bei A. 2.

[2]) Dies gilt auch, wenn die förmliche Enteignung durch eine Vereinbarung (§ 26 EnteignG.) vermieden ist, also i. F. des § 46 EnteignG.

Gemeint ist die Einwilligung der Reallastberechtigten und der Hypotheken- und Grundschuldgläubiger, nicht etwa die Einwilligung anderer Berechtigter. Beim Mangel dieser Einwilligung (der Reallastberechtigten usw) kann also der Eigentümer über die Entschädigungssumme auch insoweit, als sie anderen Nebenberechtigten gebührt, und selbst mit deren Zustimmung nicht verfügen. Andererseits versteht es sich von selbst, daß die Einwilligung der Reallastberechtigten usw. nicht ausreicht, um dem Eigentümer die Verfügung über die den anderen Nebenberechtigten gebührenden Beträge zu verschaffen; vielmehr bedarf es dazu der Zustimmung dieser anderen Nebenberechtigten.

§ 49 EnteignGes.

26. Verwendungsverfahren der Auseinandersetzungsbehörde.

(1) Der Eigentümer des Grundstücks ist jedoch in den Fällen der §§ 47 und 48[1]) befugt, wegen Auszahlung oder Verwendung der hinterlegten Entschädigungssumme die Vermittlung der Auseinandersetzungsbehörden für Regulierung gutsherrlicher und bäuerlicher Verhältnisse, Ablösungen und Gemeinheitsteilungen in Anspruch zu nehmen[2]).

(2) Die Auseinandersetzungsbehörde hat die bei ihr eingehenden Anträge nach den Bestimmungen zu beurteilen und zu erledigen, welche wegen Wahrnehmung der Rechte dritter Personen bei Verwendung der Ablösungskapitalien in den §§ 110 bis 112 des Gesetzes vom 2. März 1850, betr. die Ablösung der Reallasten und Regulierung der gutsherrlichen und bäuerlichen Verhältnisse, erteilt worden sind[3]).

(3) Diese Vorschrift kommt in den Landesteilen des linken Rheinufers, in der Provinz Hannover und den Teilen des Regierungsbezirks Wiesbaden, in welchen die Verordnungen vom 13. Mai 1867 (GS. S. 716) und 2. September 1867 (GS. S. 1463) nicht eingeführt sind[4]), nicht zur Anwendung, vielmehr bleibt es hier bei den bisher bestehenden Vorschriften.

[1]) D. h. wenn das enteignete Grundstück Fideikommiß, Lehn- oder Stammgut war oder im Leiheverbande stand, oder wenn es mit Hypotheken, Grundschulden (Rentenschulden) oder Reallasten belastet war. Im letzteren Fall kommt die Einwirkung der Auseinandersetzungs-

behörde selbstverständlich nur dann in Frage, wenn der Enteignete sich mit den Hypothekengläubigern usw. über die Verteilung der hinterlegten Entschädigung nicht einigt.

[2]) Auseinandersetzungsbehörde ist jetzt der BKA.; vgl. § 9 OrgG. Der BKA. bedarf aber zur Regelung der Verwendung, d. h. zur Freigabe des Entschädigungsbetrages nach durchgeführter Verwendung der Genehmigung des PräsLKA. wenn der Betrag der Entschädigung 600 M. übersteigt (§ 16 II [10] OrgG.) — Die Anrufung der AuseinBeh. steht nur dem Eigentümer, nicht dem Unternehmer oder den Nebenberechtigten zu. — Endgültige Feststellung der Entschädigung ist keine Voraussetzung des Verfahrens nach § 49.

[3]) Über das Verwendungsverfahren s. Haack ZfLKGG. 38 41 ff., insbesondere 93 ff. („Verwendung der i. Enteign-Verf. hinterlegten Entschädigungssummen"). Das Verf. kann nicht nur bei Teilenteignungen, sondern auch bei Enteignung des ganzen Grundstücks (dinglichen Verbandes) stattfinden (KGJ. 1 147). In diesem Falle ist jedoch nur Raum für die Beseitigung der Ansprüche der eingetragenen Gläubiger durch Bekanntmachung nach AllgLR I 20 §§ 460—465 und durch Abstoßung der an erster Stelle haftenden Posten (§ 111, § 110 b AblG. 2. 3. 1850), nicht auch für die Verwendung durch Verbesserung des Hauptgutes (§ 110 b a. a. O.), da ein Hauptgut nicht (mehr) vorhanden ist. Ob, wenn es sich nicht um eine bloße Teilenteignung handelt, Entschädigungsbeträge von nicht mehr als 60 M. (§ 110 c a. a. O.) ohne weiteres freigegeben werden können, ist zweifelhaft; diese Vorschrift dürfte nur bei Teilenteignungen anzuwenden sein. — Der BKA. hat, sobald keine Ansprüche Dritter mehr entgegenstehen, erforderlichenfalls nach Einholung der Genehmigung des PräsLKA. die Auszahlung der Entschädigung herbeizuführen (ZfLKGG. 39 259). Sind jedoch noch Ansprüche Dritter vorhanden, die nicht Gegenstand des Verwendungsverfahrens des BKA.

gewesen sind (vgl. § 37[1] EnteignG), so hat der VKA die Auszahlung auszusetzen oder lediglich zu bescheinigen, daß Rechte der in § 37[2 3] EnteignG bezeichneten Art der Auszahlung nicht mehr entgegenstehen (ZfLKGG. 36 193). — Das Verfahren vor dem VKA. ist gebühren- und stempelfrei; es dürfen nur bare Auslagen erhoben werden (§ 29 RSG.).

[4]) Die genannten Verordnungen gelten im Kreise Biedenkopf, in einem Teile des Stadtbezirks Frankfurt a. M. und im Gebiet des Praunheimer Gemeindewaldes; vgl. Holzapfel, Neues KonsBuch (2) S. 81 f.

## Art. 35 AGZVG.

27. Verteilung durch das Zwangsversteigerungsgericht.

(1) Ist im Falle der Enteignung eines mit Reallasten, Hypotheken, Grundschulden oder Rentenschulden belasteten Grundstücks die für den Eigentümer vereinbarte oder durch Beschluß oder Urteil endgültig festgestellte Entschädigungssumme nach § 37 Abs. 1 Nr. 3 des Gesetzes über die Enteignung von Grundeigentum vom 11. Juni 1874 (GS. S. 221) hinterlegt und sind die Wirkungen der Enteignung eingetreten[1]), so haben die Realberechtigten an dieser Entschädigung unbeschadet der Vorschriften der §§ 38, 49 des genannten Gesetzes[2]) dieselben Rechte, welche ihnen im Falle des Erlöschens ihres Rechtes durch Zwangsversteigerung an dem Erlöse zustehen[3]).

(2) Der Eigentümer und jeder der im Abs. 1 bezeichneten Realberechtigten kann die Eröffnung eines gerichtlichen Verteilungsverfahrens beantragen[4]). Für das Verfahren gelten die Vorschriften der Art. 36 bis 41.

[1]) Voraussetzung für die Anwendung der Art. 35 ff. ist hiernach einmal, daß die Entschädigung endgültig festgestellt ist, sodann, daß die Entschädigungssumme nach § 37 Abs. 1[3], d. h. wegen des Bestehens von Reallasten,

Hypotheken oder Grundschulden **hinterlegt** ist, endlich, daß die **Wirkungen der Enteignung** nach §§ 44—46 (Eigentumserwerb des Unternehmers, Übergang der bürgerlichen Rechtsverhältnisse von dem Grundstück auf die Entschädigungssumme) **eingetreten** sind. Es genügt also nicht, wie i. F. des § 49 EnteignG. (Vermittlung der AuseinBeh.), daß ein noch nicht rechtskräftiger EJBeschluß vorliegt. Ferner finden die Art. 35 ff. AGZVG keine Anwendung, wenn die Hinterlegung aus einem anderen Grunde, als dem im § 37 Abs. 1 [3] bezeichneten, z. B. wenn sie auf Grund des § 37 Abs. 1 [1 2] erfolgt ist.

²) § 38: Auszahlung bei Teilenteignungen, wenn der enteignete Teil oder die Entschädigungssumme im Verhältnis zu den Wert des Ganzen geringfügig ist; § 49: Auszahlung in dem vom VKA. geleiteten Verwendungsverfahren. Das letztere Verfahren hat also vor dem gerichtlichen Verteilungsverfahren den Vorrang. Nähere Vorschriften hierüber erteilen die folgenden Art 36—40.

³) Also ein Recht auf Befriedigung aus dem hinterlegten Betrage in der gesetzlichen Rangordnung. Näheres unten Art. 41.

⁴) Nicht andere Nebenberechtigte, auch nicht der Unternehmer.

## Art. 36 AGZVG.

Das Verteilungsverfahren ist auf Antrag des Eigentümers aufzuheben, wenn dieser bis zum Schlusse des ersten Termins nachweist, daß er nach § 38 des Enteignungsgesetzes ¹) über die Entschädigungssumme verfügen kann.

¹) S. auch A. 2 zu Art. 35.

## Art 37 AGZVG.

(1) Nimmt der Eigentümer die Vermittlung der Auseinandersetzungsbehörde wegen Auszahlung oder Verwendung

der Entschädigungssumme in Anspruch[1]), so hat die Auseinandersetzungsbehörde von der Einleitung des Vermittlungsverfahrens und nach dessen Beendigung von der Art der Erledigung dem für das Verteilungsverfahren zuständigen Gerichte[2]) Mitteilung zu machen.

(2) Solange diesen Mitteilungen zufolge ein Vermittlungsverfahren bei der Auseinandersetzungsbehörde anhängig ist, hat das Gericht Anträge auf Eröffnung des Verteilungsverfahrens abzulehnen.

[1]) Nach § 49 EnteignG.

[2]) D. h. dem Amtsgericht der belegenen Sache (des enteigneten Grundstücks): § 1 ZVG.

## Art. 38 AGZVG.

(1) Erlangt das Gericht in einem anhängigen Verteilungsverfahren vor dem Schlusse des ersten Termins von der Einleitung eines Vermittlungsverfahrens[1]) Kenntnis, so ist das Verteilungsverfahren bis zur Erledigung dieses Verfahrens einstweilen einzustellen.

(2) Das gleiche gilt, wenn der Eigentümer vor dem Schlusse des ersten Termins die Bestimmung einer Frist nachsucht und vor dem Ablaufe der Frist die Einleitung des Vermittlungsverfahrens zur Kenntnis des Gerichts gelangt.

(3) Endigt das Vermittlungsverfahren mit der vollständigen Freigabe oder Verteilung der Entschädigungssumme[2]), so ist das Verteilungsverfahren aufzuheben.

[1]) Gemeint ist das Verwendungsverfahren des BKA. nach § 49 EnteignG.

[2]) Vgl. A. 3 zu § 49 EnteignG.

## Art. 39 AGZVG.

Erlangt das Gericht erst nach dem Schlusse des ersten

Termins oder nach dem Ablaufe der im Art. 38 Abs. 2 bezeichneten Frist von der Einleitung des Vermittlungsverfahrens[1]) Kenntnis, so ist hiervon der Auseinandersetzungsbehörde Mitteilung zu machen; diese hat das bei ihr anhängige Verfahren aufzuheben.

[1]) Nach § 49 EnteignG.

Art. 40 AGZVG.

In den Fällen des Art. 36, des Art. 37 Abs. 2 und des Art. 38 Abs. 3 werden Gerichtskosten nicht erhoben[1]).

[1]) Nach § 29 RSG. ist das gerichtliche Verteilungsverfahren, da es eine zur Durchführung des Siedlungsverfahrens dienende Maßnahme i. S. des § 29 a. a. O. ist, in allen Fällen frei von Gerichtskosten (Gebühren, Stempeln usw.). Es dürfen nur bare Auslagen erhoben werden.

Art. 41 AGZVG.

(1) Auf das Verteilungsverfahren finden die für die Verteilung des Erlöses im Falle der Zwangsversteigerung geltenden Vorschriften des Reichsgesetzes[1]) mit folgenden Maßgaben entsprechende Anwendung:

1. Als Beteiligte gelten der Eigentümer, diejenigen, für welche zurzeit des Überganges des Eigentums auf den Unternehmer[2]) ein Recht der im Art. 35 bezeichneten Art[3]) im Grundbuch eingetragen oder durch Eintragung gesichert[4]) ist, sowie diejenigen, welche ein solches Recht bei der Enteignungsbehörde[5]) angemeldet haben oder bei dem Verteilungsgericht[6]) anmelden und auf Verlangen des Gerichts oder eines Beteiligten glaubhaft machen[7]).
2. Die Zustellung des Beschlusses, durch den das Verteilungsverfahren eröffnet wird, an den Antragsteller ist im Sinne des § 13 des Reichsgesetzes als Beschlagnahme anzusehen.

3. Das Verteilungsgericht[6]) hat bei der Eröffnung des Verfahrens das Grundbuchamt um die im § 19 Abs 2 des Reichsgesetzes bezeichneten Mitteilungen[8]) zu ersuchen. In die beglaubigte Abschrift des Grundbuchblatts sind die zur Zeit des Überganges des Eigentums auf den Unternehmer[2]) vorhandenen Eintragungen sowie die später eingetragenen Veränderungen und Löschungen aufzunehmen.

(2) Im Falle der Enteignung eines Grundstücksteils kann, wenn die Zwangsversteigerung des Hauptgrundstücks angeordnet ist, das Verteilungsverfahren mit dem bei der Zwangsversteigerung stattfindenden Verteilungsverfahren verbunden werden.

[1]) §§ 105 ff. ZVG.

[2]) § 44 Abs. 1 EnteignG.

[3]) Hypothek, Grundschuld, Rentenschuld, Reallast.

[4]) § 883 BGB. (Vormerkung), § 888 Abs. 2 das. (Veräußerungsverbot), §§ 894, 899 das. (Widerspruch).

[5]) Bei dem PräsLKA. (§ 5 AGRSG) oder zur Verhandlungsschrift des Kommissars des PräsLKA. (§ 25 EnteignG.).

[6]) A. 2 zu Art 37 AGZVG.

[7]) § 294 ZPO.

[8]) Mitteilung einer beglaubigten Abschrift des GBuchblattes und der Urkunden, auf die dieses Bezug nimmt; ferner Mitteilung über Zustellungsbevollmächtigte und über Aufenthalt und Vertretungsverhältnisse der eingetragenen Berechtigten.

## § 10.

28. Räumung bewohnter Grundstücke.

Bei bewohnten Grundstücken muß dem abziehenden Wohnberechtigten[1]) für eine angemessene, nicht unter drei Monaten zu bemessende Frist eine ausreichende

Wohnung belassen werden[2]). Der Umfang des Wohnrechts ist auf Antrag des Wohnberechtigten oder des Unternehmers vom Präsidenten des Landeskulturamts zu regeln[3]).

[1]) Eigentümer, Altsitzer, Mieter, Gutsbeamte, Arbeiter (AusschBer. 24).

[2]) Es braucht ihm also nicht seine ganze Wohnung belassen zu werden, der Unternehmer kann einen Teil der Wohnräume sogleich für sich in Anspruch nehmen. Diese Regelung erschien zweckmäßig, weil der Unternehmer sogleich die Bewirtschaftung des enteigneten Gutes übernehmen und seinem Verwalter usw ein Unterkommen auf dem Gute verschaffen muß. AusschBer. 23f.

[3]) Die Regelung kann mit der Enteignungserklärung (§ 7) verbunden werden. Notwendig ist dies aber nicht, der PräsLKA. kann sie auch später vornehmen. Auch im ersten Falle ist sie kein Teil der Enteignungserklärung, sondern eine selbständige Anordnung, die mit der Aufsichtsbeschwerde an den LM. angefochten werden kann (AusschBer. 24, 62).

## § 11.

29. Enteignung zugunsten eines nicht gemeinnützigen Siedlungsunternehmers.

(1) Als gemeinnütziges Siedlungsunternehmen im Sinne des § 1 des Reichssiedlungsgesetzes gilt auch das Kulturamt[1]).

(2) Stellt das Kulturamt oder eine von der Landeszentralbehörde als gemeinnütziges Siedlungsunternehmen bezeichnete öffentliche Behörde oder Anstalt für einen Dritten den Antrag nach § 1 Abs. 1 dieses Gesetzes, so tritt der Dritte in alle aus dem Enteignungsverfahren sich ergebenden Rechte und Pflichten des Siedlungsunternehmens ein[2]).

[1]) Begr 12, 13 bemerkt zu § 11: „. . . demgemäß ist beabsichtigt, außer den provinziellen Siedlungsgesellschaften nach

§ 1 Abs. 1 S. 3 RSG. auch die Kulturämter (§ 1 OrgG.) und die Kreisausschüsse der Landkreise oder die unter Beteiligung der Landkreise gebildeten Kleinsiedlungsgesellschaften zu gSU. i. S. des § 1 RSG. zu erklären. Der Geschäftsbezirk (Ansiedlungsbezirk) der provinziellen Siedlungsgesellschaften erstreckt sich über die ganze Provinz; ihre Siedlungstätigkeit hat hauptsächlich die Aufteilung der großen Güter (§ 12 Abs. 1 RSG.) in größere Kolonien vornehmlich bäuerlicher Art zum Gegenstande. Dem entspricht es, wenn die Landlieferungsverbände gleichfalls provinzweise organisiert werden. Daneben sollen die Kulturämter die Stellen sein, die für ihren Geschäftsbezirk (§ 8 OrgG.) die Anträge privater, nicht gemeinnütziger Siedlungsunternehmer zwecks Erwerbs von Siedlungsland prüfen und gegebenenfalls die Beschaffung vermitteln. Die Kreisausschüsse oder für den Bereich des Kreises gegründete Kleinsiedlungsgesellschaften sollen schließlich wie schon bisher in der Hauptsache Kleinsiedlung betreiben; zu diesem Zweck soll sich ihre Betätigung innerhalb des betr. Kreises in der Regel auf kleinere Aufteilungsobjekte, nämlich auf solche bis zu 100 ha Größe, beschränken."

Durch § 11 Abs. 1 sind die KA. gesetzmäßig zu gSU. erklärt worden. Dies war zulässig, obwohl § 1 Abs. 1 RSG. die Bezeichnung von Behörden (oder Anstalten) als gSU der LZBeh., nicht der Landesgesetzgebung oder den Bundesstaaten schlechthin zuweist. Vgl. A. 2 zu § 26 RSG. (Der LM. äußerte bei der AusschBeratung: es stehe im Widerspruch mit der reichsgesetzlichen Vorschrift § 12 Abs. 2 RSG., wenn die hier der LZBeh. überwiesene Befugnis, die Geschäfte der LLV. auf andere Stellen zu übertragen, von der Landesgesetzgebung ausgeübt werde; vgl. AusschBer. 35. Diese Auffassung trifft nicht zu.)

Bei der Ausschußberatung erklärte ein Regierungsvertreter, daß die KA. keine „selbständige Siedlungstätigkeit" entfalten sollten, „was aus finanziellen und wirtschaftlichen Gründen nicht zu verantworten sei“ (AusschBer. 56). In seiner Eigenschaft als gSU. hat sich daher das KA. (der VKA.) auf die ihm im Abs. 2 zugewiesene Vermittlungstätigkeit zu beschränken.

Über die sonstige Zuständigkeit des VKA. in Siedlungsangelegenheiten s. §§ 12, 34, 35 S. 4 dieses G. und § 12 G. 7. 7. 1891 (Abteil. II Nr. III).

[2]) Zu der Vorschrift Abs. 2 bemerkt Begr. 12, 13: „Der § 11 hat nur den Fall im Auge, daß ein KA. für einen Privatunternehmer oder daß der Kreisausschuß für den Kreiskommunalverband als Siedlungsunternehmer nach § 1 Abs. 1 einen Enteignungsantrag stellt. Der Privatunternehmer oder der Kreiskommunalverband tritt dann in alle Rechte und Pflichten des eigentlichen Ansiedlungsunternehmers ein, während der Behörde die bloße Vermittlerrolle zufällt.“

Der (nicht gemeinnützige) Siedlungsunternehmer hat die Vermittlung des VKA. bei diesem zu beantragen. Der Antrag, in dem das zu enteignende Grundstück zu bezeichnen ist, kann zurückgenommen werden, aber nur unbeschadet der Verpflichtungen, die für den Antragsteller durch eine infolge des Antrags von dem VKA. entfaltete Tätigkeit inzwischen erwachsen sind. Der VKA. hat zu erwägen, ob er dem Antrag mit Rücksicht auf die Persönlichkeit des Antragstellers, seine Leistungsfähigkeit und die Art und den Gegenstand seines Unternehmens stattgeben soll. Gibt er ihm statt, so hat er die Einleitung der Enteignung beim PräsLKA. mit dem Hinzufügen zu beantragen, daß er den Antrag gemäß § 11 Abs. 2 für den Unternehmer stelle. Die Durchführung des beantragten Enteignungsverfahrens begründet keinerlei Verpflichtungen bürgerlich rechtlicher Art für das KA., d. h. für den Staat. Die Verpflichtungen ruhen allein auf dem Siedlungsunternehmer. Ebenso stehen diesem die Rechte aus der Enteignung zu; sie werden unmittelbar in seiner Person begründet. Zu den Rechten gehört auch die Kostenfreiheit nach § 29 RSG. (vgl. A. 1 e dazu) und § 43 EnteignG. (vgl A. 2 dazu und A. 8 zu § 24 a. a. O.).

Das Vorstehende gilt entsprechend auch dann, wenn der als gSU bezeichnete Kreisausschuß die Enteignung für einen Siedlungsunternehmer beantragt. Ist der Siedlungsunternehmer der Kreiskommunalverband, so entstehen die durch den Enteignungsantrag des Kreisausschusses begründeten Rechte und Pflichten unmittelbar in der Person des Verbandes.

Zweiter Abschnitt.

## Beschaffung von Pachtland für landwirtschaftliche Arbeiter.

(§§ 22 bis 24 des Reichssiedlungsgesetzes.)

### § 12.

1. Verpflichtung der Gemeinden und Gutsbezirke.

(1) Der Vorsteher des Kulturamts erläßt die Anordnungen nach § 22 des Reichssiedlungsgesetzes durch Beschluß gemäß § 21 des Gesetzes über Landeskulturbehörden vom 3. Juni 1919 (Gesetzsamml. S. 101)[1].

(2) Wird eine solche Anordnung erlassen, so sind die Landgemeinden oder Gutsbezirke verpflichtet, den Arbeitern das Land gegen angemessene Entschädigung[2]) zur Pacht oder sonstigen Nutzung[3]) zu überlassen[4]). Das den Arbeitern zur Verfügung zu stellende Land muß nach Beschaffenheit und örtlicher Lage dazu geeignet sein[5]). In dem Überlassungsvertrage darf den Arbeitern eine Arbeitsverpflichtung gegenüber einem bestimmten Arbeitgeber nicht auferlegt werden[6]).

[1]) Die Anordnung nach § 22 RSG. ist die Auflage an die Gemeinde, den ständig beschäftigten Landarbeitern ihres Bezirks Land zur Pacht oder sonstigen Nutzung für den

Bedarf ihres Haushalts zu verschaffen. § 21 OrgG. handelt dagegen von dem Beschluß, durch den der VKA. Streitigkeiten unter den Beteiligten entscheidet. I. F. des § 22 RSG. kommen solche Streitigkeiten nicht notwendig in Frage. § 12 Abs. 1 AGRSG. will aber offenbar auch nur zum Ausdruck bringen, daß der VKA. nach den für ihn erlassenen Vorschriften zu verfahren habe (vgl. § 17 OrgG.) und daß gegen den Beschluß die Beschwerde an die Spruchkammer des LKA. (§ 24 OrgG.) und die weitere Beschwerde an das OLKA. (§ 25 OrgG.) zulässig sei (AusschBer 71 f.). Der VKA ist danach insbesondere auch befugt, die Ausführung seines Beschlusses nach §§ 132, 133 LVG. (vgl. § 28 OrgG.) zu erzwingen (AusschBer. 66). Gegen die Androhung der Zwangsmittel finden dieselben Rechtsmittel statt, wie gegen die Anordnung selbst (§ 133 Abs. 1 LVG.). Dagegen kann die Festsetzung und Ausführung der Zwangsmittel nur mit der Aufsichtsbeschwerde (an den PräsLKA.) angefochten werden (§ 133 Abs. 2 LVG). Zwangsmittel sind: Androhung von Geldstrafen bis zu 150 M. (vgl dazu OVG. 42 240; PrVBl. 18 187) und Beschaffung von Land durch einen Dritten auf Kosten der verpflichteten Gemeinde oder Gutsherrschaft.

[2]) Begr. 13 bemerkt: „Die Bemessung der Entschädigung für das den Arbeitern von der Landgemeinde oder dem Gutsbezirk überlassenen Pacht- oder Nutzland (§ 22 RSG.), über die das RSG. keine Vorschriften enthält, regelt § 12 des Entwurfs, während für die Bemessung der Entschädigung für das von der Landgemeinde im Wege der Zwangspachtung oder der Enteignung in Anspruch genommene Pacht- oder Nutzland die Vorschriften des § 15 Abs. 1 RSG. entsprechend anzuwenden sind (§ 24 Abs. 3 RSG.)."

In beiden Fällen, sowohl bei der Zwangspachtung durch die Landgemeinde — gemäß § 15 Abs. 1 odd § 24 Abs. 3 RSG — wie auch bei der Weiterverpachtung an die Landarbeiter — hier gemäß § 12 AGRSG. —, ist also eine „angemessene" Entschädigung zu leisten. Der Pachtzins braucht aber deshalb nicht in beiden Fällen gleich hoch zu sein. Es ist „angemessen", wenn die Landgemeinde die Kosten, die ihr durch ihre Tätigkeit entstehen, auf den von den Landarbeitern zu entrichtenden Pachtzins schlägt. Doch muß sich der Aufschlag selbst wieder in „angemessenen" Grenzen halten, d. h. die Landgemeinde darf nur die notwendigen Kosten in Ansatz bringen; einen Gewinn soll sie nicht erzielen. Im übrigen ist angemessener Pachtzins der gemeine Pachtzins d. h. der den ortsüblichen Pachtpreisen entsprechende. Außerordentliche Steigerungen, die auf besondere Verhältnisse, insbesondere auch die Kriegsverhältnisse, zurückzuführen sind, bleiben unberücksichtigt. Vgl. A. 2 c zu § 15 RSG. Das. auch über „angemessene Entschädigung" i. F. der Enteignung von Pachtland durch die Landgemeinde.

[3]) Vgl. hierzu A. 3 zu § 22 RSG.

[4]) Begr. 13 bemerkt: „Pacht- oder Nutzland für landwirtschaftliche Arbeiter nach den §§ 22—25 RSG. kann in der Weise beschafft werden, daß entweder bereits vorhandenes Gemeinde- oder Gutsland diesem Zwecke gewidmet oder daß es im freien Verkehr angekauft oder gepachtet oder daß es im Wege der Enteignung oder der Zwangspachtung in Anspruch genommen wird. Der Landrat als die Stelle, die mit der Aufsicht über die Beschaffung von Pacht- oder Nutzland betraut werden soll (§ 22 RSG.), ist auf Grund des § 132 LVG. in der Lage, die Befolgung seiner nötigenfalls im Aufsichtswege nachzuprüfenden Anordnung (§ 22 RSG.) zu erzwingen."

Nach Abs. 1 hat nicht der Landrat, sondern der VKA. die Anordnung zu erlassen. Über die Rechtsmittel gegen dessen Anordnung s. A. 1. § 25 RSG. kommt hier nicht in Betracht.

Das Land wird von der Gemeinde an die Arbeiter verpachtet. Die Arbeiter treten dabei nur zu der Gemeinde in ein Pachtverhältnis. Doch kann der Anordnung nach § 22

RSG. auch durch Verpachtung der Eigentümer (Arbeitgeber) an die Arbeiter genügt werden; s. A. 3 zu § 22 RSG.

[5]) Dazu geeignet soll heißen: geeignet, ihnen „den Bedarf des Haushalts" (§ 22 RSG.) decken zu helfen. Es ist nicht unbedingt nötig, daß es ihn ganz deckt, wie der VKA. überhaupt die Anordnung nur zu erlassen hat, wenn er dies nach freiem Ermessen und unter billiger Berücksichtigung aller Verhältnisse für angemessen hält. Etwas Derartiges wollte wohl auch ein Regierungsvertreter ausdrücken, als er bemerkte: „Nun brauchten aber die Landeskulturbehörden die Landgemeinden nicht zu zwingen, Land herzugeben; das Land müsse nicht, es solle zur Verfügung gestellt werden" (AusschBer. 68).

[6]) Nicht „gegenüber einem bestimmten Arbeitgeber", wohl aber gegenüber einem (bestimmten) Kreise von Arbeitgebern, z. B. den Landwirten der Gemeinde. Die Pacht kann auch an die Bedingung geknüpft werden, daß die Arbeiter dauernd in irgendeinem landwirtschaftlichen Betriebe Arbeit nehmen, also ständige Landarbeiter bleiben (AusschBer. 65). Für den Fall der Nichterfüllung derartiger Bedingungen kann die Aufhebung des Pachtvertrages bedungen werden. Ferner gilt das Verbot der Auferlegung einer Arbeitsverpflichtung gegenüber einem bestimmten Arbeitgeber nicht allgemein, sondern nur in dem Fall, daß der Gemeinde nach § 22 RSG. die Hergabe von Nutzland an Arbeiter durch eine Anordnung des VKA. auferlegt ist und daß die Gemeinde in Befolgung dieser Auflage Land an Arbeiter verpachtet. Dagegen sind die Gutsbesitzer ihrerseits nicht gehindert, Land gegen die Verpflichtung zur Arbeit in ihrem Betriebe z. B. an Heuerlinge zu verpachten (AusschBer. 67). Auf die 5 v. H. der Nutzfläche, die die Gemeinden nach § 22 RSG. zu Arbeiterpachtland zur Verfügung zu stellen haben, wird das von den Besitzern unter solchen Bedingungen verpachtete Land freilich nicht angerechnet (AusschBer. 26).

## § 13.

2. Zwangspachtung. (1) Für die Zwangspachtung gelten die Vorschriften der §§ 1, 2 dieses Gesetzes entsprechend[1]).

(2) Nach Anstellung der erforderlichen Ermittlungen erläßt auf Antrag der Gemeinde der Präsident des Landeskulturamts einen Bescheid, der die Zwangspachtung für eine bestimmte Zeit gegen Zahlung eines jährlichen Pachtzinses ausspricht und die sonstigen Pachtbedingungen festsetzt.

(3) Mangels Einigung der Beteiligten gilt der Pachtvertrag mit der Zustellung des Bescheides an den Zwangsverpächter unter den darin festgesetzten Bedingungen als geschlossen[2]).

(4) Bei Streit der Beteiligten gelten die Vorschriften des § 6 Nr. 5 Abs. 1, 2 entsprechend[3]).

[1]) § 13 regelt das Verfahren bei der Zwangspacht, durch die sich die Gemeinde zur Erfüllung der ihr nach § 22 RSG. auferlegten Verpflichtung (Abgabe von Nutzland an Arbeiter) das nötige Land verschafft. Begr. 13 bemerkt: „Der Weg der Enteignung von Pachtland bietet keine Besonderheiten gegenüber der Regelung im Abschn. I, dagegen mußten für das Verfahren der Zwangspachtung einige besondere Vorschriften gegeben worden, die im § 13 enthalten sind." — Wegen der Enteignung s. § 1 Abs. 1[3] AGRSG.

Das Zwangspachtverfahren gestaltet sich nach § 13 so: Auf Antrag der Landgemeinde erklärt der PräsLKA. die Zwangspachtung eines näher bezeichneten Grundstücks für zulässig (§ 1 AGRSG.). Die Landgemeinde kann vor der Antragstellung die im § 5 Abs. 1 EnteignG. bezeichneten Untersuchungen vornehmen. Gegen den Zulässigkeitsbeschluß findet innerhalb einer auf mindestens zwei Wochen zu bestimmenden Frist Beschwerde an den LM. statt. Wenn der Zulässigkeitsbeschluß rechtskräftig geworden ist, erläßt der

PräsLKA. (an Stelle des EFBeschlusses [§ 29 EnteignG.] und zugleich der Enteignungserkärung [§ 7 AGRSG]) die Zwangspachterklärung nach § 13 Abs 2. Diese stellt die Pachtbedingungen fest. Ihre Zustellung hat, entsprechend der Zustellung der Enteignungserklärung (§ 44 EnteignG ), die Wirkung, daß der „Pachtvertrag" als „geschlossen" gilt. Und zwar tritt diese Wirkung schon dann ein, wenn die Zustellung an den Eigentümer erfolgt ist. Der Zustellung an die Landgemeinde bedarf es dazu nicht. Doch ist selbstverständlich auch ihr zuzustellen. Einigen sich Landgemeinde und Eigentümer in Güte, so bedarf es der Zustellung der Zwangspachterklärung nicht, und die trotzdem etwa zugestellte Zwangspachterklärung wird gegenstandslos. Gegen die Zwangspachterklärung steht beiden Teilen der — binnen Monatsfrist zu stellende — Antrag auf mündliche Verhandlung vor der durch zwei richterliche Beamte des Oberlandesgerichtsbezirks verstärkten Spruchkammer des LKA. zu. Für die Landgemeinde läuft die Frist von dem Tage an, an dem ihr die Erklärung zugestellt ist. Gegen die Entscheidung der Spruchkammer ist binnen zwei Wochen Beschwerde an das OLKA. zuläsfig (§ 13 Abs. 4). Die Spruchbehörden entscheiden aber nur über die Höhe des Pachtzinses und die sonstigen Pachtbedingungen, nicht auch über den Gegenstand der Zwangspacht, der durch den Zulässigkeitsbeschluß (§ 1 AGRSG ) bestimmt wird.

[2]) Ein Vertragsverhältnis zwischen den Beteiligten kommt durch die Zwangspacht nicht zustande. Aus den Gründen, aus denen ein Vertrag angefochten werden kann, kann daher die Zwangspacht nicht angefochten werden. Dagegen sind die sonstigen Rechte und Pflichten aus der Zwangspacht die gleichen, wie die durch einen Pachtvertrag begründeten. Dies ergibt sich daraus, daß § 13 Abs. 3 die Zwangspacht als Schließung eines Pachtvertrages „gelten" läßt.

[3]) § 13 bezieht sich nach seinem Wortlaut nicht nur auf

den Fall, daß sich die Zwangspacht gegen den Eigentümer richtet; sie kann sich vielmehr auch gegen den dinglichen Nutzungsberechtigten, z. B. den Niesbraucher oder gegen den Pächter richten. In letzterem Falle wird die Zwangspacht zur Zwangsafterpacht. Soll sich alsdann das Zwangsverhältnis über die Dauer des Pachtverhätnisses hinaus erstrecken oder sonst von dem Rechtsverhältnis zwischen Eigentümer und Pächter unabhängig sein, so muß die Zwangspachterklärung gegen Pächter und Eigentümer gleichzeitig gerichtet werden. Auf eine besondere Entschädiung wegen der Zwangsafterpacht, etwa nach AllgLR. Einl. § 75 (vgl. auch Gruchot **61** 669), hat der Pächter keinen Anspruch. (Irrig der Regierungsvertreter AusschBer. 69, der den Pächter „nach dem bürgerlichen Recht" entschädigen will, ohne freilich zu sagen, nach welchen Bestimmungen des bürgerlichen Rechts.) Seine Entschädigung erhält er durch den vom PräsLKA. oder im Spruchverfahren festgestellten Zwangspachtzins.

## Dritter Abschnitt.

## Landlieferungsverbände.

(§ 12 des Reichssiedlungsgesetzes.)

Vorbemerkung.

Die §§ 14—33 regeln in Ausführung des § 12 Abs. 2 RSG. die Bildung der LLV. und ihre innere Einrichtung. — Über die Aufgaben der LLV. s. §§ 13—19 RSG.

Die nachstehenden Vorschriften lehnen sich eng an die Vorschriften des WassG. 7. 4. 1913 (GS. 53) über Wassergenossenschaften und die ihnen nachgebildeten Bestimmungen der BVGB. 7. 11. 1914 (GS. 165) an (Begr. 14), vermeiden aber, sich wie die BVGB. mit Bezugnahmen auf das WassG. zu behelfen. Sie sind so vollständig abgefaßt, daß sie in der Hauptsache aus sich heraus verständlich sind.

Die LLV. sind auf der Grundlage genossenschaftlicher Selbstverwaltung aufgebaut, aber in weitgehendem Maße der Aufsicht des Staates unterworfen.

## § 14.

(1) In jeder der Provinzen Ostpreußen, Brandenburg, Pommern, Oberschlesien, Niederschlesien[1]), Sachsen und Schleswig-Holstein werden die Eigentümer der großen Güter[2]) zu einem Landlieferungsverbande zusammengeschlossen[3]). 1. Bildung der LLV.

(2) In den späteren Restgebieten der Provinzen Westpreußen und Posen können die Eigentümer der großen Güter[2]) zu einem Landlieferungsverbande zusammengeschlossen oder insgesamt oder teilweise benachbarten Landlieferungsverbänden angeschlossen werden[4]).

(3) In jeder der Provinzen Hannover, Westfalen, Hessen-Nassau und in der Rheinprovinz können die Eigentümer der großen Güter[2]) solcher Kreise, auf deren landwirtschaftliche Nutzfläche die Voraussetzung des § 12 Absatz 1 des Reichssiedlungsgesetzes zutrifft[5]), zu einem Landlieferungsverbande zusammengeschlossen werden[6]).

(4) Der Landlieferungsverband ist eine Körperschaft des öffentlichen Rechts[7]).

[1]) Vgl. G. über die Teilung der Provinz Schlesien 14. 10. 1919 (GS. 169).

[2]) Die großen Güter (§ 12 RSG.) sind die, deren landwirtschaftliche Nutzfläche 100 ha und mehr umfaßt.

[3]) Nach § 12 RSG. sollen LLV. in denjenigen Ansiedlungsbezirken gebildet werden, in denen mehr als 10 v. H. der landwirtschaftlichen Nutzfläche auf die Güter mit mindestens 100 ha dieser Nutzfläche entfällt. Nach der Betriebszählung von 1907, von der hierbei auszugehen ist, entfielen an landwirtschaftlicher Nutzfläche auf die großen Güter fol-

gende v. H.-Sätze: in Ostpreußen 38,4, in Westpreußen 36,9, in Brandenburg 35,5, in Pommern 53,2, in Posen 46,0, in Schlesien 37,0, in Sachsen 27,2, in Schleswig-Holstein 15,7, in Hannover 5,9, in Westfalen 6,6, in Hessen-Nassau 5,8, in der Rheinprovinz 3,5, in Hohenzollern 2,1. Somit erreichen nur die acht zuerst genannten Provinzen den Satz von 10 v H. In diesen Provinzen, jedoch mit Ausnahme der verstümmelten Provinzen Posen und Westpreußen (s. hierüber Abs. 2), müssen daher LLV. gebildet werden, die mit den Ansiedlungsbezirken, d h. den Geschäftsbezirken der provinziell organisierten gSU. (A. 1 zu § 1 RSG.) zusammenfallen.

[4]) In den Resten, die nach dem Friedensvertrage von Posen und Westpreußen übrigbleiben, können selbständige LLV. gebildet, die dort liegenden großen Güter aber auch anderen benachbarten LLV. angegliedert werden. Ein Zwang zum einen oder anderen liegt nicht vor. Die Entscheidung darüber, ob und in welcher Weise LLV gebildet werden sollen, treffen die für die Ausführung des G. zuständigen Minister (§ 40).

[5]) D. h. der Kreise, deren landwirtschaftliche Nutzfläche nach der Zählung von 1907 zu mehr als 10 v. H. auf die großen Güter entfiel (AusschBer. 70 f.).

[6]) Ob der LLV. gebildet werden soll, steht auch hier (s. Abs. 2 und A. 4 dazu) im Ermessen der zuständigen Minister (§ 40). Wird der LLV. gebildet, so wird er in der Regel als ProvinzialLLV. zu begründen sein, d. h. innerhalb der Provinz alle Kreise umfassen müssen, auf die § 12 Abs. 1 RSG. zutrifft. Nur in Hessen-Nassau werden, in Übereinstimmung mit den hier regierungsbezirksweise begründeten gSU., auch zwei LLV., einer für jeden RegBez, zu bilden sein.

[7]) Vgl. § 12 Abs. 1 S. 1 RSG: „Die LLV. sind rechtsfähig."

## § 15.

(1) Auf Anordnung des Ministers für Landwirtschaft, Domänen und Forsten stellt der Präsident des Landeskulturamts ein Verzeichnis der zum Landlieferungsverbande zusammenzuschließenden Güter, kreisweise geordnet, auf und läßt durch einen Kommissar die Verbandsmitglieder kreisweise zusammenberufen und für jeden Kreis aus der Mitte der Verbandsmitglieder einen Verbandsverordneten und einen Stellvertreter wählen[1]. Die Anordnung des Ministers und die Benennung des Kommissars sind in den Amtsblättern der Provinz bekannt zu machen. 2. Verbandsversammlung.

(2) Stadtkreise werden nach näherer Bestimmung der Ausführungsvorschriften einem benachbarten Landkreise zugeteilt.

(3) Bei der Wahl hat jedes Verbandsmitglied für je angefangene 200 ha landwirtschaftlicher Nutzfläche eine Stimme. Mehr als fünf Stimmen darf kein Mitglied führen[2].

(4) Die Versammlung der Verbandsverordneten bildet die Verbandsversammlung.

[1]) Die erste nach § 15 zu wählende Verbandsversammlung, die die Satzung zu beschließen hat (§ 16), ist die Gründungsversammlung. Aber auch nach der endgültigen Begründung des LLV (§ 18 S 2) findet § 15 auf die Wahl der Verbandsversammlung Anwendung. Durch die Satzung kann nichts anderes bestimmt werden.

[2]) Auch der Eigentümer mehrerer Güter darf zusammen nicht mehr als fünf Stimmen führen. Die Beschränkung gilt aber nur für den LLV. der Provinz (des Ansiedlungsbezirks). Wer bei mehreren LLV. beteiligt ist, kann für jeden von ihnen fünf Stimmen führen. —

Miteigentümer haben ihre Stimme gemeinschaftlich abzugeben, wobei in Ermangelung einer Einigung die nach den Anteilen berechnete Mehrheit (§ 745 Abs. 1 BGB.) entscheidet. Für das einer Erbengemeinschaft gehörige Gut führt die Stimme, wer den Nachlaß zu verwalten hat, regelmäßig also die Erbengemeinschaft, wobei ebenfalls § 745 Abs. 1 BGB anzuwenden ist (§ 2038 BGB.). Der Konkursverwalter übt das Stimmrecht für das Gut eines in Konkurs geratenen Eigentümers aus (§ 6 KO.) wogegen die Zwangsversteigerung und die Zwangsverwaltung (vgl. § 152 ZVG.) das Stimmrecht des Eigentümers unberührt lassen.

## § 16.

3. Feststellung der Satzung. a) Durch Beschluß der Verbandsversammlung.

(1) Die Verbandsverordneten sind unverzüglich zusammenzurufen[1]), um über die Satzung des Verbandes Beschluß zu fassen, die der Kommissar zu entwerfen und der Versammlung zur Beschlußfassung zu unterbreiten hat. Die Versammlung ist ohne Rücksicht auf die Zahl der Erschienenen beschlußfähig[2]).

(2) Die Satzung bedarf der Genehmigung des Ministers für Landwirtschaft, Domänen und Forsten[3]).

[1]) Durch den Kommissar des PräsLKA.

[2]) Über den Fall, daß kein Beschluß zustande kommt s. § 17 Abs. 1.

[3]) Folgen der Versagung der Genehmigung: § 17 Abs. 2. Wirkung der erteilten Genehmigung: § 18 S. 2.

## § 17.

b) Durch Erlaß des LM.

(1) Kommt ein Beschluß über die Satzung nicht zustande, so ist innerhalb zwei Wochen eine zweite Versammlung der Verbandsverordneten anzuberaumen[1]), in der die Satzung erneut zur Beschlußfassung vorzulegen ist. Verläuft auch diese Versammlung ergebnislos, so

erläßt der Minister für Landwirtschaft, Domänen und Forsten die Satzung[2]).

(2) Das gleiche gilt, wenn die beschlossene Satzung nicht die vorgeschriebene Genehmigung findet und bei erneuter Verhandlung die Anstände nicht beseitigt werden[3]).

[1]) Innerhalb zwei Wochen nach der ersten Versammlung muß die zweite Versammlung anberaumt werden. Der Tag der zweiten Versammlung braucht nicht in den zweiwöchigen Zeitraum zu fallen.

[2]) Erlassen ist die Satzung erst mit ihrer Bekanntmachung nach § 18 Abs. 1.

[3]) Der LM. hat, wenn er der nach Abs. 1 beschlossenen Satzung die Genehmigung nicht erteilen will, im einzelnen anzugeben, welche Punkte er beanstandet und in welchem Sinne er sie geändert haben will. Trägt die zweite Versammlung diesen ihr vom Kommissar zu eröffnenden Anständen keine Rechnung, so kann der Minister die Satzung erlassen (A. 2). Der LM. ist aber auch nicht gehindert, seinerseits den von der zweiten Versammlung erhobenen Bedenken Rechnung zu tragen und seine Beanstandung fallen zu lassen oder sie zu ändern und die geänderte Beanstandung mit der Satzung der Versammlung nochmals zur Entschließung vorlegen zu lassen.

## § 18.

Die Satzung ist durch die Amtsblätter der Provinz bekannt zu machen[1]). Durch die Genehmigung oder durch den Erlaß der Satzung[2]) entsteht der Verband. 4 Bekanntmachung und Wirkung der Satzung.

[1]) Werden i. F. des § 14 Abs. 2 die Güter der Restprovinzen Westpreußen und Posen dem LLV. einer Nachbarprovinz angeschlossen, so genügt Bekanntmachung in den Amtsblättern der Restprovinzen. Ebenso genügt i. F. des § 14 Abs. 3 die Bekanntmachung in den Amtsblättern der-

jenigen Regierungen, zu deren Bezirk die zum LLV. zusammengeschlossenen Kreise gehören.

[2]) Genehmigung (§ 16 Abs. 2) oder Erlaß (§ 17) durch den LM. Beides muß, um die Wirkung der Begründung des Verbandes zu haben, nach § 18 S. 1 bekannt gemacht sein.

## § 19.

5. Inhalt der Satzung.

Die Satzung muß Bestimmungen enthalten[1]) über:

1. den Namen und Sitz des Verbandes;
2. das Verhältnis der Teilnahme an den Nutzungen und Lasten sowie am Stimmrechte[2]);
3. die Aufstellung des Haushaltsplans und die Feststellung und Entlastung der Rechnung;
4. die Zusammensetzung und die Wahl des Vorstandes, die Befugnisse des Vorstandes und, wenn der Vorstand aus mehreren Mitgliedern besteht, auch die seines Vorsitzenden[3]), die Formen für den Ausweis der Vorstandsmitglieder und die Beurkundung ihrer Beschlüsse;
5. die Bildung eines Ausschusses[4]);
6. die Voraussetzungen und die Form für die Zusammenberufung der Verbandsversammlung und des Ausschusses[5]) und die Beurkundung ihrer Beschlüsse;
7. die Gegenstände, die der Beschlußfassung der Verbandsversammlung und des Ausschusses unterliegen sollen[4]);
8. die Voraussetzungen für das Ausscheiden der Verbandsmitglieder[6]);
9. die Auflösung und die Liquidation des Verbandes;
10. die Form für die Bekanntmachungen des Verbandes[7]);
11. die öffentlichen Blätter, in welche die Bekanntmachungen aufzunehmen sind, soweit sie nach dem Gesetze, der Satzung oder den Beschlüssen der Ver-

bandsorgane durch öffentliche Blätter zu ergehen haben.

[1]) § 19 entspricht dem § 214 WassG.

[2]) Verbandslasten: §§ 24—28 (s auch § 18 Abs. 3 RSG. und A. 6 dazu). Stimmrecht: § 15 Abs. 3; diese Vorschrift kann durch die Satzung nicht geändert werden.

[3]) Vgl. § 22 Abs. 2. Auch über die Art der Ernennung des Vorsitzenden des Vorstandes muß die Satzung das Nötige bestimmen.

[4]) Vgl. auch Nr. 6 (Zusammenberufung des Ausschusses) u. Nr. 7 (Gegenstände der Beschlußfassung des Ausschusses). — Über die Aufgabe des Ausschusses sagt das G. nichts. Begr. 14 bemerkt hierüber: „Dabei ist an eine von der Verbandsversammlung gewählte Körperschaft gedacht, die, aus einem kleineren Personenkreise bestehend, beweglicher ist, als die Verbandsversammlung und an besonders wichtigen Entscheidungen, wie z. B. der Auswahl der zu enteignenden Güter, teilzunehmen haben wird.“ Nach § 214 [9] WassG. tritt bei Wassergenossenschaften der Ausschuß in den satzungsmäßig bestimmten Fällen an die Stelle der Mitgliederversammlung („der Mitgliederversammlung oder des an ihre Stelle tretenden Ausschusses“). Ebenso wird auch nach § 19 AGRSG., dem § 214 WassG. als Vorbild gedient hat, anzunehmen sein, daß der Ausschuß in den satzungsmäßig bestimmten Fällen an die Stelle der Verbandsversammlung tritt.

Der Ausschuß des LLV. ist nicht zu verwechseln mit dem ständigen Ausschuß des § 15 Abs. 2 RSG.

[5]) Verbandsversammlung: § 15; Berufung durch den Vorstand: § 23 Abs. 1, durch die Aufsichtsbehörde (den Oberpräsidenten): § 23 Abs. 2.

[6]) Über Ausscheiden von Verbandsmitgliedern und Beitragspflicht der Ausgeschiedenen s. § 25 Abs. 2. und A. 4 dazu sowie A. 2 zu § 29.

[7]) Dadurch dürfen jedoch die Vorschriften über Bekanntmachung von Satzungsänderungen in den Regierungs-Amtsblättern (§§ 18, 21) nicht geändert werden.

### § 20[1]).

6. Güterverzeichnis. Der Satzung ist ein Verzeichnis der beteiligten Güter mit Angabe der jeweiligen Eigentümer beizufügen. Das Verzeichnis ist auf dem laufenden zu erhalten[2]).

[1]) § 20 entspricht dem § 214 Abs. 2 WassG.

[2]) Auf Grund der Mitteilungen der GBÄmter. Das Güterverzeichnis bildet einen Bestandteil der Satzung und ist mit dieser nach § 18 bekannt zu machen.

### § 21.

7. Satzungsänderungen. Satzungsänderungen können von der Verbandsversammlung mit Zweidrittelmehrheit beschlossen werden. Sie bedürfen der Genehmigung des Ministers für Landwirtschaft, Domänen und Forsten und sind nach § 18 bekannt zu machen[1]).

[1]) Wie die (beschlossene) Satzung selbst: § 16 Abs. 2, § 18 S. 1. Die Satzung kann die Vorschrift § 21 nicht ändern.

### § 22[1]).

8. Vorstand. (1) Der Verband muß einen Vorstand haben. Dieser kann aus einer Person bestehen oder aus mehreren, von denen eine den Vorsitz führt[2]).

(2) Der Vorstand vertritt den Verband gerichtlich und außergerichtlich. Er hat die Stellung eines gesetzlichen Vertreters. Der Umfang seiner Vertretungsmacht kann durch die Satzung mit Wirkung gegen Dritte beschränkt werden. Er führt die Verwaltung des Verbandes, sofern nicht einzelne Geschäfte durch die Satzung dem Vor-

sitzenden des Verbandes, dem Ausschuß oder der Verbandsversammlung überwiesen sind.

(3) Der Vorsitzende des Vorstandes, der sich als solcher ausweist, bedarf zur Vertretung des Vorstandes vor Gerichten und anderen öffentlichen Behörden keiner besonderen Vollmacht[3]).

[1]) Abs. 1 des § 22 ist dem § 3 Abs. 1 BBGB. nachgebildet; die Abs. 2, 3 entsprechen den Abs. 2, 3 des § 212 WassG.

[2]) Der Entwurf (§ 20 Abs. 2) wollte es dem LM. ermöglichen, die Geschäfte des Vorstandes einer öffentlichen Behörde zu übertragen, wobei man namentlich die Landschaftsdirektionen im Auge hatte. Ein besonderer Vorstand für den LLV. sollte daneben nicht bestellt werden. Diese Bestimmung des Entwurfs ist aber nicht Gesetz geworden. Gleichwohl kann der LM. auch jetzt eine öffentliche Behörde mit der Führung der Vorstandsgeschäfte betrauen; vgl. § 12 Abs. 2 RSG. und A. 5 dazu. Aber dadurch wird die Bestellung eines der Satzung entsprechenden Vorstandes nicht überflüssig. Als Vorstand i. S. der Satzung (§ 22) kann eine öffentliche Behörde als solche nicht bestellt werden.

[3]) § 212 Abs. 3 WassG. spricht von „den Prozeßgerichten und Verwaltungsgerichten". Dabei ist also an die Vertretung der (Wasser-)Genossenschaft bei bürgerlichen und anderen Rechtsstreitigkeiten gedacht. Zur Vornahme von Rechtsgeschäften, z. B. zur gerichtlichen Auflassung genügt der im § 212 Abs. 3 WassG. bezeichnete Ausweis nicht. Vgl. auch § 73 Abs. 3 LVG., der dem § 212 Abs. 3 a. a. O. zum Vorbilde gedient hat und ebenfalls nur die Vertretung der Gemeinde vor dem Verwaltungsgericht im Verwaltungsstreitverfahren im Auge hat. Im gleichen Sinne wird auch § 22 Abs. 3 AGRSG. einschränkend auszulegen sein. Der allgemeinere Ausdruck „öffentliche Behörden" ist augenscheinlich nur deshalb gewählt, um auch den ständigen

Ausschuß (§ 15 Abs. 2 RSG.) und die Landeskulturbehörde, vor denen der LLV. im Enteignungsverfahren Recht zu nehmen hat, mit zu treffen. Bei Vertretung des Verbandes in sonstigen Rechtsgeschäften, auch wenn sie vor Gerichten oder öffentlichen Behörden abgeschlossen werden, sind an den Ausweis des Vorsitzenden diejenigen Anforderungen zu stellen, die sich aus der Satzung ergeben.

## § 23[1]).

9. Einberufung der Verbandsversammlung.

(1) Der Vorstand hat die Verbandsversammlung[2]) einzuberufen, sobald das Interesse des Verbandes es erfordert oder ein Drittel der Verbandsverordneten[3]) es unter Angabe des Zweckes schriftlich beantragt.

(2) Die Verbandsversammlung kann auch von der Aufsichtsbehörde einberufen werden[4]).

(3) In jedem Jahre ist mindestens eine Verbandsversammlung einzuberufen.

[1]) Vorbild für § 23: § 230 WassG.

[2]) Für die Berufung des Ausschusses gilt § 23 nicht; über diese bestimmt allein die Satzung (§ 19[6]).

[3]) Nach Köpfen berechnet.

[4]) Die besondere Vorschrift des § 23 über die Berufung der Verbandsversammlung kann durch die Satzung (vgl. § 19[6]) nicht geändert werden.

## § 24[1]).

10. Schuldenhaftung. Verbandsbeiträge.

Für die Verbindlichkeiten des Verbandes[2]) haftet sein Vermögen. Soweit daraus Gläubiger des Verbandes nicht befriedigt werden können, muß der Schuldbetrag durch Beiträge aufgebracht werden, die von dem Vorstande nach dem in der Satzung festgesetzten Teilnahmemaßstab[3]) umzulegen sind[4]).

[1]) Vorbild zu § 24: § 223 WassG.

²) Begr. 15, 16 bemerkt zu §§ 23—26 des Entwurfs (= §§ 24—27 des G.): „Verbandslasten können durch Verwaltungskosten, u. a. auch dadurch entstehen, daß der LLV. von ihm erworbene Güter zeitweilig in Bewirtschaftung nimmt und mit Verlust veräußert Um solche Fälle zu vermeiden, wird er die erworbenen Grundstücke nach § 18 RSG. möglichst bald an das gSU. weitergeben müssen." Vgl. über die dem LLV. durch das gSU. zu erstattenden Kosten § 18 Abs. 2 RSG. und A. 5 dazu Der Gefahr, ein erworbenes Gut mit Verlust zu veräußern, wird der LLV. dadurch entgehen können, daß er stets unter Umständen erwirbt, die das gSU. nach § 18 Abs. 1 RSG. zur Abnahme verpflichten. Da das gSU., wenn die Voraussetzungen des § 18 Abs. 1 a. a. O. gegeben sind, zur unverzüglichen Abnahme verpflichtet ist, werden auch die Kosten einer etwaigen Zwischenverwaltung des LLV. geringfügig bleiben.

³) § 19².

⁴) Rechtsbehelfe gegen die Umlegung: § 29 Abs. 2 und A. 3, 4 dazu. Einwirkung der Aufsichtsbehörde: § 33.

## § 25¹).

(1) Die Verbandslasten sind öffentliche Lasten²). Sie haften auf den beteiligten Grundstücken in dem dem Teilnahmeverhältnis entsprechenden Umfange³). 11. Haftung für die Verbandslasten.

(2) Die ausgeschiedenen Verbandsmitglieder bleiben für die bis zu ihrem Austritt umgelegten Beiträge verhaftet⁴).

¹) Vorbild zu § 25: § 224 WassG.

²) § 10³ ZVG., Art. 2³ AGZVG., §§ 47, 61³ KonkO.

³) Teilnahmeverhältnis: § 19². — Der Eigentümer als solcher ist zur Leistung der Beiträge verpflichtet, auch der zur Besitzzeit seines Vorgängers umgelegten. Doch

haftet der Vorgänger für diese Beiträge nach Abs. 2 neben dem Eigentümer weiter.

⁴) Vgl. A. 3. — Ein Verbandsmitglied kann entweder nur für seine Person, nämlich durch Aufgabe des Eigentums an dem Gute, oder mit seinem Gute ausscheiden. Letzteres trifft zu, wenn das Gut infolge einer Änderung der Provinzialgrenzen aus dem Bereich des LLV. (dem Ansiedlungsbezirk) ausscheidet oder wenn es unter die vorgeschriebene Mindestgröße von 100 ha Nutzfläche sinkt. Vgl. aber auch A. 2 zu § 29. — Umgelegt sind Beiträge, wenn sie vom Vorstande (§ 22) auf die Mitglieder verteilt und diese in der satzungsmäßigen Weise (§ 19[10]) zur Zahlung aufgefordert sind.

## § 26.

12. Erleichterung der Verbandslasten. Die Satzung bestimmt, daß und in welcher Weise denjenigen Verbandsmitgliedern, die freiwillig geeignetes Siedlungsland zum angemessenen Preise (§ 13 Abs. 1 des Reichssiedlungsgesetzes) bereitstellen[1]), dies als Vorausleistung auf die auf sie entfallenden Verbandsbeiträge[2]) anzurechnen ist[3]).

[1]) Über den Begriff „bereitstellen" s. A. 4 zu § 13 RSG., über „angemessenen Preis" A. 2 zu § 15 das. Hat ein Verbandsmitglied ohne Mitwirkung des gSU. Land zur Siedlung ausgegeben, so gilt es als „bereitgestellt" nach § 13 RSG. nur „nach Ermessen der Aufsichtsbehörde". Auch dann entscheidet das Ermessen der Aufsichtsbehörde, wenn Land mit dem Recht des Kaufes verpachtet ist; daß die Aufsichtsbehörde den dabei festgesetzten Preis genehmigt hat, schließt noch nicht die Entscheidung in sich, daß das Land auch i. S. des § 13 RSG. zur Siedlung bereitgestellt sei. Wenn daher ein Verbandsmitglied in dem bezeichneten Falle des Vorteils des § 26 teilhaftig werden will, muß es stets eine Entscheidung der Aufsichtsbehörde (§ 30) beibringen,

daß eine Bereitstellung i. S. des § 13 RSG. vorliege. In den übrigen Fällen der Bereitstellung, d. h. wenn diese unter Vermittlung des gSU. geschieht, bedarf es keiner Bescheinigung der Aufsichtsbehörde. Hier hat der Vorstand selbständig zu prüfen, ob die Voraussetzungen des § 26 AGRSG. erfüllt sind.

²) Auf die Verbandsbeiträge (§ 19², § 25), nicht etwa auf die Landlieferung an das gSU. (§ 13 Abs. 1 RSG). S. aber auch § 27.

³) Begr 16 bemerkt: „die §§ 25, 26" (des Entwurfs = §§ 26, 27 des G) „wollen für die Verbandsmitglieder einen Anreiz schaffen, freiwillig geeignetes Siedlungsland abzugeben und selber neue Ansiedlungen zu schaffen. Das Verbandsmitglied, das freiwillig Siedlungsland abgibt, kann z. B. in der Weise begünstigt werden, daß ihm das Mehrfache der auf das abgetretene Land entfallenden Verbandsbeiträge auf die Verbandsleistungen angerechnet wird." § 25 des Entwurfs ließ die Begünstigung nur zu, schrieb sie aber nicht vor. Nach § 26 des G. muß die Satzung die Begünstigung anordnen. Vgl. AusschBer. 73. Es liegt am nächsten, nach der Anregung der Begr. den Umfang des bereitgestellten Landes zum Maßstabe des Beitragsnachlasses zu machen. Dabei wird zweckmäßig von der Fläche, nicht etwa von dem Werte oder (Grundsteuer-) Reinertrage ausgegangen. Vgl. auch § 30 der Mustersatzung (A 2 zu § 29). Geltendmachung der satzungsmäßigen Rechte nach § 26: § 29 Abs. 2.

## § 27.

13. Befreiung von den Verbandslasten und der Enteignung.

Haben seit dem 29. Januar 1919¹) Verbandsmitglieder selber in größerem Umfange neue Ansiedlungen unter Mitwirkung der Landeskulturbehörden begründet und hierzu mindestens ein Drittel der landwirtschaftlichen Nutzfläche ihrer Verbandsgrundstücke zum angemessenen Preise (§ 13 Abs. 1 des Reichssiedlungsgesetzes) bereitgestellt²), so muß ihnen das in der Weise angerechnet werden, daß die ihnen verbleibenden Grundstücke künftig von Verbandslasten befreit sind[3]). Von dem Erwerbe dieser Grundstücke durch Enteignung soll möglichst abgesehen werden (§ 16 Abs. 2 des Reichssiedlungsgesetzes); dies ist auf Antrag der Eigentümer in dem der Satzung beigefügten Güterverzeichnis (§ 20) zu vermerken[4]).

[1]) Am 29. 1. 1919 erging die RSV. (RGBl. 115); s. Vorbem. zur Überschrift des RSG.

[2]) Die „Mitwirkung" der Landeskulturbehörde besteht darin, daß sie die Begründung von Rentengütern nach § 12 G 7. 7. 1891 vermittelt. Doch wird auch eine andere Art der „Mitwirkung", z. B. die Aufnahme des Siedlungsvertrages durch einen Beauftragten des PräsLKA., genügen. Bei der Ausschußberatung — s. AusschBer. 74, 75 — wurde bemerkt: Mitwirkung der LKBeh. bedeute „sowohl die vorausgehende als auch die nachfolgende Zustimmung". In dem Wortlaut des § 27 findet diese Auffassung keine Begründung; eine nachträgliche Zustimmung kann niemals Mitwirkung bei der Begründung der Ansiedlung sein. Vgl. aber A. 4 d zu § 13 RSG. — Die Begründung der Ansiedlung unter Mitwirkung der LKBeh. ist eine „Bereitstellung" von Siedlungsland i. S. des § 13 RSG. (vgl. A. 4 zu § 13 a. a. O.) jedenfalls dann, wenn die Mitwirkung in den Händen des als gSU. anerkannten LKA (§ 11 Abs. 1) liegt. Ob sie es stets ist, z. B. auch dann, wenn der PräsLKA. einen anderen Beamten mit der „Mitwirkung" beauftragt hat (vgl. § 34 AGRSG. und § 10 OrgG), ist nicht unzweifelhaft. Die Frage dürfte aber zu bejahen sein, da der Beauftragte nach § 10 Abs. 1 OrgG. gleiche Rechte und Pflichten wie der LKA. hat. Vgl. auch A. 1 zu § 35. Andererseits ist eine Bereitstellung von Siedlungsland, bei der die LKBeh. nicht mitwirkt, zur Begründung des Anspruchs aus § 27 selbst dann nicht genügend, wenn sie sich im übrigen als eine Bereitstellung i. S. des § 13 RSG. darstellt.

Andererseits genügt es nicht, daß ein Verbandsmitglied Land nur zur Erweiterung einer bereits bestehenden Stelle hergegeben hat; vgl. § 1 Abs. 1 S. 1 RSG. Nach § 27 AGRSG. muß vielmehr eine neue Ansiedlung begründet sein. Dagegen kommt auch solches Land in Anrechnung, das mit dem Recht des Kaufes verpachtet ist (§ 13 Abs. 3 RSG.), wenn die Pachtstelle sich als eine neue Ansiedlung darstellt und die Verpachtung unter Vermittlung des BKA. stattgefunden hat. Vgl. über die Zuständigkeit des BKA. zur Aufnahme von Pachtverträgen § 34 AGRSG.

Ausgeschlossen ist nach § 27 die Anrechnung solcher Siedlerstellen, die schon vor dem 29. 1. 1919 (s. A. 1) begründet sind, oder bei denen ein unangemessen hoher Preis gezahlt oder vereinbart ist. Auch bei den mit dem Recht des Kaufes verpachteten Stellen muß der (im voraus) bedungene Kaufpreis angemessen sein.

Das Drittel der landwirtschaftlichen Nutzfläche entspricht dem Umfange der dem LLV. nach § 13 Abs. 2 RSG. obliegenden Lieferungspflicht (Begr. 16).

[3]) Nach dem Entwurf (§ 26) sollte die Befreiung von den Verbandslasten nur zulässig sein. Das G. (§ 27) schreibt sie zwingend vor. Sie kann auch dann beansprucht werden, wenn sie in der Satzung nicht vorgesehen ist. Nötigenfalls ist sie im Verfahren nach § 29 Abs. 2 geltend zu machen.

[4]) In dem Entwurf (§ 26) war schlechthin bestimmt, daß von der Enteignung abgesehen werden sollte. Ob dies mit der Vorschrift des § 16 RSG (Abs. 2: „von dem Erwerbe solcher Güter, die in wirtschaftlicher oder sozialer Hinsicht vorbildlich wirken ..., soll möglichst abgesehen werden") vereinbar gewesen wäre, ist zweifelhaft. Bei der Ausschußberatung wurde daher unter Verwerfung eines Antrages, der sogar die Sollvorschrift des Entwurfs in eine Mußvorschrift umwandeln wollte, die in dem RSG. gebrauchte Ausdrucksweise („soll möglichst abgesehen werden"), gewählt

(AusschBer. 73 ff.). Vgl. auch RAME. 26. 9. 1919 (A. 3 zu § 16 RSG.).

Der Antrag des Eigentümers auf Eintragung im Güterverzeichnis ist bei dem Verbandsvorstand zu stellen. Gegen die Ablehnung ist die Beschwerde an die Aufsichtsbehörde zulässig.

## § 28 [1]).

14. Beitreibung der Beiträge. Rückständige Beiträge können im Verwaltungszwangsverfahren beigetrieben werden. Die zuständige Vollstreckungsbehörde wird durch die Aufsichtsbehörde bestimmt [2]).

[1]) Ähnlich wie § 27: § 229 Abs. 1 WassG., wo aber — abweichend von § 28 — das Beitreibungsverfahren auch gegen Pächter und andere Nutzungsberechtigte zugelassen wird.

[2]) Die Beitreibung geschieht nach V 15. 11. 1899 (GS. 545). Vollstreckungsbehörde ist nach § 4 Abs. 1 das. der Verbandsvorstand, da ihm die Einziehung der Beiträge zusteht (KGJ. 15 130). Die Bestimmung einer besonderen — von dem Vorstande verschiedenen — Vollstreckungsbehörde kommt daher nur in Frage, wenn die Aufsichtsbehörde (§ 30) sie aus besonderen Gründen für zweckmäßig hält. — Über Beschwerden gegen Vollstreckungsmaßnahmen entscheidet die Aufsichtsbehörde. Vgl. auch § 2 Abs. 2 V. 15. 11. 1899.

## § 29 [1]).

15. Streit über Verbandszugehörigkeit und Beitragspflicht. (1) Über Streitigkeiten wegen der Zugehörigkeit zum Landlieferungsverbande [2]) beschließt die Spruchkammer des Landeskulturamts; gegen deren Beschluß ist binnen zwei Wochen Beschwerde an das Oberlandeskulturamt zulässig [4]).

(2) Gegen die Heranziehung und Veranlagung zu den Verbandslasten [3]) steht dem Inanspruchgenommenen binnen vier Wochen der Einspruch zu. Über den Einspruch beschließt der Vorstand. Gegen den Beschluß kann

binnen zwei Wochen Beschwerde bei der Spruchkammer des Landeskulturamts erhoben werden; gegen deren Beschluß ist binnen zwei Wochen weitere Beschwerde beim Oberlandeskulturamt zulässig[4]).

[1]) Vorbild für § 28: § 226 WassG.

[2]) Die Zugehörigkeit eines Gutes zum LLV. kann nicht mit der Behauptung bestritten werden, daß die gesetzlichen Voraussetzungen für die Einbeziehung nicht vorhanden gewesen seien. Daß diese Voraussetzungen vorgelegen haben, wird durch den Erlaß der Satzung unanfechtbar festgestellt. Ferner kann die Zugehörigkeit auch nicht ohne weiteres mit der Behauptung bestritten werden, daß die Voraussetzungen der Einbeziehung nachträglich fortgefallen seien. Es ist dies nur dann zulässig, wenn nach Bestimmung der Satzung ein Gut bei Fortfall der gesetzlichen Voraussetzungen von selbst, also ohne daß es einer besonderen Entlassung bedarf, aus dem Verbande ausscheidet. Andernfalls bedarf es zum Ausscheiden der Förmlichkeiten, die die Satzung (§ 19 [8] AGRSG.) hierfür vorschreibt. Vgl. § 3 der Mustersatzung (Anl. zum LME. 27. 12 1919 I B Ib 9296). Das. auch § 4 über den Fall, daß ein kleines Gut infolge Flächenvermehrung zu einem großen Gut (§ 12 RSG.) wird.

Über die Behauptung eines Beteiligten, daß er deshalb dem Verbande nicht (oder nicht mehr) angehöre, weil er nicht (oder nicht mehr) Eigentümer des Gutes sei, ist nach Abs. 2, nicht nach Abs. 1 zu entscheiden.

[3]) Der Einspruch kann darauf gestützt werden, daß das Gut des Herangezogenen nicht zum Verbande gehöre (Abs. 1), daß der Herangezogene nicht Eigentümer des zum Verbande gehörigen Gutes oder daß er aus irgendeinem anderen Grunde z. B. nach §§ 26, 27 nicht verpflichtet sei, den geforderten Beitrag oder überhaupt einen Beitrag zu leisten. Vgl OVG. 19 292. Eine Anfechtung des in der Satzung festgesetzten

Beitragsmaßstabes (§ 19[2], § 25 Abs. 1) ist unzulässig (PrVBl. 21 82); doch kann geltend gemacht werden, daß der eingeforderte Beitrag nicht dem satzungsmäßigen Maßstabe entspreche.

[4]) Das Verfahren der Spruchkammer und des OLKA. ist in beiden Fällen des § 29 (Abs. 1 und 2) das Beschlußverfahren; vgl § 17 OrgG. vbd. §§ 115—126 LVG. Die Fristen beginnen mit der Zustellung, die Frist für den Einspruch nach Abs. 2 mit dem Tage, an dem dem Herangezogenen die Heranziehung und Veranlagung in der satzungsmäßigen Weise (§ 19[10] AGRSG.; vgl § 29 Abs. 2 der Mustersatzung [A. 2]) bekannt gemacht ist; vgl. § 52 Abs. 1 LVG. Mündliche Verhandlung ist nicht zwingend vorgeschrieben, sie kann aber nach § 117 LVG. angeordnet werden. Die Entscheidung des OLKA. ist endgültig.

## § 30[1]).

16. Staatsaufsicht. (1) Der Vorstand steht unter der Aufsicht des Staates. Die Aufsicht wird vom Oberpräsidenten ausgeübt[2]). Gegen Entscheidungen des Oberpräsidenten ist nur die Beschwerde an den Minister für Landwirtschaft, Domänen und Forsten zulässig.

(2) Die Aufsichtsbehörde ist befugt, ihre Anordnungen unmittelbar durchzusetzen[3]).

[1]) Ähnlich wie § 30: § 4 BVGB. und § 217 WassG., wo aber die Genossenschaft, nicht nur, wie hier, deren Vorstand unter Staatsaufsicht gestellt wird. Sachlich bedeutet dies keinen Unterschied.

[2]) Auch über die gSU führt die Aufsicht der Oberpräsident: A. 1 zu § 1 RSG. —

[3]) Der Aufsichtsbehörde stehen die Zwangsmittel des § 132 LVG. zu — Über Zwangsetatisierung: § 33 — Vgl. ferner: § 23 Abs 2 (Einberufung der Verbandsversammlung), § 28 S. 2 (Ernennung der Vollstreckungs-

behörde), § 31 (Entsetzung von Vorstandsmitgliedern), § 32 (Beaufsichtigung der Verwaltung des Vorstandes). Endlich: § 13 Abs. 3 RSG. (Entscheidung darüber, inwieweit der LLV. Siedlungsland bereitgestellt hat).

### § 31[1]).

Die Aufsichtsbehörde ist befugt, Mitglieder des Vorstandes, die sich einer groben Pflichtverletzung schuldig machen oder zur Führung der Geschäfte ungeeignet sind, ihres Amtes zu entsetzen. Die auf Amtsentsetzung lautende Verfügung kann binnen zwei Wochen durch Klage bei dem Oberverwaltungsgericht angefochten werden. Bis zur Entscheidung über die Klage bleibt das Vorstandsmitglied von den Amtsgeschäften enthoben. 17. Amtsenthebung von Vorstandsmitgliedern.

[1]) Wie § 31: § 231 WassG. — Vgl. auch § 3 Abs. 2, 3 VVGV.

### § 32[1]).

Der Aufsichtsbehörde muß auf Verlangen Einsicht in die Akten des Verbandes gewährt und Abschrift des Haushaltsplans und des Rechnungsabschlusses sowie der Verhandlungen des Vorstandes, des Ausschusses und der Verbandsversammlung überreicht werden. Sie ist befugt, außerordentliche Prüfungen der Verbandskasse und der gesamten Verbandsverwaltung zu veranlassen und an den Versammlungen des Vorstandes sowie an den Sitzungen der Verbandsversammlung und des Ausschusses persönlich oder durch Beauftragte teilzunehmen. 18. Beaufsichtigung der Geschäftsführung.

[1]) Ähnlich: § 221 WassG.

### § 33[1]).

(1) Unterläßt oder verweigert es der Verband, die ihm gesetz- oder satzungsmäßig obliegenden Leistungen und Ausgaben[2]) in den Haushaltsplan aufzunehmen 19. Zwangsetatisierung.

oder außerordentlich zu genehmigen[3]), so kann die Aufsichtsbehörde unter Anführung der Gründe[4]) die Aufnahme in den Haushaltsplan oder die Feststellung der außerordentlichen Ausgaben und die Einziehung der erforderlichen Beiträge verfügen[5]).

(2) Gegen die Verfügung steht dem Verbande binnen zwei Wochen[6]) die Beschwerde an die Spruchkammer des Landeskulturamts und gegen deren Entscheidung binnen zwei Wochen[6]) die weitere Beschwerde an das Oberlandeskulturamt zu[7]).

[1]) Vorbild für § 33: § 219 WassG., für den wiederum §§ 19, 35 ZustG. als Vorbild gedient haben.

[2]) Gesetzmäßige und satzungsmäßige Verpflichtungen des LLV. sind solche, die entweder unmittelbar auf dem Gesetz oder der Satzung beruhen, oder auf Grund des Gesetzes oder der Satzung von der zuständigen Behörde ihm auferlegt oder als bestehend anerkannt sind. Die Verpflichtung muß aber auf dem öffentlichen Recht beruhen. Rein bürgerlich rechtliche Verpflichtungen scheiden daher regelmäßig aus (OVG. **13** 57, **16** 218). Jedoch ist § 33 anwendbar, wenn im bürgerlichen Rechtsstreit eine vollstreckbare Entscheidung ergangen ist und der LLV. kein pfändbares Vermögen besitzt, in das die gerichtliche Zwangsvollstreckung stattfinden könnte (OVG. **18** 142, **43** 137). Öffentlich rechtliche Verpflichtungen, für die der Rechtsweg zugelassen ist (z. B. die Verpflichtung zur Gehaltszahlung an die Beamten des LLV.), kommen für die Anwendung des § 33 selbst dann in Betracht, wenn noch keine vollstreckbare gerichtliche Entscheidung vorliegt, aber nur unter der Voraussetzung, daß das öffentliche Interesse z. B. an dem geordneten Gang der Verwaltung des LLV. die schleunige Erfüllung fordert (OVG. **45** 146, **61** 42, **70** 60).

[3]) Zwar braucht die Aufsichtsbehörde, bevor sie nach § 33 Abs. 1 verfügt, die Leistung nicht besonders „festzu-

stellen" (vgl. §§ 19, 35 ZustG.); sie muß aber den LLV. zur Leistung auffordern und zwischen der Aufforderung und der Verfügung einen angemessenen Zeitraum verstreichen lassen; andernfalls liegt der Fall der „Verweigerung" oder „Unterlassung" nicht vor. Vgl. OVG. **8** 49, **16** 218, **19** 119, **20** 66, **25** 1, **41** 191. Daß die Weigerung ausdrücklich erklärt wird, ist nicht erforderlich (OVG. **16** 219, **20** 66, **29** 119).

[4]) Gründe: OVG. **45** 111. Ihre Hinzufügung ist Bedingung der Gültigkeit der Verfügung. Doch schadet Unvollständigkeit oder Mangelhaftigkeit der Begründung nicht.

[5]) Die dem LLV. obliegende Verpflichtung muß auf Zahlung eines bestimmten Geldbetrages gehen und die Verfügung muß den Betrag bestimmt bezeichnen. Vgl. OVG. **40** 132, PrVBl. **22** 119.

[6]) Nach der Zustellung: § 52 Abs. 1 LVG. vbd. § 17 OrgG. Vgl. OVG. **11** 15, **14** 94, **19** 118.

[7]) Über das Verfahren der Spruchkammer und des OLKA. s. A. 4 zu § 29. Die Beschwerde hat aufschiebende Wirkung; doch kann die Ausführung der Verfügung angeordnet werden, wenn Aufschub nach dem Ermessen der Aufsichtsbehörde „Nachteil für das Gemeinwesen" bedeuten würde (§ 53 LVG.).

Mit der Beschwerde kann nur die vollständige oder teilweise Aufhebung der Verfügung, nicht die Erstattung des etwa gezahlten Betrages verlangt werden (PrVBl. **23** 6). Ist die Beschwerde rechtskräftig abgewiesen, so kann der LLV., wenn inzwischen festgestellt ist, daß er zur Leistung nicht verpflichtet ist, bei der Aufsichtsbehörde neuerdings die Aufhebung der Verfügung beantragen und gegen einen ablehnenden Bescheid wiederum Beschwerde nach § 33 Abs. 2 führen (OVG. **23** 108, **26** 141, **28** 69; PrVBl. **22** 119).

Die LKBehörde hat zu prüfen, ob die Förmlichkeiten (Rechtzeitigkeit der Beschwerde, Bestimmtheit des Geldbetrages [A. 5], Vorhandensein einer Begründung [A. 4], ausreichender

Zwischenraum zwischen Zahlungsaufforderung und Verfügung [A. 3]) beobachtet sind und ob die in der Verfügung bezeichnete Leistung dem LLV. nach Gesetz oder Satzung (s. A. 2) obliegt. Dagegen ist die Frage der Zweckmäßigkeit oder Angemessenheit (OVG. **13** 68, **14** 107, **19** 119, **20** 67, **25** 114, **26** 144, **29** 108, **46** 11), insbesondere auch die Frage, ob die Leistung den Kräften des LLV. entspricht (PrVBl. **33** 246), ihrer Prüfung entzogen. Ist die Verpflichtung zur Leistung in einem besonderen mit Rechtsmitteln ausgestatteten Verfahren festgestellt worden, so hat die LKBehörde auch nicht zu prüfen, ob der Verband zur Leistung verpflichtet ist; in diesem Fall beschränkt sich ihre Befugnis — abgesehen von der Prüfung der Förmlichkeiten — auf die Prüfung der Zuständigkeit der feststellenden Behörde (OVG. **14** 107, **27** 80, **35** 104, **46** 12, **58** 65).

## Vierter Abschnitt.

## Schlußvorschriften.

### § 34[1]).

1. Zuständigkeit der LKBeh. zur Aufnahme von Verhandlungen in Siedlungssachen.

(1) Der Präsident des Landeskulturamts kann den Vorsteher eines Kulturamts oder einen anderen Beamten der Landeskulturbehörde[2]) mit der Führung von Verhandlungen beauftragen, die den Erwerb von Grundstücken im Bezirke des Landeskulturamts[3]) zur Schaffung neuer Ansiedlungen oder zur Hebung bestehender Kleinbetriebe (§ 1 Abs. 1 des Reichssiedlungsgesetzes) zum Gegenstande haben[4]). Vor dem beauftragten Beamten kann auch die Auflassung der bezeichneten Grundstücke erklärt werden[5]).

(2) Die von dem Beamten beurkundeten Verträge und aufgenommenen Verhandlungen stehen den gerichtlichen Urkunden und Verhandlungen gleich, wenn sie in

der für die Gerichte vorgeschriebenen Form[6]) aufgenommen und unter Bezugnahme auf den erteilten Auftrag als Siedlungssachen bezeichnet sind[7])[8]).

[1]) Vorbild zu § 34: § 10 Abs. 2 OrgG. Vgl. ferner RAME. 26. 9. 1919 (RGBl. 1143) zu § 26 RSG. (A. 8 zu § 26 a. a. O.).

[2]) Räte des LKA., Vermessungs-, Bürobeamte usw. Der Beamte muß aber Dienstuntergebener des PräsLKA. sein; anderenfalls bedarf es der Genehmigung des (dem Beamten) vorgesetzten PräsLKA.

[3]) Ist ein VKA. beauftragt, so braucht das Grundstück nicht in seinem Geschäftsbezirk (§ 8 vgl. § 13 OrgG.) zu liegen. Er kann auch für ein in dem Bezirk eines anderen KA. liegendes Grundstück, das zu dem Bezirk des LKA. gehört, beauftragt werden.

[4]) Soweit es sich um die Begründung von Rentengütern oder Zukaufrentengütern durch Vermittlung der LKBeh. (§ 12 G. 7. 7. 1891) handelt, ist der VKA. oder der an seiner Stelle vom PräsLKA. (nach § 10 OrgG.) beauftragte Beamte ohnedies zuständig. Verhandlungen mit der Wirkung öffentlicher Urkunden (§ 55 V 20. 6. 1817 vbd. § 12 G. 7. 7. 1891) und den zur Eigentumsübertragung führenden (Rentenguts-) Rezeß aufzunehmen. § 34 hat daher nur für die Siedlungstätigkeit außerhalb eines förmlichen Rentengutsverfahrens Bedeutung. Vgl. AusschBer. 45 f.

Die Verhandlungen müssen auf Schaffung neuer Siedlungen oder auf Hebung bestehender kleiner Siedlungen abzielen. Der Hinweis auf § 1 Abs 1 RSG. deutet darauf hin, daß die Hebung bestehender kleiner Betriebe nur dann eine Siedlungstätigkeit i. S. des § 34 Abs 1 ist, wenn der Kleinbetrieb „höchstens auf die Größe einer selbständigen Ackernahrung" gehoben wird. Doch hängt die Zuständigkeit der LKBeh. nach § 34 Abs. 1 hiervon nicht ab. Der GBRichter wird die auf Grund der Verhandlungen beantragten Eintragungen auch dann nicht ablehnen dürfen, wenn die Größe einer selbständigen Ackernahrung überschritten wird. Er hat lediglich zu prüfen, ob die Verhandlungen die im Abs. 2 vorgeschriebene Form haben.

[5]) Diese Bestimmung bedeutet eine Neuerung. Bei der AusschBeratung wurde darauf hingewiesen, daß durch G. 13. 5. 1918 (GS. 51) auch den Notaren und zwar auch außerhalb des Gebietes des früheren rheinischen Rechts (Art. 26 AGBGB.) die Befugnis beigelegt sei, die Auflassungserklärung zu beurkunden (AusschBer. 45, 47).

[6]) Vgl. hierüber §§ 169—180 FGG.

[7]) § 10 Abs. 2 OrgG. verlangt in dem dort geregelten Fall die Bezeichnung als „Ödlandssachen". Die Bezugnahme auf den Auftrag des PräsLKA. ist im § 10 OrgG. nicht vorgeschrieben, wohl aber in dem dazu ergangenen LME. 29. 9. 1919 (LMBl. 293) zu II [3]. Die im Abs. 2 vorgeschriebene Form gilt auch für die Entgegennahme der Auflassung. Vgl. über die Form der Auflassung auch noch § 925 BGB., wonach die „Einigung des Veräußerers und des Erwerbers (Auflassung) . . . bei gleichzeitiger Anwesenheit beider Teile" vor dem Urkundsbeamten „erklärt werden" muß.

[8]) Die Zuständigkeit der LKBeh. in Siedlungssachen ist nicht umfassend, sondern nur in Einzelheiten geregelt. Vgl. insbesondere G. 7. 7. 1891 (Vermittlung der Begründung von Rentengütern, Ablösung der Rentengutsrenten, Gewährung von Baudarlehen), G. 17. 7. 1900 (Gewährung von Zwischenkredit), G. 10. 8. 1909 (Ansiedlungsgenehmigung). Ferner AGRSG. §§ 1 ff. (Enteignung zu Siedlungszwecken), § 11 Abs. 1 (die KA. als gSU. i. S. des § 1 RSG.), §§ 12 f. (Beschaffung von Arbeiterpachtland), §§ 15 ff. (Begründung der LLV.), § 29 (Entscheidung von Streitigkeiten über Zugehörigkeit zum LLV. und von Beschwerden über die Heranziehung zu Verbandsbeiträgen), § 33 (Entscheidung von Beschwerden über Zwangsetatisierung), § 35

(Genehmigung zur Abveräußerung von Teilen einer Siedlerstelle), § 36 (Entscheidung über Ansprüche der arbeitslos gewordenen Arbeiter aufgeteilter Güter auf Unterstützung), § 37 (Vorsitz des PräsLKA. im Provinzialsiedlungsausschuß).

Mit Bezug auf die Beschaffung von Arbeiterpachtland nach §§ 12f. AGRSG. bemerkte der LM. bei der Ausschußberatung: „Aus dem § 13 dürfe man nicht herauslesen, daß die KA. nur soweit einzuschreiten hätten, wie es dort vorgesehen sei, sondern er erwarte, daß die KA. nicht als bloße Zwangsbehörde arbeiten, sondern regelnd eingriffen und sich auf dem Gebiet einarbeiteten" (AusschBer. 28). Die neueren gesetzlichen und Verwaltungsvorschriften lassen das Streben erkennen, die LKBeh. in umfassender Weise mit der Leitung und Durchführung der inneren Besiedlung zu betrauen.

## § 35.

Zur Abveräußerung von Teilen einer Ansiedlungs- oder Zukaufsstelle (§ 1 Abs. 1 des Reichssiedlungsgesetzes)[1] ist die Genehmigung des Präsidenten des Landeskulturamts erforderlich[2]). Der gleichen Genehmigung bedarf die Teilung eines Grundstücks, das zu einer Ansiedlungs- oder Zukaufsstelle gehört[3]). Die Verfügungsbeschränkungen bedürfen zu ihrer Wirksamkeit der Eintragung im Grundbuch. Die Eintragung erfolgt auf Ersuchen des Vorstehers des Kulturamts[4]). 2. Beschränkung des Rechts zur Zerteilung von Ansiedlungsstellen.

[1]) Abveräußerung ist auch die Veräußerung, die im Wege der ZV. erfolgt (AusschBer. 50).

Die Veräußerungs- (und die Teilungs-) Beschränkung gilt für Siedlerstellen i. S. des § 1 Abs 1 RSG. Dazu gehören sowohl neu begründete Siedlungen, wie auch bestehende Stellen, die durch Hinzuerwerb von Land auf die Größe selbständiger Ackernahrungen gebracht sind. Ist hierüber hinaus Land zu einer bestehenden Stelle erworben worden, so liegt keine Siedlung i. S. des

§ 1 Abs. 1 a. a. O. vor („höchstens auf die Größe einer selbständigen Ackernahrung"). Ferner findet § 35 nur auf solche Siedlungen Anwendung, zu denen das Land auf Grund des RSG. „bereitgestellt" ist. Vgl. A. 4 zu § 13 RSG. Es ist nicht anzunehmen, daß jede beliebige Neusiedlung oder Siedlungsvergrößerung der Beschränkung des § 35 unterworfen werden sollte. Daher kommen nur in Betracht: die von einem gSU. i. S. des RSG. oder unter dessen Vermittlung ausgegebenen Stellen und die von einzelnen Gutsbesitzern ohne Mitwirkung des gSU. ausgegebenen Stellen, wenn die Aufsichtsbehörde des LLV. das dazu verwendete Land nach § 13 Abs. 3 RSG. als bereitgestellt anerkennt. (Pachtstellen scheiden für die Zerteilungsbeschränkung selbstverständlich aus).

Stellen, die durch Vermittlung des LKA. (früher der GK.) nach § 12 G. 7. 7. 1891, d. h. als Rentengut begründet sind, fallen nicht unter § 35, wenn ihre Begründung vor dem Inkrafttreten des AGRSG. erfolgt ist; in diesem Falle findet lediglich § 3 G. 27. 6 1890 und — nach Ablösung der Rente durch Eintritt der Rentenbank — § 4 G. 7. 7. 1891 Anwendung. Dagegen ist § 35 dann anzuwenden, wenn eine Stelle nach dem Inkrafttreten des AGRSG. unter der amtlichen Mitwirkung des LKA. wenn auch nicht als Rentengut (z. B. nach § 34) begründet ist. Die Anwendbarkeit des § 35 in diesem Falle folgt daraus, daß der LKA. durch § 11 Abs. 1 ausdrücklich als gSU. i. S. des RSG. anerkannt ist und die unter seiner amtlichen, wenn auch nicht geschäftlichen, Mitwirkung begründeten Siedlungen mindestens denselben Anspruch darauf haben, in ihrem Bestande geschützt zu werden, wie die von den provinziellen gSU. ohne Mitwirkung der LKBeh ausgegebenen Stellen. Auch sie sind Siedlungen i. S des RSG.

[2]) I F. des § 3 G. 27. 6. 1890 bedarf es nur der Genehmigung des LKA., nicht des PräsLKA. (§ 6 OrgG.).

J. F. des § 4 G. 7. 7. 1891 bedarf es ebenfalls der Genehmigung des VKA.; doch muß dieser zur Erteilung der Genehmigung die Einwilligung des PräsLKA. einholen (§ 16 II [3] OrgG). Auch i. F. des § 35 wird anzunehmen sein, daß die Genehmigung vom VKA. auszusprechen ist, der jedoch vorher die Zustimmung des PräsLKA. einzuholen hat.

Die Befugnis des VKA. zur Genehmigung der Zerteilung oder Abveräußerung nach § 3 G. 27. 6. 1890 wird durch § 35 beschränkt. Der VKA. kann diese Genehmigung nicht mehr ohne Einwilligung des PräsLKA. erteilen, wenn das Rentengut eine Ansiedlungs- oder Zukaufsstelle i. S. des § 1 Abs. 1 RSG. (A. 1) ist.

[3]) § 35 ist bei der Ausschußberatung in das G. eingefügt. Ursprünglich war beantragt, „die Zerteilung der Stelle oder die Abveräußerung von Teilen derselben" von der Genehmigung des PräsLKA abhängig zu machen, entsprechend den Vorschriften § 3 G. 27 6. 1890 und § 4 G. 7. 7. 1891. Diese Vorschriften stützen sich jedoch auf den Vorbehalt Art. 62 EGBGB („Unberührt bleiben die landesgesetzlichen Vorschriften über Rentengüter"), während die Abveräußerungs- und Teilungsbeschränkung des § 35 vor allem für Stellen gelten soll, die nicht Rentengüter sind. Hier kommen nur die Vorbehalte Art. 119 [1, 2] EGBGB. für die landesgesetzlichen Vorschriften über die Beschränkung der Veräußerung und der Teilung von Grundstücken und der getrennten Veräußerung von Grundstücken, die bisher zusammen bewirtschaftet worden sind, in Betracht. Mit Rücksicht hierauf erhob ein Regierungsvertreter gegen die Wahl des Ausdrucks „Zerteilung" (der Stelle) Bedenken. Er bemerkte: „Die Schwierigkeit liege in dem im Antrag verwendeten Begriff der Zerteilung. Dieser decke sich nicht mit dem Begriff der Teilung i. S. des Art. 119. Entsprechendes gelte vom Grundstücksbegriff des BGB. und der GBO.; dieser sei ein anderer als der des täglichen Lebens. Für den formellen Grundstücksbegriff sei

lediglich die Art der Eintragung im GB. entscheidend. Eine Siedlerstelle, deren Grundbesitz auf fünf verschiedenen GB.-Blättern oder zwar auf einem GBBlatt, aber unter fünf verschiedenen Nummern eingetragen stehe, bestehe im Rechtssinne, wenn sie auch im natürlichen Sinne nur ein Grundstück sei, aus fünf Grundstücken. Dementsprechend liege eine Teilung i. S. des GBRechts nur vor, wenn ein Grundstück im formalen Sinne grundbuchmäßig dadurch in Teile zerlegt werde, daß das bisher unter einer Nummer eingetragene Grundstück unter mehreren Nummern eingetragen oder von dem Grundstück ein Teil abgeschrieben werde. Nach dem Art. 119 könne nur die Teilung i. S. der GBO., nicht aber die Zerteilung im natürlichen Sinne beschränkt werden." (AusschBer. 49ff, 81f.). Mit Rücksicht hierauf erhielt S. 2 des § 35 seine gegenwärtige Fassung.

„Teilung" setzt nicht voraus, daß die Teile an verschiedene Eigentümer übergehen. Die Teilung ist daher auch dann genehmigungspflichtig, wenn die Teile sämtlich in der Hand des teilenden Eigentümers verbleiben (SeuffArch. 66 Nr. 210).

[4]) Die Zulässigkeit einer die Eintragung anordnenden landesgesetzlichen Vorschrift folgt aus Art. 119 [1 2] EGBGB.; s. A. 3. Die Verfügungsbeschränkungen des § 35 gelten nicht kraft Gesetzes (wie i. F. des § 4 G. 7. 7. 1891), sondern nur auf Grund ihrer Eintragung im GB. Dagegen brauchen sie nicht zwischen den Beteiligten vereinbart zu sein (wie dies § 3 G. 27. 6. 1890 voraussetzt). Die Eintragung erfolgt vielmehr auf Grund der gesetzlichen Vorschrift § 35. Sie geschieht in Abteil. II des GB. (§ 11 [2] AllgVGBO.).

Der VKA. hat das Ersuchen um Eintragung v. A. w. zu erlassen, wenn er von der Begründung der Stelle Kenntnis erhält. Die gSU. und die Aufsichtsbehörden des LVB. (s. A. 1) werden daher für die Fälle, in denen der VKA. nicht amtlich bei der Begründung der Stelle mitwirkt, anzuweisen sein, den VKA. zu benachrichtigen. Vor Erlaß des Ersuchens hat der VKA. zu prüfen, ob die Voraussetzungen des § 35 erfüllt sind. Lehnt er einen Antrag auf Erlaß des Ersuchens ab, so findet Beschwerde im Aufsichtswege (an den PräsLKA.) statt. Die Beteiligten selbst können die Eintragung nicht beantragen, auch dann nicht, wenn sie bei Begründung der Siedlung die Veräußerungsbeschränkungen ausdrücklich vereinbart haben. Ebensowenig ist das GBAmt befugt, diese Beschränkungen v. A. w. einzutragen.

## § 36.

3. Entschädigung der Gutsarbeiter i. F. der Besiedlung des Gutes.

(1) Bei der Besiedlung von Gütern oder Domänen soll das Siedlungsunternehmen[1]) die dort in Familienwohnungen wohnenden oder daselbst länger als zwei Jahre beschäftigten land- und forstwirtschaftlichen Arbeiter und Angestellten[2]) auf Wunsch nach Möglichkeit in Eigen- oder Pachtstellen[3]) ansiedeln.

(2) Werden die Arbeiter und Angestellten infolge der Besiedlung von Gütern oder Domänen vorübergehend oder für längere Zeit arbeitslos, so hat ihnen das Siedlungsunternehmen, sofern sie nicht nach Abs. 1 angesiedelt werden oder sofern ihnen nicht angemessene Arbeit nachgewiesen werden kann, bis zu einem halben Jahre eine Unterstützung zu gewähren, die nicht weniger betragen darf, als drei Viertel des entgangenen Arbeitsverdienstes. Wird ein Wohnungswechsel notwendig, so hat das Siedlungsunternehmen den vorgenannten Arbeitern und Angestellten die Kosten des Umzugs zu ersetzen[4]).

(3) Über die Ansprüche nach Abs. 2[5]) entscheidet die Spruchkammer des Landeskulturamts. Gegen den Beschluß der Spruchkammer ist binnen zwei Wochen Beschwerde an das Oberlandeskulturamt zulässig[6]). Die Hälfte der dem Siedlungsunternehmen hieraus erwachsenden Kosten[7]) werden aus der Staatskasse erstattet.

[1]) Es braucht kein gSU. zu sein.

[2]) Verwalter, Gutssekretäre usw.

[3]) Vgl. § 13 Abs. 3 RSG. Verpachtung von Land nach §§ 22, 23 RSG., §§ 12, 13 AGRSG. ist keine Ansiedlung in einer Pachtstelle. Ansiedlung erfordert, daß das Pachtland mindestens die Größe einer selbständigen Ackernahrung (§ 1 Abs. 1 RSG.) hat und mit einem Gehöft versehen ist.

[4]) Vgl. § 19 Abs. 2 KaliG. 25. 5. 1910 (RGBl. 775) in der Fassung des G. 21. 6. 1916 (RGBl. 559) zu V und Art. V TabakG. 12. 6 1916 (RGBl. 507), wo für die Kali- und Tabakarbeiter ähnliche Vorschriften getroffen sind (AusschBer. 86). — Die Arbeiter und Angestellten verlieren den Anspruch auf Unterstützung, wenn sie eine ihnen nachgewiesene angemessene Arbeit nicht übernehmen. Vgl. AusschBer. 88 f.

[5]) D. h. die Ansprüche auf Unterstützung und Erstattung von Umzugskosten. Aus Abs. 1 entstehen keine Rechtsansprüche gegen das Siedlungsunternehmen.

[6]) Das Verfahren der Spruchkammer und des OLKA ist das Beschlußverfahren nach dem LVG. Vgl. § 17 OrgG. — Die Vollstreckung der erlassenen Entscheidung erfolgt nach § 28 OrgG.

[7]) D h. der Kosten, die zur Erfüllung der Ansprüche aus Abs. 2 aufzuwenden sind (SitzBer. 8065).

## § 37.

4. Provinzialsiedlungsausschuß.

(1) Für jede Provinz ist ein Ausschuß für Siedlungswesen — Provinzialsiedlungsausschuß — einzurichten [1]). Er besteht aus dem Präsidenten des Landeskulturamts als Vorsitzenden, aus Vertretern der am Siedlungswesen beteiligten Behörden und Körperschaften [2]) und aus Vertrauensleuten der Ansiedler und der alten Besitzer der Provinz, (§ 1 Abs. 2 des Reichssiedlungsgesetzes). Die Vertrauensleute werden vom Provinzialausschuß und von

der Landwirtschaftskammer der Provinz je zur Hälfte gewählt[3]).

(2) Der Präsident des Landeskulturamts kann außerdem Personen, die im Siedlungswesen besonders erfahren sind, bis zu einem Viertel der gewählten Mitglieder[4]) in den Provinzialsiedlungsausschuß berufen.

(3) Die näheren Bestimmungen über die Siedlungsausschüsse erläßt der Minister für Landwirtschaft, Domänen und Forsten[5]).

[1]) Wo der Bezirk eines LKA. mehrere Provinzen umfaßt, ist gleichwohl für jede Provinz ein besonderer Siedlungsausschuß einzurichten (AusschBer. 84).

[2]) Oberpräsident, Regierungspräsident, KA., Landesversicherungsanstalten, Krankenkassen (AusschBer. 82), Landwirtschaftskammern (das. 83). Der PräsLKA. kann auch Beamte z. B. Räte des LKA. als Berichterstatter ohne Stimmrecht zuziehen (AusschBer. 84).

[3]) Vom Provinzialausschuß und der Landwirtschaftskammer zu wählen sind nur die Vertrauensleute (der Ansiedler und der alten Besitzer), nicht etwa die Vertreter (der beteiligten Behörden und Körperschaften). Die letzteren werden von den betreffenden Behörden und Körperschaften ernannt (SitzBer. 8066).

[4]) Also der „Vertreter" und der „Vertrauensleute" (A. 3).

[5]) § 1 Abs. 2 RSG. bestimmt: „An der Aufsicht über das Siedlungswesen sind Vertrauensleute der Ansiedler und der alten Besitzer mit beschließender Stimme nach näherer Bestimmung der Bundesstaaten zu beteiligen." § 37 dient zur Ausführung dieser reichsgesetzlichen Vorschrift (AusschBer. 82). Er trifft aber nur über die Zusammensetzung der Aufsichtsstelle Bestimmung; über die Aufsichtsbefugnisse, die ihr zustehen sollen, sagt er nichts. Die Vorschriften über die Zusammensetzung des Provinzial-Siedlungsausschusses sind überdies un-

vollständig. So fehlen Angaben über die Gesamtzahl der Mitglieder, über die Art ihrer Entschädigung, insbesondere bei Reisen u. a. m. Alle „näheren Bestimmungen" soll nach Abs. 3 der LM. im Verordnungswege erlassen. Dem LM. ist damit eine umfassende Vollmacht erteilt, sowohl die inneren wie die äußeren Verhältnisse des Provinzialsiedlungsausschusses, insbesondere auch die diesem zustehenden Befugnisse, zu regeln.

## § 38.

5. Änderung des G. 7. 7. 1891. Der § 7 Absatz 2 des Gesetzes, betreffend die Beförderung der Errichtung von Rentengütern, vom 7. Juli 1891 (Gesetzsamml. S. 279) in der Fassung des § 6 des Gesetzes zur Förderung der Ansiedlung vom 8. Mai 1916 (Gesetzsamml. S. 51) wird dahin abgeändert, daß:

1. die Worte in Zeile 2 und 3 „einer Körperschaft oder Anstalt des öffentlichen Rechtes" gestrichen werden;
2. folgender Absatz hinter dem 2. Absatz eingeschaltet wird [1]):

[1]) S. die neue Fassung des § 7 G. 7. 7. 1891 unten Abteil. II Nr. III.

## § 39.

6. Aufhebung der VkV. 23. 12. 1918. Die Verordnung, betreffend das gesetzliche Vorkaufsrecht an land- und forstwirtschaftlichen Besitzungen, vom 23. Dezember 1918 (Gesetzsamml. 1919 S. 3) wird aufgehoben [1]).

[1]) S. Vorbem. zu §§ 4 ff. RSG. — Die VkV. ist außerdem noch durch einen besonderen Beschluß der LVers. (SitzBer. 8071) außer Kraft gesetzt. Dieser Beschluß hat neben § 39 AGRSG. keine besondere Bedeutung.

## § 40.

7. Inkrafttreten des G. und Ausführung. Das Gesetz tritt am Tage der Verkündung in Kraft [1]). Die zuständigen Minister [2]) führen das Gesetz aus.

[1]) Die das G. enthaltende Nr. der GS. ist am 26. 1. 1920 ausgegeben. Mit diesem Tage ist also das AGRSG. in Kraft getreten.

[2]) In erster Reihe der LM. Daneben der VWM. und überall, wo es sich um die Verhältnisse der gSU. handelt, an denen der Staat finanziell beteiligt ist, überhaupt in allen Fragen, bei denen finanzielle Verpflichtungen des Staates in Frage kommen, der FM. Außerdem kommen für gewisse Angelegenheiten auch der JustM., der MdJ. und der MöA. (vgl. § 2 Abs. 2) in Betracht.

## Zweite Abteilung.

# Die Gesetze über Gründung neuer Siedlungen.

## I.

## Gesetz, betr. die Beförderung deutscher Ansiedlungen in den Provinzen Westpreußen und Posen.

Vom 26. April 1886. (GS. S. 131.)

Vorbemerkung.

Das G. ist durch G. 20. 4. 1898 wegen Abänderung des G. 26. 4. 1886, betr. die Beförderung deutscher Ansiedelungen in den Provinzen Westpreußen und Posen (GS. 63), durch Art. I G. betr. Maßnahmen zur Stärkung des Deutschtums in den Provinzen Westpreußen und Posen, 1. 7. 1902 (GS. 234), durch Art. I G. über Maßnahmen zur Stärkung des Deutschtums in den Provinzen Westpreußen und Posen, 20. 3. 1908 (GS. 29) und durch V. 12. 3. 1919 wegen Aufhebung der §§ 13–22 des G. (GS 51) geändert worden. Die V. 12. 3. 1919 hat die Genehmigung der LVerf. erhalten. Die Änderungen, soweit sie nicht in der Aufhebung von Vorschriften bestehen, sind durch fetten Druck hervorgehoben.

Infolge der Änderung der östlichen Grenzen ist das G. 26. 4. 1886 gegenstandslos geworden. Es ist aber in der nachstehenden Gestalt zurzeit noch in Kraft und wird mit Rücksicht darauf, daß es das erste Rentengutsgesetz und das Vorbild des späteren G. 27. 6. 1890 war, hier mit abgedruckt.

## § 1.

(1) Der Staatsregierung wird ein Fonds von 550[1]) Millionen Mark zur Verfügung gestellt, um zur Stärkung des deutschen Elements in den Provinzen Westpreußen und Posen gegen polonisierende Bestrebungen durch Ansiedelung deutscher Bauern und Arbeiter 1 Zweck des Gesetzes.

1. Grundstücke[2]) zu erwerben,

1a) **Die Ansiedlung von selbständigen deutschen Arbeitern auf größeren Rentengütern (§ 7a) und auf anderen größeren Gütern durch Prämien zu fördern**[3]),

2. soweit erforderlich, diejenigen Kosten zu bestreiten, welche entstehen
   a) aus der erstmaligen Einrichtung,
   b) aus der erstmaligen Regelung der Gemeinde-Kirchen- und Schulverhältnisse

   neuer Stellen von mittlerem oder kleinem Umfange oder ganzer Landgemeinden, mögen sie auf besonders dazu **erworbenen**[4]) (Nr. 1) oder auf sonstigen, dem Staate gehörigen Grundstücken errichtet werden.

**Auch die Bildung größerer Restgüter ist zulässig**[5]).

(2) Mit der [6]) Erwerbung von Grundstücken ist nur in dem Umfange vorzugehen, daß hinlängliche Mittel zur Bestreitung der nach Nr. 2 erforderlichen Kosten übrig bleiben.

[1]) Ursprünglich waren nur 100 Millionen Mark ausgeworfen. Der Betrag wurde durch Nr. 1 G. 20. 4. 1898 auf 200, durch Art. I G. 1. 7. 1902 auf 350 und durch Art. I[1] G. 20. 3. 1908 auf 550 Millionen erhöht. Art. I[1] a. a. O. bestimmt zugleich, daß von den zusätzlichen 200 Millionen ein Betrag von 75 Millionen Mark „zur Umwandlung bäuerlicher Güter in Ansiedelungsrentengüter und zur Förderung der Seßhaftmachung von Arbeitern auf dem Lande zu verwenden sind".

[2]) Im ursprünglichen Text war hier das Wort „käuflich" eingeschaltet. Seine Streichung beruht auf Art. I[2] G. 20. 3. 1908

[3]) Die Bestimmung zu 1a ist durch Art. I[3] G. 20. 3. 1908 hinzugesetzt.

[4]) Im ursprünglichen Text „angekauften". Die Änderung beruht auf Art. I[2] G. 20. 3. 1908.

[5]) Der letzte Satz fehlte im G. 26. 4. 1886. Durch Nr. 2 G. 20. 4. 1898 wurde dem Abs. 1 des § 1 als letzter Satz hinzugefügt: „In Ausnahmefällen ist auch die Bildung größerer Restgüter zulässig". Durch Art. I[2] G. 20. 3. 1908 erhielt der Satz seine gegenwärtige Fassung.

[6]) Im ursprünglichen Text war hier das Wort „käuflichen" eingeschaltet. Die Streichung beruht auf Art. I[2] G. 20. 3. 1908.

## § 2.

2. Schadloshaltung des Staates.

(1) Bei Überlassung der einzelnen Stellen (§ 1) ist eine angemessene Schadloshaltung des Staates vorzusehen.

(2) Die Überlassung kann zu Eigentum gegen Kapital oder Rente, oder auch in Zeitpacht erfolgen.

## § 3.

3. Rentengut.

(1) Erfolgt die Überlassung der Stelle (§ 2) gegen Übernahme einer festen Geldrente (Rentengut), so kann

die Ablösbarkeit der letzteren von der Zustimmung beider Teile abhängig gemacht werden.

(2) Die Feststellung des Ablösungsbetrages und der Kündigungsfrist bleibt der vertragsmäßigen Bestimmung überlassen. Von dem Rentenberechtigten darf jedoch ein höherer Ablösungsbetrag als der fünfundzwanzigfache Betrag der Rente nicht gefordert werden, wenn die Ablösung auf seinen Antrag erfolgt.

(3) Bei der Eintragung der Rente in das Grundbuch müssen die Abreden über den Ausschluß der Ablösbarkeit, sowie über die Feststellung des Ablösungsbetrages und der Kündigungsfrist in das Grundbuch eingetragen werden. Ist dies nicht geschehen, so gilt Dritten gegenüber die das Grundstück belastende Rente als eine solche, welche von dem Verpflichteten nach sechsmonatiger Kündigung mit dem zwanzigfachen Betrage abgelöst werden kann[1]).

[1]) § 3 stimmt fast wörtlich überein mit § 1 Abs. 1—3 G. 27. 6. 1890.

## § 4.

Den festen Geldrenten sind gleich zu achten diejenigen festen Abgaben in Körnern, welche nach dem jährlichen, unter Anwendung der §§ 20—25 des Ablösungsgesetzes vom 2. März 1850 ermittelten Marktpreise in Geld abzuführen sind[1]). 4. Körnerrente.

[1]) § 4 stimmt in der Sache überein mit § 2 G. 27. 6. 1890.

## § 5.

Sofern bei Veräußerung einer Stelle gegen eine Rente der Eigentümer des Renteguts vertragsmäßig in seiner Verfügung dahin beschränkt wird, daß die Zulässigkeit einer Zerteilung des Grundstücks oder der Abveräußerung 5. Verfügungsbeschränkung des Rentengutserwerbers.

von Teilen desselben von der Zustimmung des Rentenberechtigten abhängig sein soll, so kann die versagte Einwilligung durch richterliche Entscheidung der Auseinandersetzungsbehörde ergänzt werden, wenn die Zerteilung oder Abveräußerung im gemeinwirtschaftlichen Interesse wünschenswert erscheint[1]).

[1]) § 5 stimmt fast wörtlich überein mit § 3 G. 27. 6. 1890.

## § 6.

6. Erhaltung der wirtschaftlichen Selbständigkeit des Rentenguts.

Ist dem Erwerber eines Rentenguts vertragsmäßig die Pflicht auferlegt, die wirtschaftliche Selbständigkeit der übernommenen Stelle durch Erhaltung des baulichen Zustandes darauf befindlicher oder darauf zu errichtender Gebäude, durch Erhaltung eines bestimmten landwirtschaftlichen Inventars auf derselben oder durch andere Leistungen dauernd zu sichern, so kann der Verpflichtete durch richterliche Entscheidung der Auseinandersetzungsbehörde von seiner Verpflichtung befreit werden, wenn der Aufrechthaltung der wirtschaftlichen Selbständigkeit der Stelle überwiegende gemeinwirtschaftliche Interessen entgegenstehen[1]).

[1]) § 6 stimmt fast wörtlich überein mit § 4 G. 27. 6. 1890.

## § 7.

7. Kündigung der Rente durch den Rentenberechtigten.

Wird im Falle des § 5 die Zustimmung des Rentenberechtigten ergänzt oder wird im Falle des § 6 die Befreiung des Verpflichteten ausgesprochen, so kann der Rentenberechtigte, wenn im Vertrage nicht etwas anderes bestimmt ist, die Ablösung der ganzen Rente zum fünfundzwanzigfachen Betrage verlangen[1]).

[1]) § 7 stimmt fast wörtlich überein mit § 5 G. 27. 6. 1890.

## § 7a.

**Der Staatsregierung wird ein Fonds von 50 Millionen Mark zur Verfügung gestellt, um größere Güter mit der Bestimmung zu erwerben, sie im ganzen oder geteilt als Rentengüter (§§ 3 bis 7) gegen vollständige Schadloshaltung des Staates zu veräußern[1]).** 8. Erwerb größerer Güter zur Rentengutsbildung.

[1]) § 7a ist durch Art. I [4] G. 20. 3. 1908 in das G. eingefügt.

## § 8.

Die Beträge, welche der Staat als Schadloshaltung (§ 2 **und § 7a**) [1]) erhält, sowie die Einnahmen aus wiederveräußerten Grundstücken und aus Zwischennutzungen sind alljährlich in den Staatshaushalts-Etat aufzunehmen und fließen — soweit sie nicht aus der Veräußerung von Domänen und Forsten herrühren —[2]) zu dem im § 1 bezeichneten Fonds[3]). 9. Behandlung der aufkommenden Renten.

[1]) Der Zusatz „und § 7a" beruht auf Art. I [5] G. 20. 3. 1908.

[2]) In dem ursprünglichen Text standen hier die Worte „bis zum 31. März 1907". Die Streichung beruht auf Nr. 3 G. 20. 4. 1898.

[3]) Der ursprüngliche Text hatte noch den Abs. 2 „Von dem letzteren Zeitpunkte ab treten diese Einnahmen den allgemeinen Staatseinnahmen zu". Die Streichung beruht auf Nr. 3 G. 20. 4. 1898.

## § 9

fällt aus[1]).

[1]) § 9 handelte von der Aufbringung der nach § 1 erforderlichen Beträge. Seine Streichung beruht auf Art. I [6] G. 20. 3. 1908. Er ist ersetzt durch Art. III G. 20. 3. 1908 (GS. 29).

## § 10.

10. Kostenfreiheit. Die aus Anlaß der §§ 1, 2, 7a[1]) dieses Gesetzes stattfindenden Akte der nichtstreitigen Gerichtsbarkeit, einschließlich der grundbuchrichterlichen Tätigkeit[2]), sowie das Verfahren vor der Auseinandersetzungsbehörde sind stempel- und kostenfrei[3]).

[1]) Der Zusatz „§ 7a" beruht auf Art. I 7 G. 20. 3. 1908.

[2]) Vgl. § 9 G. 8. 5. 1916.

[3]) Im G. 27. 6. 1890 fehlt diese Kostenvorschrift.

## § 11.

11. Rechnungslegung der Staatsregierung. (1) Dem Landtage ist jährlich über die Ausführung dieses Gesetzes, insbesondere über die erfolgten **Erwerbungen und Veräußerungen**[1]), die Ansiedelungen oder deren Vorbereitung und die Verwaltung der **erworbenen**[1]) Güter Rechenschaft zu geben.

(2) Über die gesamten Einnahmen und Ausgaben des im § 1 **und im § 7a**[2]) genannten Fonds ist nach Maßgabe der für den Staatshaushalt bestehenden Vorschriften Rechnung zu legen.

[1]) Im ursprünglichen Text standen die Worte „Ankäufe und Verkäufe" und „angekauften". Die Änderung beruht auf Art. I 8 G. 20. 3. 1908.

[2]) Die Worte sind zugesetzt durch Art. I 8 G. 20. 3. 1908.

## § 12.

12. Ansiedlungskommission. (1) Die Ausführung dieses Gesetzes wird, soweit solche nach den Bestimmungen des **Art. III**[1]) nicht durch den Finanzminister erfolgt, einer besonderen Kommission übertragen, welche dem Staatsministerium unterstellt ist.

(2) Die näheren Bestimmungen über die Zusammensetzung, den Sitz, den Geschäftskreis und die Befugnisse

der Kommission erfolgen im Wege Königlicher Verordnung [2]).

(3) **Der Kommission sollen zwei Mitglieder angehören, von denen je eins auf Grund einer mindestens drei Personen enthaltenden Vorschlagsliste der Landwirtschaftskammern für die Provinzen Posen und Westpreußen ernannt wird.**

(4) **Das Regulativ, welches den Geschäftskreis und die Befugnisse der Kommission regelt, ist dem Landtage zur Kenntnis mitzuteilen [3]).**

(5) Die persönlichen und sächlichen Verwaltungsausgaben sind aus dem im § 1 genannten Fonds zu bestreiten. Dieselben sind nach Maßgabe der durch Königliche Verordnung getroffenen Einrichtungen vom 1. April 1887 ab in den Staatshaushalts-Etat einzustellen.

[1]) Im ursprünglichen Text stand „**§ 9**". Die Änderung beruht auf Art. I [9] G. 20. 3. 1908. Der angeführte Art. III ist der des G. 20. 3. 1908, der an die Stelle des § 9 G. 26. 4. 1886 getreten ist und die Beschaffung der Geldmittel regelt (A. 1 zu § 9).

[2]) Die letzte Verordn. ist am 29. 9. 1908 (GS. 195) erlassen.

[3]) Die Abs. 3, 4 sind durch Art. I [9] G. 20. 3. 1908 eingefügt.

## §§ 13–22

fallen aus [1]).

[1]) Die durch Art. I [10] G. 20. 3. 1908 eingefügten §§ 13—22 handeln von der Enteignung zur Beschaffung von Land für deutsche Ansiedlungen in Westpreußen und Posen. Sie sind aufgehoben durch V. 12. 3. 1919 (GS. 51).

II.

# Gesetz über Rentengüter.

Vom 27. Juni 1890. (GS. S. 209.)

Vorbemerkung. Das G. 27. 6. 1890 ist den §§ 3—7 G. 26. 4. 1886 (oben I) nachgebildet. Seine unmittelbare Einwirkung auf die innere Siedlung ist äußerst gering gewesen. Es bildet aber den Ausgangspunkt und die Grundlage des G. 7. 7. 1891 (unten III) und behält insofern auch künftig seine Bedeutung.

## § 1.

1. Begriff des Rentengutes.

(1) Die eigentümliche Übertragung eines Grundstücks gegen Übernahme[1]) einer festen Geldrente[2]) (Rentengut), deren Ablösbarkeit von der Zustimmung beider Teile abhängig gemacht wird[3]), ist zulässig.

(2) Die Feststellung des Ablösungsbetrages und der Kündigungsfrist bleibt der vertragsmäßigen Bestimmung überlassen. Von dem Rentenberechtigten darf jedoch ein höherer Ablösungsbetrag als der fünfundzwanzigfache Betrag der Rente nicht gefordert werden, wenn die Ablösung auf seinen Antrag erfolgt.

(3) Bei der Eintragung der Rente in das Grundbuch müssen die Abreden über den Ausschluß der Ablösbarkeit, sowie über die Feststellung des Ablösungsbetrages und der Kündigungsfrist in das Grundbuch eingetragen werden. Ist dies nicht geschehen, so gilt Dritten gegenüber die das Grundstück belastende Rente als eine solche, welche von dem Verpflichteten nach sechsmonatiger Kündigung mit dem zwanzigfachen Betrage abgelöst werden kann[4]).

(4) Das Rentengut muß frei von den Hypotheken und Grundschulden des Grundstücks, von dem es abgetrennt wird, begründet werden[5]).

(5) Auf die Veräußerung zum Zwecke der Bildung von Rentengütern finden die gesetzlichen Bestimmungen über den erleichterten Abverkauf von Grundstücken Anwendung mit der Maßgabe, daß das Unschädlichkeitsattest auch bei der Abveräußerung größerer Trennstücke erteilt werden kann, wenn die Sicherheit der Realberechtigten dadurch nicht vermindert wird[6]) [7]).

[1]) „Gegen Übernahme" bedeutet, daß die Rente als Reallast, die auf dem veräußerten Grundstück haftet, eingetragen werden muß. — Es ist nicht nötig, daß der ganze Entgelt (Preis) in der Form der Rente berichtigt wird; neben der Rente kann auch ein Kaufpreis vereinbart sein, der bar zu zahlen ist (Anzahlung) oder gestundet und hypothekarisch eingetragen wird. Aber die Rente muß ein wesentlicher Teil des Entgelts, sie darf nicht nur eine Nebenleistung oder gar eine Scheinrente von verschwindender Höhe (M. 1.—) sein. Im Gegensatz hierzu hat jedoch das KG. in einem Falle eine Rente von M. 1.— für ausreichend erklärt (DJZ. 1913 S. 877). Vgl. aber auch KG. 12. 7. 1906 Nr. 794/67, 8. 1. 1912 (bei Güthe, Die GBO. 2 1361 A. 35), OLG. 18 154, Recht 1906 S. 1385.

[2]) Keine feste Geldrente ist die Tilgungsrente, durch die ein Kapital gleichzeitig verzinst und innerhalb bestimmter Zeit abgetragen wird. Eine solche Tilgungsrente ist auch die Rentenbankrente. Doch kommt ein Rentengut zustande, wenn eine feste Geldrente nach § 12 G. 7. 7. 1891 vor ihrer Übernahme durch Vermittlung der Rentenbank abgelöst und dem Grundstück eine Rentenbankrente auferlegt wird (ZfLKGG. 37 52). Dasselbe wird auch anzunehmen sein, wenn statt der Rentenbankrente gemäß § 11 G. 7. 7. 1891 eine Domänentilgungsrente übernommen wird, da diese

an die Stelle der Rentenbankrente tritt. — Den festen Geldrenten sind ausdrücklich gleichgestellt die Körnerrenten des § 2.

[3]) Dies war nach § 91 Abs. 4 AblG. 2. 3. 1850 (GS. 77) und den ihm nachgebildeten Vorschriften der neueren Ablösungsgesetze nicht zulässig.

[4]) Vgl. § 91 Abs. 3 AblG. 2. 3. 1850.

[5]) Freiheit von Hypotheken und Grundschulden i. S. des Abs. 4 gehört zum Begriff des Rentenguts. Erfolgt daher die Begründung des Rentengutes durch Vermittlung des VKA. (§ 12 G. 7. 7. 1891), so ist dieser verpflichtet, für die Freistellung zu sorgen, aber auch befugt, um Löschung der Hypotheken usw. zu ersuchen. Die Löschung erfolgt dann auf Grund seines Ersuchens (§ 39 GBO.). Die Löschungsbewilligung des Gläubigers braucht er dem Ersuchen nicht beizufügen, wohl aber den Hypotheken- usw. Brief. Vgl. KGJ. **41** 185, **43** 197.

[6]) Über Erteilung von UZ. s. G. 3. 3. 1850 (GS. 145), G. 12. 4. 1885 (GS. 115), G. 24 4. 1886 (GS. 139), G. 25. 3. 1889 (GS. 65), Art. 19, 20 AGBGB., Art. 20 AGGBO. Bei landschaftlich beliehenen Gütern stellt die Kreditdirektion das UZ. aus, auch dann, wenn die Begründung des Rentengutes durch Vermittlung des VKA. erfolgt (Sterneberg und Pelzer, Die PrRGGesetze, 120), im übrigen der VKA.; vgl. jedoch § 16 II [9] OrgG. Keine Anwendung findet Abs. 5, wenn das abveräußerte Trennstück nicht unmittelbar als Rentengut begründet werden soll, sondern zunächst von einem Siedlungsunternehmer erworben wird, der es seinerseits als Rentengut weiterveräußern will. Denn in diesem Falle erfolgt die Veräußerung nicht (unmittelbar) zum Zwecke der Bildung von Rentengütern. Die Ausstellung des UZ. ist daher in diesem Falle auch nicht nach § 12 G. 7. 7. 1891 gebühren- und stempelfrei: JustME. 16. 1. 1919 (JustMBl. 281). Im Gegensatz hierzu will OLKG. 31. 5. 1918 Nr. 175 (Gutachten) die

Ausstellung des UZ. nach § 1 Abs. 5 G. 27. 6. 1890 (und § 10 G. 8. 5. 1916) auch in diesem Falle zulassen und Gebühren- und Stempelfreiheit (vgl. auch § 9 G. 8. 5. 1916) gewähren.

Nach § 10 G. 8. 5. 1916 ist die Vorschrift § 1 Abs. 5 auf alle Veräußerungen zur Errichtung ländlicher Stellen mittleren und kleineren Umfangs ausgedehnt. Die Errichtung braucht also nicht mehr in der Form des Rentengutes zu geschehen. Vgl. Abschn. V der AusfB. 28. 11. 1916 (unten VII).

Über Kosten und Stempel für Ausstellung des UZ. s. auch § 9 G. 8. 5. 1916 und § 26 RSG.

[7]) Die Begründung des Rentengutes erfordert gerichtlichen oder notariellen Abschluß des Vertrages (Rentengutsvertrages): § 313 BGB. Doch genügt bei der Ausgabe von Rentengütern durch den Staat die (einfache) Schriftform: Art. 12 § 1 Abs. 1 AGBGB. Über „Rentengutsvertrag" und Rentengutsrezeß bei Begründung des Rentengutes durch Vermittlung des BKA. s. § 12 G. 7. 7. 1891 und A. dazu.

Rentengüter können mit einem — dem BGB. unbekannten — dinglichen Wiederkaufsrecht belastet werden: Art. 29 AGBGB. Die darüber erlassenen näheren Vorschriften entsprechen in der Hauptsache den §§ 1094—1104 BGB. über das schuldrechtliche Wiederkaufsrecht.

## § 2.

Den festen Geldrenten sind gleich zu achten diejenigen festen Abgaben in Körnern, welche nach dem jährlichen, unter Anwendung der Ablösungsgesetze[1]) ermittelten Marktpreise in Geld abzuführen sind[2]). 2. Körnerrente.

[1]) §§ 18—27, 67, 68, 71, 72 AblG. 2. 3. 1850 (GS. 77); G. 19. 3. 1860 (GS. 98); G. 11. 6. 1873 (GS. 356) [ältere Provinzen]; §§ 6, 7 AblG. 28. 5. 1860 (GS. 221) [Hohenzollern]; §§ 5, 6 AblG. 15. 2. 1872 (GS. 165) [Reg. Bez.

Wiesbaden]; §§ 14—24, 45, 49, 50 AblG. 3. 1. 1873 (GS. 3) [Schleswig-Holstein]; §§ 5, 7 AblG. 23. 7. 1876 (GS. 357) [Reg. Bez. Kassel]; §§ 14, 15 HannAblO. 23. 7. 1833 [Hannover].

²) Vgl. A. 2 zu § 1.

## § 3.

3. Verfügungsbeschränkung des Rentenguts-erwerbers.

Sofern bei Veräußerung eines Grundstücks gegen eine Rente der Erwerber des Rentenguts vertragsmäßig in seiner Verfügung dahin beschränkt wird, daß die Zulässigkeit einer Zerteilung des Grundstücks oder der Abveräußerung von Teilen desselben von der Zustimmung des Rentenberechtigten abhängig sein soll[1]), so kann die versagte Einwilligung durch richterliche Entscheidung der Auseinandersetzungsbehörde[2]) ergänzt werden, wenn die Zerteilung oder Abveräußerung im gemeinwirtschaftlichen[3]) Interesse wünschenswert erscheint[4]).

¹) Eintragung im GB.: KGJ. **39** 205, **45** 220, **47** 309, **51** 232. Verbot der Veräußerung im Ganzen ist nicht eintragungsfähig: KGJ. **45** 220.

²) Jetzt: des LKA.: §§ 9, 21 OrgG.; Beschwerde gegen dessen Entscheidung: § 24 das.; weitere Beschwerde an das OLKA.: § 25 das.

³) Im Text des Gesetzes stand „gemeinschaftlichen"; s. die Druckfehlerberichtigung GS. 1890 S. 274.

⁴) § 3 gilt nicht bei den nach dem BesitzbefestigungsG. 26. 6. 1912 (GS. 183) begründeten Rentengütern (§ 3 S. 2 a. a. O.). Andererseits führt § 35 AGRSG. eine ähnliche *gesetzliche* Veräußerungsbeschränkung bei allen Ansiedlungs- und Zukaufsstellen i. S. des § 1 Abs. 1 RSG. ein; s. hierüber die Erläut. zu § 35, besonders A. 2.

## § 4.

Ist dem Erwerber eines Rentenguts vertragsmäßig die Pflicht auferlegt, die wirtschaftliche Selbständigkeit des übernommenen Grundstücks durch Erhaltung des baulichen Zustandes darauf befindlicher oder darauf zu errichtender Gebäude, durch Erhaltung eines bestimmten landwirtschaftlichen Inventars auf demselben oder durch andere Leistungen dauernd zu sichern[1]), so kann der Verpflichtete durch richterliche Entscheidung der Auseinandersetzungsbehörde[2]) von seiner Verpflichtung[3]) befreit werden, wenn der Aufrechterhaltung der wirtschaftlichen Selbständigkeit des Grundstücks überwiegende gemeinwirtschaftliche[4]) Interessen entgegenstehen[5]). 4. Erhaltung der wirtschaftlichen Selbständigkeit des Gutes.

[1]) Vgl. § 4 G. 7. 7. 1891, § 8 AnerbG. 8. 6. 1896 (GS. 124).

[2]) Über die Zuständigkeit des BKA. und die Rechtsmittel gegen seine Entscheidung s. A. 2 zu § 3.

[3]) Eintragung der Verpflichtung im GB.: KGJ. **39** 205, **45** 220; DJZ. 1909 S. 661. — Sicherung der Verpflichtung durch Eintragung eines Wiederkaufsrechts: Art. 29 § 3 AGBGB.; vgl. KGJ. **26** 118, **42** 207, **43** 191.

[4]) S. A. 3 zu § 3.

[5]) § 4 gilt nicht bei den nach dem BesitzbefestigungsG. 26. 6. 1912 (GS. 183) begründeten Rentengütern (§ 3 S. 2 a. a. O.).

## § 5.

Wird im Falle des § 3 die Zustimmung des Rentenberechtigten ergänzt oder wird im Falle des § 4 die Befreiung des Verpflichteten ausgesprochen, so kann der Rentenberechtigte, wenn im Vertrage nicht etwas Anderes bestimmt ist, die Ablösung der ganzen Rente zum fünfundzwanzigfachen Betrage verlangen. 5. Kündigung der Rente durch den Rentenberechtigten.

III.

# Gesetz, betr. die Beförderung der Errichtung von Rentengütern.

Vom 7. Juli 1891. (GS. S. 279.)

Vorbemerkung.

*Zur Ausführung des G 7. 7. 1891 sind ergangen:*

a) AusfE. des JustM., FM. und LM. 16. 11. 1891 (MBl. 236).

b) E. des FM. und LM. 27. 3. 1895 (Sterneberg und Peltzer, Die PrRGGesetze, S. 97) über die Beaufsichtigung der Rentengüter.

c) LME. 28. 12. 1897 (bei Haack, Die Pr. Ges. über RGüter, S. 150) über die Zuziehung von Landwirten bei der Rentengutsbegründung.

d) E. des FM. und LM. 8. 1. 1907 (BMBl. 27) über die Begründung von Arbeiterrentengütern.

e) LME. 10. 8. 1909 (Haack a. a. O. S. 155) über Ansiedlung von Landarbeitern.

f) AusfB. 28. 11. 1916 (unter VII) zum G. 8. 5. 1916.

## § 1.

1. Ablösung der Rente.

(1) Die auf Rentengütern[1]) von mittlerem oder kleinerem Umfange[2]) haftenden Renten können auf Antrag der Beteiligten durch Vermittelung der Rentenbank soweit abgelöst werden, als die Ablösbarkeit derselben nicht von der Zustimmung beider Teile abhängig gemacht ist[3]).

(2) Zur Stellung des Antrags ist befugt:

der Rentenberechtigte, soweit er die Ablösung von dem anderen Teile beanspruchen kann, der Rentengutsbesitzer, soweit er zur Ablösung der Rente ohne Zustimmung des anderen Teils berechtigt, oder die Ablösung von dem anderen Teile beansprucht ist

(3) Der Rentenberechtigte erhält als Abfindung entweder den 27fachen Betrag der Rente in $3\frac{1}{2}$ prozentigen oder den $23\frac{2}{3}$ fachen Betrag der Rente in 4 prozentigen Rentenbriefen[4]), nach deren Nennwerte[5]) oder, soweit dies *durch solche nicht geschehen kann*[6]), *in barem Gelde.*

(4) Die Abfindung wird durch Zahlung einer Rentenbankrente seitens des Rentengutsbesitzers verzinst und getilgt (§ 3)[7]).

[1]) Vgl. § 1 G. 27. 6. 1890 und A. 1, 2, 5 dazu.

[2]) Nr. 3 des AusfE. 16. 11 1891 bestimmt: „Der Begriff eines Rentengutes ‚von mittlerem und kleinerem Umfange' (§ 1), welcher im Gesetz mit Absicht nicht gegeben, bestimmt sich nach den verschiedenen wirtschaftlichen und Besitzverhältnissen in den einzelnen Landesteilen verschieden. Im allgemeinen wird man dazu solche ländliche Besitzungen rechnen können, bei welchen der Besitzer selbst die Wirtschaft führt und mitarbeitet, sei es mit, sei es ohne Gehilfen. Bezüglich der oberen Grenze dürfen daher Güter, bei welchen der Besitzer nur die obere Leitung und Aufsicht über die Wirtschaft führt, also im wesentlichen mit fremden Arbeitern arbeitet, nicht mehr unter den Begriff des Rentenguts von mittlerem Umfang gebracht werden. Nach unten hin sind dagegen solche kleinen Besitzungen, welche nur aus einem Hause mit vielleicht etwas dazu gehörigem Gartenland bestehen, nicht mehr zu den Rentengütern von kleinerem Umfange zu rechnen.

Auch bei diesen Gütern muß die Grundlage der wirtschaftlichen Existenz in dem Rentengute liegen, ohne daß es dabei darauf ankommt, ob der Besitzer und seine Familienangehörigen ihre ganze Arbeitskraft ausschließlich auf die Bewirtschaftung des Rentengutes verwenden oder aber in der

Lage sind, behufs vollständiger Beschaffung ihrer Existenzmittel nebenher auch in der Nachbarschaft Arbeit suchen zu müssen. Hierbei ist indes nicht ausgeschlossen, daß bei der Einrichtung einer Kolonie auch die erforderlichen Handwerker (Schmied, Stellmacher, Schuhmacher usw.) angesetzt und ihnen, auch wenn sie nur einen geringen Landbesitz erwerben, die Vorteile des Gesetzes zugewendet werden, da derartige Handwerker ein notwendiges Bedürfnis für die zu bildende Kolonie sind.

Lediglich auf Häusern haftende Renten dürfen auf die Rentenbank nicht übernommen werden."

Weiter geht der E. des LM. und FM. 8. 1. 1907 (LMBl. 27), betr. Arbeiterrentengüter, wo es heißt: „Zur Erleichterung der Ansässigmachung von Arbeitern haben wir beschlossen, versuchsweise die Anwendung der Bestimmungen des G. 7. 7. 1891 in einem weiteren Umfange zuzulassen, als dies nach dem AusfE. 16. 11. 1891 bisher der Fall gewesen ist. Und zwar haben wir es als mit dem G. vereinbar erachtet, zu genehmigen, daß bis auf weiteres derartige Rentengüter bis zu einer Mindestgröße von 12,50 a gebildet werden." — Der E. trifft besondere Bestimmungen für den Fall, daß solche Arbeiterrentengüter „für nicht landwirtschaftliche, insbesondere Industriearbeiter" geschaffen werden. Vgl. ferner LME. 28. 1. 1914 (LMBl. 50) und 7. 2. 1919 (das. 132). Durch den letzteren E. wird die Bestimmung, daß es bei Anlegung von mehr als 50 Siedlungen in der Größe von 12,50 a ministerieller Genehmigung bedürfe, wieder aufgehoben.

[3]) Vgl. aber Abs. 2 S. 2 und unten § 10.

[4]) S. § 6 [9] und A. dazu.

[5]) § 32 RBG. 2. 3. 1850. — Über Ausgleichung zwischen Nennwert und Kurswert s. Abschn. III der AusfB. 28. 11. 1916.

[6]) Vgl. § 29 RBG. 2. 3. 1850 (Kapitalspitzen).

[7]) Das Ablösungsverfahren wird vom BKA. geleitet,

der aber „zur Ablösung" d. h. zur Einleitung des Verfahrens der Genehmigung des PräsLKA. bedarf: § 16 II ² OrgG. Das Verfahren richtet sich nach den Vorschriften der Auseinandersetzungsgesetzgebung (§ 17 OrgG.) und schließt mit der Errichtung und Bestätigung des Ablösungsrezesses.

## § 2.

(1) Zur erstmaligen Einrichtung eines Rentenguts der im § 1 bezeichneten Art durch Aufführung der notwendigen Wohn- und Wirtschaftsgebäude kann die Rentenbank den Rentengutsbesitzern Darlehen in 3½ prozentigen oder 4 prozentigen[1]) Rentenbriefen nach dem Nennwert[2]) oder, soweit dies durch solche nicht geschehen kann, in barem Gelde gewähren[3]). 2. Baudarlehen.

(2) Die Darlehen werden durch Zahlung einer Rentenbankrente verzinst und getilgt (§ 3)[4]).

(3) Die Darlehen sind seitens der Rentenbank unkündbar; letztere hat jedoch das Recht, das Darlehen beziehentlich dessen ungetilgten Rest sofort zurückzufordern, wenn der Schuldner den Auflagen zur ordnungsmäßigen Unterhaltung und Versicherung der Gebäude nicht nachkommt oder wenn derselbe in Konkurs gerät oder durch Zwangsvollstreckung zur Zahlung der rückständigen Rentenbankrente angehalten werden muß[5]) [6]).

[1]) S. § 6 ⁹ und A. 10 dazu. (Es werden bis auf weiteres nur zu 4 v. H. verzinsliche Rentenbriefe ausgegeben.)

[2]) Berücksichtigung des Kurswertes und Vergütung des Kursverlustes bei der Veräußerung der Rentenbriefe: A. 5 zu § 1; s. insbesondere Nr. 3 des Abschn. III der AusfV. 28. 11. 1916.

[3]) A. 6 zu § 1.

[4]) Der Darlehensvertrag ist in der Form der Ablösungsrezesse aufzunehmen und vom VKA. nach eingeholter

Zustimmung des PräsLKA. (§ 16 II [2] OrgG.) zu bestätigen. — Gewährung von Zwischenkredit: § 1 G. 12. 7. 1900 und dazu Abschn. I [1] AusfB. 28. 11. 1916.

[5]) Vgl. § 7 Abs. 5.

[6]) Über Baukostenzuschüsse aus Reichs-, Staats- und Gemeindemitteln während der Kriegszeit und der Übergangszeit nach dem Kriege s. Verf. d. StKfdWW. 1. 11. 1918 (MBl. 238), Bestimmungen des BR. f. d. Gewähr. von Baukostenzuschüssen 31. 10. 1918 (RZBl. 1160), Verf. d. StKfdWW. 26. 12. 1918 (LMBl. 1919 S. 32). In der letzteren Verf. ist zu 3. bestimmt:

a) Die Baukostenzuschüsse des Reichs und des Staates werden auch gewährt für die durch Schaffung neuer Ansiedlungen auf dem Lande hergestellten Wohnungen. Sind nach Größe und Art der Ansiedlerstelle außer dem Wohnhause Wirtschaftsgebäude (Scheune, Stall usw.) erforderlich, die nicht als Zubehör i. S. der Nr. III 1 (letzter Satz) der Bundesratsbestimmungen gelten können, so werden Baukostenzuschüsse hierfür aus Mitteln des Haushalts der landwirtschaftlichen Verwaltung gewährt werden. Nähere Bestimmungen hierüber bleiben vorbehalten.

b) Die Ansiedlerstellen, für deren Baulichkeiten Baukostenzuschüsse des Reichs und des Staates in Frage kommen, dürfen nicht größer sein als 15 ha (vgl. AusfB. 28. 11. 1916 Abschn. II Nr. 4 Abs. 1).

c) Zu den gemeinnützigen Bauvereinigungen (vgl. II 1 der BRBestimmungen) gehören auch die gemeinnützigen Siedlungsgesellschaften.

d) In welcher Höhe der Staat zu den Baukostenzuschüssen, soweit diese nicht vom Reich übernommen werden, beiträgt, wird von Fall zu Fall entschieden. Dabei kann von dem Grundsatze, daß die Gemeinden oder Gemeindeverbände (Kreise usw.) ein Viertel der Zuschüsse aufzubringen haben, ausnahmsweise abgesehen werden. In den Fällen, in denen eine Beteiligung der Gemeinden oder Gemeindeverbände an der Aufbringung der Baukostenzuschüsse nicht zu erreichen ist, sind die Anträge auf Gewährung des Reichs- und Staatsbeitrags unter Darlegung der Gründe für die Ablehnung der Gemeinden (Gemeindeverbände) dem StKfdWW. durch die Hand des Regierungspräsidenten vorzulegen. Dieser entscheidet dann im Benehmen mit dem LM. und dem FM.

e) Über die zu II 3 der BRBestimmungen allgemein vorgeschriebenen Verpflichtungen hinaus hat der Inhaber der Ansiedlerstelle für sich und seine Rechtsnachfolger auf die Dauer von mindestens 10 Jahren die grundbuchlich zu sichernde Verpflichtung zu übernehmen, das Grundstück nur zu Wohn- und ländlichen Wirtschaftszwecken zu benutzen, es selbst zu bewirtschaften und an andere als seinen Ehegatten oder seine Abkömmlinge nur mit Genehmigung des Gemeindeverbandes (Kreises) zu veräußern.

„Richtlinien für Anträge auf Baukosten-Überteuerungszuschüsse" gibt der StKfdWW. durch Verf. 6. 7. 1919 (MBl. 335).

## § 3.

(1) Der Rentengutsbesitzer hat vom Zeitpunkte der Rentenübernahme[1]) eine Rentenbankrente (§§ 1 und 2) an die Rentenbank zu entrichten. Dieselbe beträgt: 3. Rentenbankrente.

1. falls $3\frac{1}{2}$ prozentige Rentenbriefe[2]) als Abfindung oder als Darlehn gegeben sind, 4 Prozent des Nennwerts der Rentenbriefe und des zur Ergänzung gegebenen baren Geldes, oder
2. falls 4 prozentige Rentenbriefe[2]) als Abfindung oder als Darlehn gegeben sind, $4\frac{1}{2}$ Prozent des Nennwerts der Rentenbriefe und des zur Ergänzung gegebenen baren Geldes.

(2) Der Rentengutsbesitzer hat die Rentenbankrente von 4 Prozent während einer Tilgungsperiode von $60\frac{1}{2}$

Jahren oder die Rentenbankrente von $4^1/_2$ Prozent während einer Tilgungsperiode von $56^1/_{12}$ Jahren zu entrichten.

1) § 6 [7].

2) S. A. 10 zu § 6.

## § 4.

4. Verfügungsbeschränkung des Rentengutsbesitzers. Solange eine Rentenbankrente auf dem Rentengute haftet, kann die Aufhebung der wirtschaftlichen Selbständigkeit und die Zerteilung des Rentenguts, sowie die Abveräußerung von Teilen desselben[1]) rechtswirksam nur mit Genehmigung der Generalkommission[2]) erfolgen.

1) Ähnlich: §§ 3, 4 G. 27. 6. 1890. Vgl. auch § 35 AG-RSG. — Wirkung der Verpflichtung und Verfügungsbeschränkung gegen Dritte ohne Eintragung im GB.: OLKG. 25. 5. 1894 (Sterneberg und Peltzer, Die PrRGGes., S. 122).

2) Jetzt des LKA. (§ 9 OrgG.), der dazu jedoch die Genehmigung des PräsLKA. einholen muß (§ 16 II [3] das.). Auf Beschwerden entscheidet der LM.

## § 5[1].

5. Stundung der Rentenbankrente. Erfolgt die Ablösung der Rente (§ 1) oder die Gewährung des Darlehns (§ 2) zugleich[2]) mit der Begründung des Rentenguts, so kann die Zahlung der Rentenbankrente auf Antrag des Rentengutsbesitzers **bis zur Dauer von drei Jahren**[3]) unterbleiben. Der der Rentenbank entstehende Ausfall wird dadurch gedeckt, daß das abzulösende Kapital um die **gestundeten**[4]) Zinsen der Rentenbriefe und des zur Ergänzung gegebenen baren Geldes erhöht und von dieser Summe die in Gemäßheit des § 3 berechnete Rentenbankrente während der Tilgungsperiode von $60^1/_2$ oder $56^1/_{12}$ Jahren gezahlt wird.

1) Die Fassung beruht auf § 5 G. 8. 5. 1916 (unten VI).

2) Vgl. § 12 Abs. 2.

[3]) Anstelle der fettgedruckten Worte hieß es in der ursprünglichen Fassung „für das erste Jahr". Die Stundung auf drei Jahre soll nicht die Regel, sondern die Ausnahme bilden; s. Abschn. II[1] der AusfV. 28. 11. 1916.

[4]) Ursprüngliche Fassung (s. A. 1): „einjährigen Zinsen".

## § 6.

Im übrigen findet das Gesetz über die Errichtung von Rentenbanken vom 2. März 1850 (GS. S. 112) nebst den dasselbe ergänzenden gesetzlichen Bestimmungen mit folgenden Maßgaben sinngemäße Anwendung[1]): 6. Anwendung des RBG. 2. 3. 1850.

1. Die Geschäfte für die linksrheinischen Landesteile sowie für die Hohenzollernschen Lande werden der Rentenbank in Münster übertragen.
2. Die Vorschriften, welche für die an die Stelle der Reallasten tretenden Geldrenten gegeben sind, gelten auch für die in §§ 1 bis 3 erwähnten Renten[2]).
3. Die Bestimmungen, welche eine Tilgungsperiode von $41\,^1/_{12}$ Jahren beziehentlich eine Herabminderung der Rente auf neun Zehntel voraussetzen, bleiben ohne Anwendung[3]).
4. Welche Summen im Falle des § 23 des Rentenbankgesetzes vom 2. März 1850 in den verschiedenen Jahren der beiden Tilgungsperioden zur Ablösung von Rentenbeträgen erforderlich sind, ergibt sich aus den als Anlage I und II beigefügten Tabellen[4]). Eine derartige Kapitalsablösung innerhalb der ersten 10 Jahre nach Begründung des Rentenguts ist nur mit Genehmigung der Generalkommission zulässig[5]).
5. Die Überweisung von Rückständen an Rentengutsrenten ist unzulässig[6]).

6. Auf Antrag der Generalkommission wird im Grundbuch vermerkt, daß das Grundstück als Rentengut der Rentenbank rentenpflichtig sei. In den Eintragungsvermerk ist der Betrag der Rentenbankrente sowie die Tilgungszeit derselben aufzunehmen [7].

7. Die Übernahme der Rentenbankrente kann auch zum 2. Januar und 1. Juli erfolgen [8]. Dementsprechend sind die betreffenden Rentenbriefe zu verzinsen.

8. Auf die durch die Anwendung dieses Gesetzes bei der Generalkommission entstehenden Kosten finden — unbeschadet der Vorschriften im § 12 — die Bestimmungen des Gesetzes über das Kostenwesen in Auseinandersetzungssachen vom 24. Juni 1875 (GS. S. 395) mit der Maßgabe Anwendung, daß für die Bemessung des Pauschsatzes die Grundsätze des § 2 Nr. 1 gelten. Der Jahreswert ist nach den Zinsen der ausgegebenen Rentenbriefe festzustellen [9].

9. Die Ressortminister bestimmen, ob und von welchem Zeitpunkte 3½= oder 4prozentige Rentenbriefe als Abfindung (§ 1) oder als Darlehn (§ 2) gegeben werden sollen. So lange der Kurs der 4 prozentigen Rentenbriefe an der Berliner Börse dauernd auf dem Nennwert oder darunter steht, dürfen 3½ prozentige Rentenbriefe nur mit Zustimmung des Empfängers (§§ 1, 2) ausgegeben werden [10].

[1]) Vgl. insbesondere §§ 18—21 RBG. 2. 3. 1850, die hinter § 6 abgedruckt sind.

[2]) S. §§ 18, 20, 21 RBG.

[3]) Vgl. §§ 10, 22 RBG. 2. 3. 1850.

[4]) Die Tabellen werden hier nicht mit abgedruckt.

[5]) Jetzt ist die Genehmigung des VKA. erforderlich, der

dazu aber die Zustimmung des PräsLKA. einholen muß (§ 16 II² OrgG.).

⁶) Vgl. § 22 Abs. 2 RBG., § 99 AblG. 2. 3. 1850.

⁷) Den Antrag stellt jetzt der BKA. (§ 9 OrgG.). — Außerhalb des Geltungsbereichs des G. 7. 7. 1891 erfolgt die Eintragung lediglich nach § 18 Abs. 2 RBG. (A. 1). Aber auch innerhalb dieses Geltungsbereichs ist die dingliche Wirkung der Renten von der Eintragung nicht abhängig. Vgl. Art. 22³ AGBGB. und Art. 6 AGZBG., auch RG. 6 292, KGJ. 27 115.

⁸) Also nicht nur zum 1. 4. und 1. 10. (§ 16 RBG.).

⁹) Der Pauschsatz ist also nach dem Zinsbetrag der dem Berechtigten als Abfindung gewährten Rentenbriefe zu berechnen, ohne Rücksicht auf die etwa daneben nach § 1 Abs. 3 G. 7. 7. 1891 (vgl. auch § 29 RBG. 2. 3. 1850) gewährte Barabfindung (Kapitalspitze). Die Kostenerhebung findet sowohl bei Ablösung der Rente (§ 1) wie bei Gewährung eines Baudarlehens (§ 2) statt, es sei denn, daß diese Geschäfte mit der Begründung des Rentengutes verbunden werden (§ 12 Abs. 4³). — Der Pauschsatz beträgt für je 1 ℳ Jahreswert (Rentenbriefzinsen): von dem Wertbetrage bis 150 ℳ: 50 ₰; von dem Mehrbetrage bis 1500 ℳ: 35 ₰; von dem weiteren Mehrbetrage: 20 ₰. Er kann aber nach § 3 Abs. 2, 3 KostG. 24. 6. 1875 bis auf das Anderthalbfache erhöht oder bis auf ein Viertel ermäßigt werden.

¹⁰) AusfB. 28. 11. 1916 (unten VII) bestimmen unter Abschn. II³ a. E.: „Fortan ist bei neu einzuleitenden Rentengutsgründungen von der Ausgabe von 3½prozentigen Rentenbriefen überhaupt abzusehen; es dürfen bis auf weiteres nur 4prozentige Rentenbriefe ausgegeben werden." Dies gilt, wie für die Ablösung von Rentengutsrenten, so auch für die Gewährung von Baudarlehen nach § 2.

§ 18 RBG.

7. Vorrecht der RB.-Renten. Die an die Rentenbank abgetretenen Renten genießen bei Konkurrenz mit anderen Verpflichtungen des belasteten Grundstücks dasselbe Vorzugsrecht, welches die Gesetze den Staatssteuern beilegen. Sie bedürfen keiner Eintragung in das Hypothekenbuch des verpflichteten Grundstücks, welches jedoch für die Dauer der Amortisationsperiode der Rentenbank verhaftet bleibt[1]).

Diejenigen eingetragenen Reallasten, an deren Stelle die Renten getreten sind, werden im Hypothekenbuche kostenfrei gelöscht; dagegen wird in diesem Falle kostenfrei im Hypothekenbuche vermerkt, daß das Grundstück der Rentenbank rentenpflichtig ist[2]).

Die Löschung wird von der Auseinandersetzungsbehörde beantragt, sobald die Übernahme der Rente von der Direktion der Rentenbank und die Abfindung der Berechtigten erfolgt sind (§ 30).

[1]) Vgl. § 20 RBG. sowie ZfLKGG. 32 45.

[2]) Vgl. § 6[6] G. 7. 7. 1891.

§ 19 RBG.

8. Versicherung der Rentengutsgebäude. Gebäude, auf welchen Renten für die Rentenbank haften, müssen auf Verlangen der Direktion der Rentenbank bei einer Feuerversicherungsgesellschaft bis zu dem nach den Grundsätzen dieser Gesellschaft zulässigen Wert von dem Verpflichteten versichert werden. Der Verpflichtete kann hierzu von der Direktion der Rentenbank durch administrative Exekution angehalten werden[1]).

Die Direktion der Rentenbank hat diejenigen Versicherungsgesellschaften, bei welchen ihrem Ermessen nach dergleichen Versicherungen erfolgen müssen, zu bestimmen und öffentlich namhaft zu machen.

[1]) Vgl. §§ 132f. LVG.

§ 20 RBG.

Bei Zerstückelung von Grundstücken, auf welchen Renten für die Rentenbank haften, finden auf diese Renten die gesetzlichen Vorschriften über die Staatssteuern ebenfalls Anwendung[1]). 9. Verteilung und Ablösung der Renten bei Zerstückelungen.

Die Direktion der Rentenbank kann jedoch verlangen, daß in solchem Fall Rentenbeträge, welche nach der Verteilung der Rente jährlich weniger als fünf Silbergroschen betragen, sofort durch Kapitalzahlung nach den Vorschriften des § 23 abgelöst werden[2]).

[1]) Vgl. zu Abs. 1: § 25 G. 25. 8. 1876 (GS. 405); § 2 G. 4. 7. 1887 (GS. 324), § 2 G. 13. 6. 1888 (GS. 243).

[2]) In den Anlagen zu § 23 ist in Tabellenform nachgewiesen, welche Ablösungssummen in den verschiedenen Jahren der Tilgungszeit zu zahlen sind. Vgl. hierzu § 6 [4] G. 7. 7. 1891. Die übrigen Bestimmungen des § 23 (Abs. 2—4) sind nicht anwendbar.

§ 21 RBG.

Die Renten werden in monatlichen Raten mit den Staatssteuern postnumerando erhoben. 10. Einziehung der RB.-Renten.

In Ansehung ihrer Erhebung und Beitreibung hat die Direktion der Rentenbank dieselben Berechtigungen, welche die Gesetze den Verwaltungsbehörden bei Erhebung und Beitreibung der Staatssteuern beilegen[1]).

[1]) Vgl. zu Abs. 2: V. 15. 11. 1899 (GS. 545), betr. das Verwaltungszwangsverfahren. Über das Vorrecht der Rentenbankrenten bei der Zwangsversteigerung: Art. 3 [1] AGZVG.; über ihre Wirksamkeit ohne Eintragung: A. 7 zu § 6 G. 7. 7. 1891.

§ 7[1]).

(1) Die Generalkommission hat den Antrag auf Ablösung der Rente (§ 1) oder auf Gewährung eines Darlehns (§ 2) soweit zurückzuweisen: 11. Rentenbankbeleihung.

1. als nicht der abzulösenden Rente oder dem Darlehn das Vorrecht vor den sonstigen privatrechtlichen Belastungen des Rentenguts zusteht[2]),
2. als nicht für die zu übernehmende Rentenbankrente (§ 3) die gehörige Sicherheit vorhanden ist.

(2) **Haftet auf dem Rentengut eine dem willkürlichen Kündigungsrechte des Gläubigers entzogene Abtragshypothek[3]), so kann insoweit von der Vorschrift des Abs. 1 Nr. 1 mit der Wirkung abgesehen werden, daß der Rentenbankrente das Vorrecht vor der Abtragshypothek nicht zusteht[4]).**

(3) **Das gleiche gilt ausnahmsweise, wenn die Hypothek keine Abtragshypothek, dem willkürlichen Kündigungsrecht des Gläubigers aber auf die Dauer von mindestens 10 Jahren entzogen ist. In diesem Falle beträgt die Rentenbankrente**

**a) falls 3 1/2 prozentige Rentenbriefe als Abfindung oder als Darlehen gegeben sind, 5 vom Hundert des Nennwerts der Rentenbriefe und des zur Ergänzung gegebenen baren Geldes oder**

**b) falls 4prozentige Rentenbriefe als Abfindung oder als Darlehen gegeben sind, 5 1/2 vom Hundert des Nennwerts der Rentenbriefe und des zur Ergänzung gegebenen baren Geldes.**

**Der Rentengutsbesitzer hat dann die Rentenbankrente von 5 vom Hundert während einer Tilgungsperiode von 35 Jahren oder die Rentenbankrente von 5 1/2 vom Hundert während einer Tilgungsperiode von 33 2/12 Jahren zu entrichten. Die Minister für Landwirtschaft, Domänen und Forsten und der Finanzen stellen in Ausführung dieser Bestimmung Tabellen auf, aus denen**

sich ergibt, welche Summen im Falle des § 23 des Gesetzes über die Errichtung von Rentenbanken vom 2. März 1850 (Gesetzsamml. S. 112) in den verschiedenen Jahren der beiden Tilgungsperioden zur Ablösung von Rentenbeträgen erforderlich sind[5]).

(4) Die Sicherheit kann als vorhanden angenommen werden, wenn der Nennwert des als Abfindung oder als Darlehn gegebenen Rentenbriefkapitals zuzüglich des zur Ergänzung gegebenen baren Geldes innerhalb der ersten drei Viertel des durch ritterschaftliche, landschaftliche oder besondere Taxe zu ermittelnden Wertes der Liegenschaften zu stehen kommt.

(5) Bei Rentengütern, die nur so groß sind, daß sie ganz oder hauptsächlich ohne fremde Arbeitskräfte bewirtschaftet werden können[6]), kann die Sicherheit auch dann als vorhanden angenommen werden, wenn der Nennwert des als Abfindung oder als Darlehn gegebenen Rentenbriefkapitals zuzüglich des zur Ergänzung gegebenen baren Geldes innerhalb der ersten neun Zehntel des durch eine der vorbezeichneten Taxen zu ermittelnden Wertes der Liegenschaften zu stehen kommt[7]). Die Rentenbank hat jedoch das Recht, die sofortige Ablösung des die Sicherheit nach Abs. 4[8]) übersteigenden Teiles der Rentenbankrente zu verlangen, wenn der Rentengutsbesitzer oder ein Dritter auf das Rentengut in solcher Weise einwirkt, daß eine die Sicherheit der Rente gefährdende Verschlechterung des Grundstücks zu besorgen ist, oder wenn der Rentengutsbesitzer in Konkurs gerät oder durch Zwangsvollstreckung zur Zahlung der rückständigen Rentenbankrente angehalten werden muß, oder wenn das Eigentum an dem Rentengut auf einen anderen als

**einen seiner Abkömmlinge oder seine Ehefrau übergeht**[9] [10]).

[1]) Abs. 2, 4, 5 sind nach § 6 G. 8. 5. 1916 (unten VI) an die Stelle des früheren Abs. 2 getreten. Abs. 2 lautete:

Die Sicherheit kann als vorhanden angenommen werden, wenn der 25fache Betrag der Rentenbankrente (§ 3) innerhalb des 30fachen Betrages des bei der letzten Grundsteuereinschätzung ermittelten Katastralreinertrages mit Hinzurechnung der Hälfte des Wertes, mit welchem die Gebäude bei einer der nach § 19 des Rentenbankgesetzes vom 2. März 1850 bestimmten Versicherungsgesellschaften versichert sind, oder innerhalb der ersten drei Viertel des durch ritterschaftliche, landschaftliche oder besondere Taxe zu ermittelnden Wertes der Liegenschaften zu stehen kommt.

Abs. 3 ist laut § 38 AGRSG. hinzugesetzt.

[2]) S. aber Abs. 2 und 3.

[3]) In der ursprünglichen Fassung (§ 6 G. 8. 5. 1916) enthielt Abs. 2 hier noch die Worte „einer Körperschaft oder Anstalt des öffentlichen Rechts“. Diese Worte (vgl. dazu die Ausführungsbestimmungen Abschn. II [2] AusfV. 28. 11. 1916) sind laut § 38 AGRSG. gestrichen worden.

[4]) Dies bedarf der Eintragung im GB., da nach § 6 [2] G. 7. 7. 1891 vbd. § 18 RBG. 2. 3. 1850 (GS. 112) die RBRente an sich und kraft Gesetzes das Vorrecht hat. Vgl. AusfV. 28. 11. 1916 Abschn. II [2].

[5]) Abs. 3 beruht auf einem Beschluß des Ausschusses der LVers. zur Beratung des AGRSG. Vgl. A. 1 und AusschBer. (Drucks. Nr. 1439 der LVers. 1919) S. 76ff. Es liegt ihm die Absicht zugrunde, das Privatkapital in Form langfristiger Hypotheken zu Siedlungszwecken heranzuziehen.

[6]) Bis 15 ha Umfang: AusfV. 28. 11. 1916 (unten VII) Abschnitt II [4] Abs. 1. Vgl. auch § 1 RSG.

[7]) S. AusfV. 28. 11. 1916 Abschn. II [4] Abs. 2, 3, 5. — Nach Abschn. IV [4] das. sollen Gartenrentengüter überhaupt nicht beliehen werden, wenn die Gebäude mehr als

10000 ℳ kosten. Die Beleihungsgrenze für die Baulichkeiten der Gartenrentengüter ist jedoch durch LME. 9. 5. 1919 I B I b 129 auf 11000 ℳ erhöht.

[8]) In der ursprünglichen Fassung (§ 6 G. 8. 5. 1916) hieß es „Abs. 3". Nach Einfügung des neuen Abs. 3 durch § 38 AGRSG. muß es heißen „Abs. 4".

[9]) Regelung des Rückforderungsrechts im Rentenbankrezeß: AusfB. 28. 11. 1916 Abschn. II [4] Abs. 4.

[10]) Über die Rentenbankbeleihung im Allgemeinen s. Abschn. II der AusfB. 28. 11. 1916.

## § 8.

Wird der Wert der Liegenschaften durch besondere Taxe ermittelt, so kann der durch die Errichtung der erforderlichen Wohn- und Wirtschaftsgebäude zu erzielende Mehrwert[1]) mit berücksichtigt werden. Die Übernahme der Rentenbankrente ist jedoch in diesem Falle ganz oder zu einem entsprechenden Teile bis zu dem auf die ordnungsmäßige Herstellung der Gebäude folgenden nächsten Übernahmetermin[2]) auszusetzen. 12. Berücksichtigung der Gebäude bei der Rentenbankbeleihung.

[1]) S. A. 7 zu § 7.

[2]) § 6 [7].

## § 9.

(1) Die besondere Taxe (§ 7 Abs. 4)[1]) wird durch die Generalkommission[2]) unter Zuziehung zweier Kreisverordneten[3]) und, falls es auf Abschätzung von Gebäulichkeiten ankommt, eines Bausachverständigen aufgenommen und festgesetzt. 13. Abschätzung des Rentenguts für die Rentenbankbeleihung.

(2) In einfachen und klaren Fällen ist die Generalkommission[2]) befugt, nach ihrem Ermessen die Taxe festzusetzen oder sich die Überzeugung von der Sicherheit in anderer geeigneter Weise zu verschaffen.

[1]) Die Änderung „Abs. 4“ (ursprünglich: „Abs. 2“, nach § 7 G. 8. 5. 1916: „Abs. 3“) beruht auf § 38 AGRSG.; vgl. A. 1 zu § 7.

[2]) Jetzt: Der BKA. (§ 9 OrgG.).

[3]) Nach § 1 Abs. 6 OrgG. werden Kreisvermittlungsbehörden nicht mehr bestellt, Kreisverordnete (§§ 2—5 V. 30. 6. 1834 GS. 96) also nicht mehr gewählt. An Stelle der Kreisverordneten werden daher künftig andere Sachverständige zuzuziehen sein. Doch sind die vorhandenen Kreisverordneten noch weiter zu verwenden.

## § 10.

14. Übernahme der Rente auf die Rentenbank ohne Ablösung.

(1) Auf Antrag des Rentenberechtigten kann die Übernahme des nur mit Zustimmung beider Teile ablösbaren Teils der Rente[1]) auf die Rentenbank[2]) erfolgen, wenn diesem Rententeile das Vorrecht vor den sonstigen privatrechtlichen Belastungen des Rentenguts zusteht und der 25fache Betrag der diesem Rententeile entsprechenden Rentenbankrente unter Hinzurechnung derjenigen Summe, welche nach § 6 Nr. 4 für die Ablösung der auf dem Rentengute bereits ruhenden Rentenbankrente bei Stellung des Antrages noch erforderlich ist, innerhalb der in §§ 7 ff. vorgeschriebenen Sicherheit zu stehen kommt.

(2) Die Entschädigung der Rentenberechtigten erfolgt nach Maßgabe dieses Gesetzes[3]). Die übernommenen Renten haben das Vorzugsrecht der Rentenbankrenten[4]).

(3) Erfolgt die Übernahme der Rente, so tritt der Staat in alle dem Rentenberechtigten aus dem Rentengutsvertrage zustehenden Rechte.

(4) Auf Verlangen des Staates ist diese Rente in eine gemäß den Bestimmungen dieses Gesetzes zu berechnende Rentenbankrente umzuwandeln[5]).

¹) § 1 G. 27. 6. 1890.

²) Übernahme bedeutet hier nicht Ablösung (unter Ersatz der Rente durch eine Rentenbankrente), sondern käufliche Abtretung. S. jedoch auch Abs. 4. — Zu einer Übernahme nach § 10 Abs. 1 ist ebenso, wie zur Ablösung, die Aufnahme eines Auseinandersetzungsrezesses durch den BKA. erforderlich. Der Genehmigung des PräsLKA. bedarf es dazu aber nicht. Vgl. A. 7 zu § 1.

³) Der Kaufpreis für die Übernahme wird also in gleicher Art und unter den gleichen Bedingungen gewährt, wie die Abfindung der Berechtigten i. F. der Ablösung. Vgl. insbesondere § 1 Abs. 3.

⁴) § 18 RBG.; vgl. auch Art. III ¹ AGZBG. — Dabei ist jedoch zu beachten, daß der Rente vor ihrer Übernahme durch die Rentenbank das Vorrecht vor den übrigen bürgerlich rechtlichen Belastungen eingeräumt sein muß (Abs. 1). Anders soll die Rentenbank die Renten nicht übernehmen, sie soll also nicht (kraft des ihr gesetzlich zustehenden Vorrechts) die im GB. früher eingetragenen Berechtigten vergewaltigen.

⁵) D. h. durch Umwandlung in eine Tilgungsrente (§ 3) abzulösen. Dazu bedarf der BKA. der Genehmigung des PräsLKA. (§ 16 II ² OrgG.). Vgl. A. 2.

## § 11.

Die Bestimmungen der §§ 2 bis 10 finden auf die vom Staate ausgegebenen Rentengüter nur soweit Anwendung, als den Rentengutsbesitzern Darlehen zur Einrichtung von Rentengütern (§ 2) gegeben werden¹). 15. Vom Staat ausgegebene Rentengüter.

¹) Vgl. Art. 12 § 1 Abs. 1 AGBGB. sowie G. 26. 4. 1886. — AusfE. 16. 11. 1891 bestimmt unter Nr. 17: „Wenn der Staat Rentengüter austut, so tritt für die Ablösung der Rente die Vermittelung der Rentenbank nicht ein, vielmehr wird in diesem Falle im Begründungsvertrage

eine Amortisationsrente vereinbart, welche während einer entsprechenden Tilgungsperiode an die Staatskasse abzuführen ist. Dagegen können auch den fiskalischen Rentengutsübernehmern Darlehen nach Vorschrift der §§ 2ff. in Rentenbriefen gewährt werden. Bei der Prüfung der Sicherheit, wobei selbstverständlich auch die oben erwähnte Amortisationsrente mit zu berücksichtigen ist, wird die Generalkommission in der Regel unter Anwendung des 2. Abs. des § 9 sich die Überzeugung von der Sicherheit ohne besondere Taxe verschaffen können." — Die Baudarlehen vermittelt der BKA.; vgl. A. 4 zu § 2. Dagegen ist die Mitwirkung des BKA. bei der Rentenablösung nicht notwendig. Diese erfolgt zwar ebenfalls durch einen Ablösungsrezeß. Aber dieser kann nicht nur ohne Vermittelung des BKA. abgeschlossen, sondern auch von der den Staat vertretenden Regierung bestätigt werden. Vgl. § 16 II [6] Abs. 2 OrgG. vbd. §§ 65, 66 V. 20. 6. 1817, § 39 V. 30. 6. 1834, § 1 G. 21. 4. 1852 (GS. 258). — Über „Domänenamortisationsrenten" s. auch § 64 RBG. 2. 3. 1850, Art. 12 Abs. 1 AGGBO. und Art. 22 [3] AGBGB. Ferner A. 2 zu § 1 G. 27. 6. 1890 und über Rentengutsverträge des Staates: A. 7 zu § 1 G. 27. 6. 1890.

## 12.

16. Begründung der Rentengüter durch Vermittelung der Landeskulturbehörde.

(1) Die Begründung des Rentenguts (§ 1) kann auf Antrag eines Beteiligten durch Vermittlung der Generalkommission erfolgen.

(2) Der Antrag ist zurückzuweisen, sofern der Begründung des Rentenguts rechtliche oder tatsächliche Bedenken entgegenstehen [1]). Sonst hat die Generalkommission den Vertrag über die Begründung des Rentenguts, gegebenenfalls in Verbindung mit dem Vertrage über die Ablösung der Rente oder über die Gewährung des Darlehns, aufnehmen zu lassen und zu bestätigen [2]).

Den bestätigten Vertrag hat die Generalkommission dem zuständigen Grundbuchrichter mit dem Ersuchen auf Umschreibung des Eigentums einzureichen[3]). In diesem Falle wird das Eigentum an dem Rentengute durch die auf Grund des bestätigten Vertrages erfolgte Eintragung des Eigentumsübergangs im Grundbuch erworben[4]).

(3) Die Generalkommission hat sofort, nachdem sie den Antrag auf Begründung des Rentenguts für zulässig erachtet, den Grundbuchrichter zu ersuchen, eine Vormerkung über die eingeleitete Begründung des Rentenguts einzutragen. Die Vormerkung hat die Wirkung, daß die später eingetragenen privatrechtlichen Belastungen dem Rentengutsübernehmer gegenüber rechtsunwirksam sind. Mit der Umschreibung des Eigentums an dem Rentengute ist die Vormerkung zu löschen[5]).

(4) Auf das Verfahren und das Kostenwesen finden die für Gemeinheitsteilungen geltenden Vorschriften[6]) mit folgenden Maßgaben Anwendung:

1. Zur vertragsmäßigen Begründung des Rentenguts ist nur legitimiert, wer in anderen Fällen der freiwilligen Veräußerung zur Auflassung berechtigt ist[7]).
2. Die infolge der Begründung des Rentenguts und der Übernahme der Rentenbankrente erforderlichen Eintragungen im Grundbuch erfolgen auf Ersuchen der Generalkommission. Auf das Ersuchen der Generalkommission findet § 41 der Grundbuchordnung vom 5. Mai 1872 Anwendung[8]).
3. Für die Begründung des Rentenguts sind die Pauschsätze des § 2 Nr. 3 des Gesetzes über das Kostenwesen in Auseinandersetzungssachen vom 24. Juni 1875 (GS. S. 395) zu zahlen[9]). Wird die Übernahme der

Rentenbankrente mit der Begründung des Rentenguts verbunden, so ist nur der Pauschsatz des § 2 Nr. 3, nicht auch der des § 2 Nr. 1 a. a. O. zu erheben[10]).

4. Unter Genehmigung der Bezirksregierung kann der Gesamtbetrag derjenigen Grundsteuern, welche von den zu den Rentengütern ausgegebenen Grundstücken bisher entrichtet sind, nach der von der Generalkommission festgesetzten Taxe auf die Rentengüter verteilt werden[11]). **Dasselbe gilt, wenn ohne Vermittlung der Generalkommission Rentengüter von Kommunalverbänden oder Vereinigungen ausgegeben werden, die sich mit innerer Kolonisation befassen und vom Minister für diese Vorschrift als gemeinnützige Zwecke fördernd anerkannt sind**[12]) [13]).

[1]) An die Stelle der GK. tritt nach § 9 OrgG. der VKA. Doch bedarf dieser zur Einleitung und zur Einstellung des Verfahrens einer besonderen oder — bei „einfacheren Sachen" — einer allgemeinen Ermächtigung des PräsLKA.: § 16 II [1] a. a. O. Ferner hat der VKA. auch die Ablösung der Rente und die Gewährung von Baudarlehen einzuleiten und durchzuführen, doch bedarf er auch hier der Genehmigung des PräsLKA.: § 16 II [2] a. a. O.

Die Auseinandersetzungsbehörde kann die Vermittelung übernehmen, sie ist aber nicht dazu verpflichtet. (Nr. 1 des AusfE. 16. 11. 1891.) Über die Aufgabe der Auseinandersetzungsbehörde bei der Rentengutsbegründung im Allgemeinen s. Einl. zu dem AusfE. 16. 11. 1891. Rentengutsbegründungen, die nicht eine Vermehrung ländlicher Stellen, sondern nur den Übergang einer Stelle in andere Hand bezwecken, soll der VKA. ablehnen (Nr. 2 AusfE. 16. 11. 1891). Dagegen kann er seine Vermittlung eintreten lassen zum Zweck der Vergrößerung einer Stelle bis zu einer Stelle von mittlerem oder kleinerem Umfange (Zukaufrentengut) [das.; vgl. auch § 1 RGG]. Als Rentengut i. S. des Gesetzes ist dann aber nur der gegen Rente hinzu erworbene Teil der Stelle anzusehen (E. des FM. und LM. 18. 3. 1895 [Sternberg und Peltzer, Die Pr. RGGes., S. 77], OLKG. 25. 5. 1894 und 1. 2. 1895 [das. S. 122, 125]; KGJ. **13** 188). Ganz unbemittelte Personen sollen nicht angesetzt werden, da bei Mittellosigkeit des Erwerbers der dauernde Bestand des Rentengutes nicht gesichert erscheint (Nr. 7 AusfE. 16. 11. 1891).

Über das von dem VKA. zu beobachtende Verfahren s. Abs. 4 und A. dazu.

[2]) Der Vertrag über die Begründung des Rentengutes (Rentengutsrezeß) ist von dem VKA. oder (auf dessen Ersuchen) gerichtlich oder notariell aufzunehmen und von dem PräsLKA. zu bestätigen. Es finden hierbei die Vorschriften der Auseinandersetzungsgesetze über die Aufnahme und Bestätigung des Auseinandersetzungsrezesses Anwendung. Vgl. Abs. 4 und ferner: § 166 V. 20. 6. 1817, § 41, 43 V. 30. 6. 1834, § 108 AblG. 2. 3. 1850, § 16 II ° OrgG.

Verschieden von dem Rentengutsrezeß ist der Rentengutsvertrag des Art. 12 § 1 Abs. 1 AGBGB.:

> Für einen Vertrag, durch den sich der eine Teil verpflichtet, das Eigentum an einem Grundstücke gegen Übernahme einer festen Geldrente zu übertragen (Rentengutsvertrag), genügt bei den durch Vermittlung der Generalkommission begründeten und bei den vom Staate ausgegebenen Rentengütern die schriftliche Form.

Über Ausgabe von Rentengütern durch den Staat s. A. 7 zu § 1 G. 27. 6. 1890, auch § 11 dieses G. Der Rentengutsvertrag „bei den durch Vermittlung der Generalkommission" — jetzt des VKA. — „begründeten" Rentengütern ist ein Vorvertrag, der hauptsächlich die Verpflichtung begründet, einen dem Vertragsinhalt entsprechenden Rentengutsrezeß abzuschließen. Die Bestimmungen des Vorvertrages, wonach gewisse Verpflichtungen von den Parteien zu bestimmten Terminen schon vor der Rezeßbestätigung zu erfüllen sind (Übergabe des Grundstücks, Errichtung der Gebäude, Lieferung von Vorräten, Dünger und Vieh, Leistung von Arbeitshilfe, Leistung einer Anzahlung, Entrichtung der Rente von der Übergabe an usw.), enthalten eine Vereinbarung über die Vorauserfüllung des künftigen — entsprechend dem Vorvertrage errichteten — Rentengutsrezesses. Voraussetzung der Formerleichterung des Art. 12 § 1 Abs. 1 ist nur, daß der Vertrag auf Begründung des Rentenguts durch Vermittlung des LKA. gerichtet ist; ob das Rentengutsverfahren schon beantragt oder anhängig ist, ist gleichgültig. (AM.: ZfLKGG. 39 142). Wie die im Auseinandersetzungsverfahren abgeschlossenen Verträge bedarf der Vorvertrag — zwar nicht der förmlichen Bestätigung, wohl aber — der (ausdrücklichen oder stillschweigenden) Genehmigung des LKA. (nicht des PräsLKA.). Vgl. über das Gesagte Holzapfel in Gruchot 62 731ff.; das. auch über die Bedeutung der Nichtgenehmigung des Vertrages (745ff.) und der Einstellung des Rentengutsverfahrens (748ff.) und über die Erfüllung des Vorvertrages (751ff.).

Über Ablösung der Rente s. A. 7 zu § 1, über das Verfahren bei Gewährung von Baudarlehen A. 4 zu § 2. Wird der Ablösungsrezeß oder der Darlehensrezeß mit dem Rentengutsrezeß verbunden, so ist es genügend, wenn der ganze Rezeß vom PräsLKA. bestätigt wird (§ 16 II[6] OrgG.); denn in diesem Falle ist der Ablösungs- usw. Rezeß, der an sich der Bestätigung durch den LKA. bedarf, nur ein Bestandteil des Rentengutsrezesses. — Wird der Ablösungsrezeß gleichzeitig mit dem Rentengutsrezeß errichtet, so wird eine Rente abgelöst, die keine Reallast ist.

[3]) Außer um Eintragung des Eigentumsüberganges

hat der VKA. auch um Eintragung der übrigen dinglichen Rechte und Rechtsänderungen zu ersuchen, die im Rentengutsrezeß vereinbart sind. Dahin gehören insbesondere die Rentenbankrente (§ 6[6]), die Verfügungsbeschränkung des § 3 G. 27. 6. 1890 (vgl. auch § 35 AGRSG.), die Verpflichtung zur Erhaltung der wirtschaftlichen Selbständigkeit nach § 4 das. (A. 3 zu § 4 a. a. O.), Wiederkaufsrechte (A. 7 zu § 1 G. 27. 6. 1890), Kaufgelderhypotheken, Dienstbarkeiten. Vgl. KGJ. **26** 118, 125, **36** 186, **42** 207, **45** 220, 227, **49** 156; DJZ. 1909 S. 661; JustMBl. 1915 S. 98. Es ist nicht nötig, daß die dinglichen Rechtsänderungen hauptgeschäftlich vereinbart sind, d. h., daß sie sich in dem Rahmen des zur Rentengutsbegründung unbedingt notwendigen halten. Auch nebengeschäftlich nach § 8 V. 30. 6. 1834 vereinbarte Rechtsänderungen sind nach § 12 Abs. 2 S. 3 einzutragen. Dahin gehören z. B. Vereinbarungen über Belastung von Grundstücken Dritter mit Dienstbarkeiten (KGJ. **39** 205), Barverkäufe aus dem zur Besiedlung zur Verfügung gestellten Lande im Gegensatz zu Verkäufen gegen Rente (ZfLKGG. **37** 61, OVG. **70** 433). Ferner gehören hierher die Belastungen der Stammstelle i. F. der Begründung des Rentengutes durch Zukauf. Doch können auf die Stammstelle keine Eintragungen erfolgen, die das Gesetz nur für Rentengüter vorgesehen hat, da die Stammstelle nicht Rentengut ist (A. 1). Daher scheiden hier aus: die Verfügungsbeschränkung des § 3 und die Verpflichtung des § 4 G. 27. 6. 1890 (vgl. auch A. 5). Wird auf die Stammstelle die Rentenbankrente zur Mithaft eingetragen, so hat sie nicht die besondere Vorzugsstellung der auf das Rentengut eingetragenen Rentenbankrente. Selbstverständlich steht aber nichts entgegen, ihr durch die — vom VKA. nach § 39 GBO. nachzusuchende — Eintragung einer Vormerkung einen bestimmten Rang zu sichern (KGJ. **40** 118). Vgl. Nr. 2 des AusfE. 16. 11. 1891, dessen Anweisungen für die Behandlung des Zukaufrentengutes nur in den angegebenen Grenzen befolgt werden können.

Die bei Rentengutssiedlungen ausgewiesenen gemeinschaftlichen Anlagen (Wege, Gräben usw.), über die nicht zugunsten einer bestimmten Person (der Gemeinde usw.) verfügt ist, stehen den Siedlungsteilnehmern in ihrer Eigenschaft als Eigentümer der beteiligten Rentengüter zur gesamten Hand zu. Die Siedlungsteilnehmer bilden eine Gesamtheit i. S. des G. 2. 4. 1887 (GS. 105): OLKG. 30. 3. 1894 (Sterneberg und Peltzer, Die PrRGGes., S. 126). Vgl. Holzapfel i. VerwArch. **24** 42ff. Die gemeinschaftlichen Anlagen sind daher, wenn für die Gesamtheit eine Vertretung nach dem G. 2. 4. 1887 eingesetzt ist, auf den Namen der Gesamtheit, andernfalls auf den Namen der Eigentümer der beteiligten Rentengüter als solcher einzutragen (KGJ. **48** 199).

Über die Rentengutsvormerkung s. A. 5, über die Löschung von Hypotheken zur Freistellung des Rentenguts: A. 5 zu § 1 G. 27. 6. 1890.

[4]) Der Rentengutsrezeß hat nicht, wie der Auseinandersetzungsrezeß, unmittelbar dingliche Wirkung. Vielmehr erhalten die Vereinbarungen solche erst durch die Eintragung im GBuch. Dies gilt, wie von dem Eigentum, so auch von den sonstigen dinglichen Rechten. Nur die Rentenbankrente entsteht mit dinglicher Wirkung unmittelbar auf Grund des bestätigten Rezesses, sobald das belastete Grundstück im GBuch auf den Namen des Erwerbers eingetragen ist (A. 7 zu § 6).

[5]) Die Rentengutsvormerkung hat die Wirkung, daß die später eingetragenen bürgerlich-rechtlichen Belastungen schlechthin erlöschen, wenn das Rentengut durch Eintragung des Erwerbers begründet wird; sie sind daher ohne weiteres vom GBRichter zu löschen (KG. 31. 12. 1894 bei Sterneberg und Peltzer, Die PrRGGes., S. 155). Ferner bedarf es, auch wenn das Rentengut auf Grund eines

UG. (§ 1 Abs. 5 G. 27. 6. 1890) von einem größeren Gute abveräußert wird, nicht der Eintragung des Sperrvermerks nach § 59 V. 30. 6. 1834. An sich tritt zwar bei einer solchen Abveräußerung der Kaufpreis (die als Entgelt bedungene Rente) an die Stelle des abveräußerten Trennstücks und überkommt dessen Belastungen (§ 3 G. 3. 3. 1850 GS. 145). Aber diese Belastungen können den Schuldner des Kaufpreises d. h. den Erwerber des Rentengutes nicht verstricken, weil sie ihm gegenüber kraft der Rentengutsvormerkung unwirksam sind. Auf die Verstrickung des Schuldners aber kommt es bei der Frage, ob überhaupt eine Verstrickung vorliegt, an.

Bei der Begründung eines Rentengutes durch Zukauf (A. 1) kann die Vormerkung nur auf den neu zu erwerbenden Teil, nicht auf die Stammstelle eingetragen werden (KGJ. **13** 188).

[6]) Vgl. jetzt die Vorschriften des OrgG. Nach § 17 OrgG. gelten für das Verfahren des VKA. die Vorschriften der Auseinandersetzungsgesetze weiter, für die übergeordneten Spruchbehörden (Spruchkammer des LKA., OLKA.) hingegen die Vorschriften des LVG. In die Leitung des Verfahrens teilen sich der VKA. und der PräsLKA. (§§ 1, 9, 16 OrgG.). Die VKA. haben örtlich abgegrenzte Bezirke (§ 8; vgl. LME. 1. 10. 1919, LMBl. 303) und sind für die innerhalb ihrer Bezirke liegenden Grundstücke zur Rentengutsbegründung zuständig (§ 13). Die Zuständigkeit des VKA. gegenüber anderen Behörden ist unverändert geblieben; nur die Befugnis zur Entscheidung von Streitigkeiten über solche Rechtsverhältnisse, die außerhalb eines Rentengutsverfahrens Gegenstand eines Rechtsstreites hätten werden können und dann vor die ordentlichen Gerichte gehört hätten, ist weggefallen (§ 1 Abs. 5); vgl. über die Verweisung solcher Streitigkeiten in den Rechtsweg: §§ 22, 24 Abs. 3. Ob zu den Rechtsverhältnissen der bezeichneten Art auch die Gültigkeit oder Ungültigkeit

des Rentengutsvorvertrages und des Rentengutsrezesses sowie die Auseinandersetzung zwischen Erwerber und Veräußerer des Rentengutes im Falle der Ungültigkeit oder der Aufhebung der Verträge gehören, ist zweifelhaft. Das Reichsgericht hat die Frage bejaht, indem es die Revision bei Streitigkeiten über jene Rechtsverhältnisse (trotz § 66 G. 18. 2. 1880, GS. 1899 S. 404) zugelassen hat, seine Auffassung aber niemals näher begründet. Gegen die Bejahung spricht, daß der rechtliche Bestand des Vorvertrages oder des Rezesses außerhalb eines Rentengutsverfahrens ebenso gut und ebenso wenig streitig werden kann, wie der rechtliche Bestand der Planfeststellung oder der Rezeßerrichtung im Auseinandersetzungsverfahren, über die doch anerkanntermaßen nur von der Auseinandersetzungsbehörde — bisher unter Ausschluß der **Revision** nach § 66 a. a. O. — zu entscheiden ist. Dagegen ist anerkannt, daß die Anfechtung des bestätigten Rezesses nach Abschluß des (Auseinandersetzungs- oder) Rentengutsverfahrens durch Klage beim ordentlichen Gericht zu verfolgen ist (OT. **28** 246, **35** 269, **36** 96; ZfLKG. **13** 46, **33** 144; RG. **22** 361, **29** 149; Gruchot **35** 1081; JustMBl. 1861 S. 205).

7) Vgl. §§ 36, 40, 41 GBO. Der für das Auseinandersetzungsverfahren nachgelassene besondere Ausweis nach § 109 AblG. 2. 3. 1850 (vgl. auch § 14 ZusG. 24. 5. 1885 GS. 156) ist im Rentengutsverfahren nicht zugelassen, soweit es sich um die Begründung des Rentenguts d. h. um die Übereignung an den Erwerber handelt. Im übrigen steht aber der Anwendung des § 109 a. a. O. nichts entgegen. Soll daher nebengeschäftlich (A. 3) ein nicht zum Verfahren gezogenes Grundstück mit einer Dienstbarkeit belastet werden, so genügt es, wenn sich dessen Eigentümer nach § 109 ausweist.

8) Vgl A. 3. — An die Stelle des § 41 GBO. 5. 5. 1872 ist jetzt § 39 RGBO. getreten. Das Ersuchen (nach § 39 a. a. O.)

ist die Grundlage der Eintragung. Zu einer Prüfung der Unterlagen des Ersuchens ist der GBRichter nicht befugt. Dies gilt namentlich von dem Ersuchen um Löschung von Hypotheken zur Freistellung des Rentengutes (A. 5 zu § 1 G. 27. 6. 1890) und um Eintragung einer Vormerkung auf die Stammstelle zur Sicherung des Ranges der Rentenbankrente i. F. der Begründung des Rentengutes durch Zukauf (oben A. 3). — Dem Ersuchen um Eintragung des bestätigten Rentengutsrezesses muß dieser in Ausfertigung beigefügt werden. Dabei bildet der Rezeß derart einen Bestandteil des Ersuchens, daß das GBAmt nur solche Rechtsänderungen eintragen darf, die in dem Rezeß ihre Begründung finden (KGJ. **43** 191). Der Eintragung des Rezesses steht nicht entgegen, daß der Rentengutsausgeber d. h. der Eigentümer des als Rentengut zu begründenden Grundstücks nach der Errichtung des Rezesses gewechselt hat, da der Besitznachfolger in das Verfahren mit allen Rechten und Pflichten seines Vorgängers von selbst eintritt. Vgl. V. 18. 12. 1841 (GS. 1842 S. 17), ZfLKGG. **32** 118; Sterneberg und Peltzer, Die PrRGGes., S. 115, 119, KGJ. **47** 162. Dagegen erfordert der Eintritt eines neuen Rentengutserwerbers anstelle eines ausscheidenden alten einen neuen Rentengutsvertrag mit dem Ausgeber. Vgl. über diesen Fall: ZfLKGG. **40** 230.

[9]) Also regelmäßig ℳ 12.— für jedes ha der zu Rentengütern ausgelegten Fläche. Doch kann der Satz nach § 3 KostG. 24. 6. 1875 bis auf ℳ 3.— ermäßigt oder bis auf ℳ 27.— erhöht werden. Bei Zukaufrentengütern ist der Pauschsatz nur von der hinzuerworbenen Fläche, nicht auch von der Stammstelle, zu erheben. Hat die Hereinziehung der Stammstelle besondere Kosten verursacht, so ist der auf die neuerworbene Fläche zu legende Kostensatz im Rahmen des § 3 KostG. zu erhöhen (ZfLKGG. **34** 268).

Ist die Rentengutsbegründung ein Siedlungsverfahren i. S. des RSG., so ist sie nach § 29 das. „von allen Gebühren, Stempelabgaben und Steuern des Reichs, der Bundesstaaten und sonstigen öffentlichen Körperschaften befreit"; nur die im ordentlichen Rechtsweg vorgenommenen Handlungen nehmen an dieser Befreiung nicht teil. Unter diese Vorschrift fallen alle Rentengutsbegründungen, bei denen ein gSU. (§ 1 RSG.) Rentengutsausgeber ist oder die von einem gSU. geschäftlich oder amtlich (vgl. § 11 Abs. 1 AGRSG.) vermittelt werden, also insbesondere auch alle vom BKA. vermittelten Rentengutsbegründungen. Vgl. A. 1 zu § 35 AGRSG. Dagegen nehmen die von anderen Siedlungsunternehmern ausgehenden Rentengutsbegründungen an der Begünstigung nicht etwa deshalb teil, weil eine als gSU. anerkannte Behörde oder öffentliche Anstalt für sie den Antrag auf Enteignung des — zur Rentengutsbegründung verwendeten — Landes gestellt hat. Vgl. § 11 Abs. 2 AGRSG. und A. 2 dazu. Bei den unter § 29 RSG. fallenden Rentengutsgründungen wird der Pauschsatz § 2 ³ KostG. 24. 6. 1875 nicht erhoben. Es kommen nur die baren Auslagen der Staatskasse, also die Reisekosten der Beamten, die Vergütungen der Sachverständigen, Schreibgebühren u. dergl. zur Erhebung. Die Arbeit der Beamten, die früher nach Dreißigteilen eines Arbeitstages und nach bestimmten Tagegeldsätzen berechnet wurde (vgl. §§ 8, 12 KostG. 24. 6. 1875) kommen als Gebühren i. S. des § 29 RSG. nicht zur Anrechnung.

Über Rentengutsbegründung unter gleichzeitiger Ablösung der Rente und Gewährung eines Baudarlehens s. A. 10; über die Kostenerhebung bei Streitigkeiten: § 29 OrgG.

[10]) Für die mit der Begründung des Rentengutes verbundenen Geschäfte der Ablösung der Rente und der Gewährung eines Baudarlehens wird also kein besonderer Pauschsatz erhoben. Diese Geschäfte gelten dann als Teile des Hauptgeschäfts, d. h. der Begründung des Rentengutes. Die Gewährung des Baudarlehens ist auch

dann gebührenfrei, wenn sie in dem Rentengutsrezeß nur vorbehalten ist, selbst aber später verwirklicht wird. Denn durch den Vorbehalt wird sie als Teil des Hauptgeschäfts anerkannt.

[11]) Wie bei Grundstücksumlegungen nach § 27 Abs. 3 GTO. 13. 5. 1867 (GS. 716) und den ihm nachgebildeten Vorschriften.

[12]) Der letzte Satz ist durch § 8 G. 8. 5. 1916 hinzugefügt. — Über gSU. s. A. 1 zu § 1 RSG. Vgl. ferner Abschn. III der AusfB. 28. 11. 1916 (unten Nr. VII).

[13]) Außer dem Rentenbankkredit (bei Ablösung der Kaufrente und Gewährung des Baudarlehens) stellt der Staat zur Förderung der Rentengutsbegründung zur Verfügung: Zwischenkredit nach G. 12. 7. 1900 (unten Nr. IV); Beihilfen zu den Folgeeinrichtungskosten (den Kosten der Instandsetzung der gemeinschaftlichen Anlagen usw.) nach dem Haushaltsplan Kap. 101 Tit. 15 [a] der landw. Verwaltung; Mittel zur Verhütung von Verlusten, die den Rentenbanken dadurch entstehen, daß die Rentenpflichtigen unverschuldet in eine schwierige Lage kommen, nach Tit. 15 [b] das.; Stellen- und Flächenzuschüsse (Abschn. IV der AusfB. 28. 11. 1916) nach Kap. 29 Nr. 4 das. S. auch A. 6 zu § 2 G. 7. 7. 1891 (Baukostenzuschüsse).

Nach § 1 KapAbfG. 3. 7. 1916 (RGBl. 680) und § 1 OffKapAbfG. 26. 7. 1918 (RGBl. 994) kann Mannschaften und Offizieren, die einen Anspruch auf Kriegsversorgung haben, statt der fortlaufenden Rente eine Kapitalabfindung „zum Erwerb oder zur wirtschaftlichen Stärkung eigenen Grundbesitzes" gezahlt werden. Vgl. dazu die AusfBest. des BR. 11. 1. 1919 (RGBl. 23, RZBl. 23); ferner über die Verwendung des Abfindungskapitals zum Rentengutserwerb: PrVBl. 40 9.

## § 13.

Bei denjenigen Rentengütern, welche vor dem Inkrafttreten dieses Gesetzes [1]) errichtet sind, kann die Ablösung der Rente durch Vermittlung der Rentenbank von dem Rentenberechtigten nur unter Zustimmung des Rentengutsbesitzers beansprucht werden.

[1]) Also lediglich auf Grund des G. 27. 6. 1890.

## § 14.

Das Gesetz, betr. die Wiederzulassung der Vermittlung der Rentenbanken zur Ablösung der Reallasten, vom 17. Januar 1881 (GS. S. 5) wird von Neuem mit der Maßgabe in Kraft gesetzt, daß die in den §§ 4 und 6 bestimmte Frist fortfällt, und daß dasselbe auch auf diejenigen Ablösungen Anwendung findet, welche nach dem 31. Dezember 1883 bei der zuständigen Auseinandersetzungsbehörde anhängig geworden sind [1]).

[1]) § 14 hat nicht nur für die Rentengutsbegründung Bedeutung, sondern für die Ablösung der Reallasten überhaupt.

## § 15.

Die zur Ausführung dieses Gesetzes erforderlichen Anordnungen werden von dem Finanzminister und dem Minister für Landwirtschaft, Domänen und Forsten und, soweit es sich um die Ausführung des § 12 handelt, im Einvernehmen mit dem Justizminister getroffen [1]) [2]).

[1]) S. Vorbemerkung zur Überschrift des G.

[2]) Zum Schutz der Rentengüter gegen Zerstückelung bei Erbteilungen ist das G., betr. das Anerbenrecht bei Renten- und Ansiedlungsgütern, 8. 6. 1896 (GS. 124) erlassen. Dieses G. gilt nicht im Gebiet des ehemaligen Rheinischen Rechts. Es findet Anwendung auf die Rentengüter, die nach § 12 G. 7. 7. 1891 begründet sind, auf die vom Staat nach G. 26. 4. 1886 (oben Nr. I) oder 27. 6. 1890 (oben Nr. II) ausgegebenen und nach § 4 BesitzbefestG. 26. 6. 1912 (GS. 183) für die nach diesem G. begründeten Rentengüter.

IV.

# Gesetz, betr. die Gewährung von Zwischenkredit bei Rentengutsgründungen.

Vom 12. Juli 1900. (GS. S. 300.)

Vorbemerkung.

Das G. ist durch G. zur Abänderung des G., betr. die Gewährung von Zwischenkredit bei Rentengutsgründungen, vom 20. 7. 1910 (GS. 149), und durch G. 8. 5. 1916 (unten Nr. VI) geändert. Die auf dem ersteren G. beruhenden Gesetzesworte sind im folgenden gesperrt, die auf dem letzteren G. beruhenden **fett** gedruckt.

## § 1.

(1) Soweit für die Errichtung von Rentengütern die Vermittlung der Generalkommission eintritt [1]), kann der erforderliche Zwischenkredit aus den Beständen des Reservefonds der Rentenbanken gewährt werden [2]).

(2) Dem Fonds darf hierfür ein Betrag bis zu fünfzehn Millionen Mark entnommen werden [3]).

(3) [4]) **Werden Rentengüter von Kommunalverbänden oder Vereinigungen ausgegeben, die sich mit innerer Kolonisation befassen und vom Minister für diese Vorschrift als gemeinnützige Zwecke fördernd anerkannt sind [5]), so kann der Zwischenkredit auch gewährt werden, wenn für die Errichtung der Rentengüter die Vermittlung der Generalkommission nicht eintritt.**

[1]) § 12 G. 7. 7. 1891 (oben Nr. III).

[2]) Die Fassung des Abs. 1 beruht auf dem G. 20. 7. 1910 (GS. 149). Ursprünglich lautete Abs. 1:

Soweit für die Errichtung von Rentengütern die Vermittlung der Generalkommission eintritt, kann der zur Abstoßung der Schulden und Lasten der aufzuteilenden oder abzutrennenden Grundstücke und zur erstmaligen Besetzung der Rentengüter mit den notwendigen Wohn- und Wirtschaftsgebäuden erforderliche Zwischenkredit aus den Beständen des Reservefonds der Rentenbanken gewährt werden.

Reservefonds der Rentenbanken: §§ 52, 53 RBG. 2. 3. 1850 (GS. 112).

[3]) Die Fassung des Abs. 2 beruht auf dem G. 20. 7. 1910 (A. 2). In der ursprünglichen Fassung war der Betrag auf zehn Millionen Mark angegeben.

[4]) Abs. 3 ist durch § 4 G. 8. 5. 1916 (unten Nr. VI) hinzugefügt.

[5]) Vgl. A. 1 zu § 1 RSG.; ferner § 12 Abs. 4[4] G. 27. 7. 1891 (oben Nr. III), sowie § 9 G. 8. 5. 1916 (unten Nr. VI). Ferner Abschn. III 2 AusfB. 28. 11. 1916 (unten Nr. VII).

Über die Gemeinnützigkeit von Kleinsiedlungsgesellschaften s. Abschn. III 4 AusfB. 28. 11. 1916 (unten VII).

## § 2.

Über die Verwendung des Zwischenkredits ist dem Landtag alljährlich Rechnung zu legen.

## § 3.

Mit der Ausführung dieses Gesetzes werden der Finanzminister und der Minister für Landwirtschaft, Domänen und Forsten beauftragt[1]).

[1]) S. die ausführlichen AusfBestimmungen in der AusfB. 28. 11. 1916 (unten Nr. VII) Abschn. I.

V.

# Gesetz, betr. die Gründung neuer Ansiedlungen in den Provinzen Ostpreußen, Westpreußen, Brandenburg, Pommern, Posen, Schlesien, Sachsen und Westfalen.

Vom 10. August 1904. (GS. S. 227.)

Vorbemerkung. Das G. 10. 8. 1904 ergänzt und ändert das G. betr. die Verteilung der öffentlichen Lasten bei Grundstücksteilungen und die Gründung neuer Ansiedelungen in den Provinzen Preußen, Brandenburg, Pommern, Posen, Schlesien, Sachsen und Westfalen, vom 25. 8. 1876 (GS. 405), was in seiner Überschrift nicht zum Ausdruck kommt. Durch Art. I erhält der Abschnitt II des G. 25. 8. 1876 („Gründung neuer Ansiedelungen") eine neue Fassung. Art. II hebt die Vorschrift § 52 Abs. 2 G. 1. 4. 1880 (GS. 230) auf. Art. III bestimmt:

(1) Auf Ansiedlungen, die durch Rentengutsbildung unter Vermittlung der Generalkommission nach dem Gesetze, betr. die Beförderung der Errichtung von Rentengütern, vom 7. 7. 1891 (GS. S. 279) entstehen, finden die §§ 13 bis 16, 17b, 19, 20 in der durch Art. I vorgeschriebenen Fassung mit der Maßgabe Anwendung, daß Genehmigungsbehörde die Generalkommission ist.

(2) In diesem Falle treten an die Stelle der §§ 17, 17a, 18 des Art. I folgende Vorschriften.

Durch die (von der Novemberregierung erlassene) V. 6. 12. 1918 (GS. 194), die von der LVers. am 15. 12. 1919 genehmigt ist (LVers. 1919 SitzBer. 8071), ist § 13b G.

10. 8. 1904, der für die Ansiedlung in der national gefährdeten Ostmark besondere Vorschriften enthielt, aufgehoben werden. Im folgenden sind die §§ 13—16, 17b, 19, 20, unter Weglassung des Art. 13b in der Fassung des Art. I, die §§ 17, 17a, 18 in der Fassung des Art. III wiedergegeben. In der wiedergegebenen Fassung finden also die Vorschriften im Falle der **Rentengutsbegründung** Anwendung. Dabei tritt an die Stelle der GK. als **Genehmigungsbehörde** nach § 16 Ic OrgG. der PräsLKA.; s. auch § 18 u. A. dazu.

Außer dem für die älteren Provinzen ergangenen G. 10. 8. 1904 sind ergangen:

a) für die Provinz **Hannover**: G. 4. 7. 1887 (GS. 324) [H.].

b) für die Provinz **Schleswig-Holstein**: G. 13. 6. 1888 (GS. 243) [Schl.-H.].

c) für die Provinz **Hessen-Nassau**: G. 11. 6. 1890 (GS. 173) [H.-N.].

Ergänzt sind diese Gesetze durch Art. II G. 16. 9. 1899 (GS. 497), der die in Art. I das. enthaltenen, den § 15a; § 16 Abs. 2, 4; § 18 Abs. 7; § 19 des Art. III G. 10. 8. 1904 entsprechenden, Vorschriften über die Berücksichtigung des **Bergbaus** einführt. Die **sachlichen** Abweichungen der genannten Gesetze von dem G. 10. 8. 1904 sind bei den einzelnen Paragraphen des letzteren angegeben. — Daß die GK. auch im Geltungsbereich dieser Gesetze im Falle der Rentengutsgründung **Genehmigungsbehörde** sei, ist in ihnen nicht ausdrücklich vorgeschrieben. Die GK. war aber als solche schon vor Erlaß G. 10. 8. 1904 anerkannt: E. des MdI., JustM. und LM. 24. 7. 1892 (MBl. 338; ZfdLKGG. **32** 40; **Sterneberg und Pelzer**, Die PrRGGes. S. 52); ZfdLKGG. **34** 231.

Zu dem G. 10. 8. 1904 ist ergangen: **AusfAnw.** des KM., LM., MdI., HuGM. und FM. 28. 12. 1904 (MBl.

1905 S. 2). Wegen der zahlreichen zu den Ansiedlungsgesetzen ergangenen Entsch. des OVG. s. Petersen, G. 10. 8. 1904 (2).

## § 13.

(1) Wer außerhalb einer im Zusammenhange gebauten Ortschaft ein Wohnhaus errichten oder ein vorhandenes Gebäude zum Wohnhaus einrichten will, bedarf einer vom Kreisausschuß, in Stadtkreisen von der Ortspolizeibehörde[1]) zu erteilenden Ansiedlungsgenehmigung. Vor deren Aushändigung darf die polizeiliche Bauerlaubnis nicht erteilt werden.

1. Genehmigungsbedürftige Ansiedlung. a) Einzelansiedlung.

(2) Die Ansiedlungsgenehmigung ist nicht erforderlich für Wohnhäuser, die in den Grenzen eines nach dem Gesetze, betr. die Anlegung und Veränderung von Straßen und Plätzen in Städten und ländlichen Ortschaften, vom 2. Juli 1875 (GS. S. 561) festgestellten Bebauungsplans oder die auf einem bereits bebauten Grundstück im Zusammenhange mit bewohnten Gebäuden errichtet oder eingerichtet werden sollen[2]).

[1]) § 14 Abs. 1 H., § 13 Abs. 1 Schl.-H.: Ortspolizeibehörde; § 1 Abs. 1 H.-N.: von dem Landrat — in Stadtkreisen von der Ortspolizeibehörde. — Bei Rentengutsgründungen: PräsLKA. (Vorbemerkung zur Überschrift) oder — in H., Schl.-H. und H.-N. — BKA.

[2]) § 13 stimmt mit H. § 14 Abs. 1, 2, Schl.-H. § 13 Abs. 1, 2, H.-N. § 1 Abs. 1, 2 fast wörtlich überein. Diese Vorschriften haben jedoch noch folgenden Abs. 3:

Zu den Wohnhäusern i. S. dieses Paragraphen gehören auch die aus Holz, Torf, Stroh, Soden oder anderen geringen Baumaterialien angefertigten Unterkunftsstätten, sofern dieselben nicht nur vorübergehend, z. B. für die Dauer einer bestimmten Arbeit, zum Aufenthalt, sondern dauernd zu einer Wohnung für Menschen dienen sollen.

## § 13a.

b) Bildung mehrerer Ansiedlungen aus einem Landgut.

Die Ansiedlungsgenehmigung ist ferner erforderlich, wenn infolge oder zum Zwecke der Umwandlung eines Landguts oder eines Teils eines solchen in mehrere ländliche Stellen innerhalb einer im Zusammenhange gebauten Ortschaft oder in den Fällen des § 13 Abs. 2 ein Wohnhaus errichtet oder ein vorhandenes Gebäude zum Wohnhaus eingerichtet werden soll[1]).

[1]) § 13a fehlt in H., Schl.-H. u. H.-N. Dagegen enthalten diese Gesetze folgende besondere Vorschriften über die Anlegung von Kolonien:

H. § 19, Schl.-H. § 18, H.-N. § 6.

(1) Wer außerhalb einer im Zusammenhange gebauten Ortschaft eine Kolonie anlegen will, hat dazu die Genehmigung des Kreisausschusses, in Stadtkreisen der Ortspolizeibehörde, zu beantragen.

(2) Mit dem Antrage ist ein Plan vorzulegen, in welchem unter Beifügung einer Situationszeichnung die im öffentlichen Interesse für die Kolonie erforderlichen Anlagen nach Umfang und Art ihrer Ausführung darzulegen sind, die künftige Unterhaltungspflicht für diese Anlagen festzustellen und endlich nachzuweisen ist, daß die nötigen Mittel zur ordnungsmäßigen Ausführung und dauernden Unterhaltung derselben vorhanden sind.

(3) Soweit zur Herstellung dieser Anlagen die anderweite Genehmigung einer Staatsbehörde ge-

setzlich erforderlich ist, ist gleichzeitig die Erteilung dieser Genehmigung nachzuweisen.

H. § 20, Schl.=H. § 19, H.=N. § 7.

(1) Hinsichtlich der Genehmigung zur Anlegung einer Kolonie finden die Bestimmungen der §§ 15 bis 17 (Schl.=H.: §§ 14—16; H.=N., §§ 2—4) entsprechende Anwendung.

(2) Die Genehmigung ist auch dann zu versagen, wenn der mit dem Antrage vorzulegende Plan nicht den Anforderungen des § 19 Abs. 2 und 3 (Schl.=H.: § 18 Abs. 2 und 3; H.=N.: § 6 Abs. 2 und 3) entspricht. Zur Ausführung und dauernden Unterhaltung der im öffentlichen Interesse für die Kolonie erforderlichen Anlagen ist nach erteilter Genehmigung die Anwendung des polizeilichen Zwangsverfahrens zulässig.

(3) Gegen den die Erteilung oder Versagung der Genehmigung betreffenden Bescheid, welcher mit Gründen zu versehen und dem Antragsteller, sowie denjenigen, welche Einspruch erhoben haben, zu eröffnen ist, steht letzteren sowie dem Antragsteller

bei Bescheiden des Kreisausschusses der Antrag auf mündliche Verhandlung im Verwaltungsstreitverfahren,

bei Bescheiden der Ortspolizeibehörde eines Stadtkreises die Klage bei dem Bezirksausschusse innerhalb zwei Wochen offen.

## § 14.

(1) Die Ansiedlungsgenehmigung ist zu versagen, wenn nicht nachgewiesen ist, daß der Platz, auf welchem die Ansiedlung gegründet werden soll, durch einen jederzeit offenen fahrbaren Weg[1]) zugänglich oder daß die Be= — 2. Nähere Erfordernisse der Ansiedlung.

schaffung eines solchen Weges gesichert ist. Kann nur der letztere Nachweis erbracht werden, so ist bei Erteilung der Ansiedlungsgenehmigung für die Beschaffung des Weges eine Frist zu bestimmen, nach deren fruchtlosem Ablaufe das polizeiliche Zwangsverfahren eintritt.

(2) Von der Bedingung der Fahrbarkeit des Weges kann unter besonderen Umständen abgesehen werden.

(3) Auch zur Erhaltung der ununterbrochenen Zugänglichkeit der Ansiedlung ist die Anwendung des polizeilichen Zwangsverfahrens zulässig.

(4) In Moorgegenden ist die Ansiedlungsgenehmigung zu versagen, solange die Entwässerung des Bodens, auf dem die Ansiedlung gegründet werden soll, nicht geregelt ist[2].

[1]) H. § 15 und Schl.-H. § 14 enthalten im Abs. 1 hinter „Weg" noch den Zusatz „(bzw. durch eine Schiffahrtsstraße)".

[2]) In H. § 15, Schl.-H. § 14 und § 2 H.-N. ist die Bestimmung Abs. 3 als Schlußsatz dem Abs. 1 hinzugefügt. Ihrerseits enthalten diese Vorschriften als Abs. 3 die Bestimmung:

Die Ansiedlungsgenehmigung ist ferner zu versagen, wenn und solange die Gemeinde-, Kirchen- und Schulverhältnisse der Ansiedlung nicht in einer dem öffentlichen Interesse und den örtlichen Verhältnissen entsprechenden Weise geordnet sind.

Abs. 4 fehlt in § 2 H.-N. Im übrigen stimmen die angeführten Vorschriften fast wörtlich mit § 14 überein.

## § 15.

3. Einsprüche der Nachbarn und der Gemeinde.

Die Ansiedlungsgenehmigung kann versagt werden, wenn gegen die Ansiedlung von dem Eigentümer, dem Nutzungs- oder Gebrauchsberechtigten oder dem Pächter eines benachbarten Grundstücks oder von dem Vorsteher des Gemeinde-(Guts-)Bezirkes, zu welchem das zu besiedelnde Grundstück gehört, oder von einem der Vorsteher derjenigen Gemeinde-(Guts-)Bezirke, an die es grenzt, Einspruch erhoben und der Einspruch durch Tatsachen begründet wird, welche die Annahme rechtfertigen, daß die Ansiedlung den Schutz der Nutzungen benachbarter Grundstücke aus der Land- oder Forstwirtschaft, aus dem Gartenbaue, der Jagd oder der Fischerei gefährden werde[1]).

[1]) § 15 stimmt fast wörtlich überein mit H. § 16, Schl.-H. § 15, H.-N. § 3.

## § 15a.

Die Ansiedlungsgenehmigung kann ferner versagt werden, wenn gegen die Ansiedlung von dem Besitzer eines Bergwerkes, welches unter dem zu besiedelnden Grundstück oder in dessen Nähe belegen ist, Einspruch erhoben und durch Tatsachen begründet wird, welche die Annahme rechtfertigen: 4. Einsprüche des Bergwerksbesitzers.

a) daß durch den Betrieb des Bergwerkes in absehbarer Zeit Beschädigungen der Oberfläche des zu besiedelnden Grundstücks eintreten können, denen im Interesse der persönlichen Sicherheit und des öffentlichen Verkehrs durch bergpolizeilich anzuordnendes Stehenlassen von Sicherheitspfeilern vorzubeugen sein würde,

b) daß die wirtschaftliche Bedeutung des uneingeschränkten Abbaues der Mineralien die der Ansiedlung überwiegt[1]).

[1]) § 15a stimmt wörtlich überein mit H. § 16a, Schl.-H. § 15a und H.-N. § 3a, die durch Art. II G. 16. 9. 1899 den Gesetzen hinzugefügt sind.

## § 16.

5. Bekanntmachung des Ansiedlungsgesuchs. Anhörung der Beteiligten. Beweiserhebung.

(1) Vor Erteilung der Ansiedlungsgenehmigung sind die beteiligten Gemeinde-(Guts-)Vorsteher (§ 15) von dem Antrag in Kenntnis zu setzen. Diese haben zu prüfen, ob für sie Anlaß vorliegt, Einspruch gemäß § 15 zu erheben, wofür die im nächsten Satze vorgesehene Ausschlußfrist gilt[1]). Sie haben ferner den Antrag alsbald innerhalb ihrer Gemeinden (Gutsbezirke) auf ortsübliche Art mit dem Bemerken bekannt zu machen, daß gegen den Antrag von den Eigentümern, Nutzungs-, Gebrauchsberechtigten und Pächtern der benachbarten Grundstücke innerhalb einer Ausschlußfrist von einundzwanzig Tagen[2]) bei der besonders zu bezeichnenden Genehmigungsbehörde[3]) Einspruch erhoben werden könne, wenn der Einspruch sich durch Tatsachen der im § 15 bezeichneten Art begründen lasse[4]).

(2) Geht Bergbau unter dem zu besiedelnden Grundstück oder in dessen Nähe um, so ist von dem Antrag auch der zuständige Bergrevierbeamte in Kenntnis zu setzen. Dieser hat den beteiligten Bergwerksbesitzern eine Mitteilung von dem Antrage zuzustellen unter Hinweis auf die Befugnis, innerhalb einer Frist von einundzwanzig Tagen vom Tage der Zustellung ab Einspruch auf Grund des § 15a bei der besonders zu bezeichnenden Genehmigungsbehörde zu erheben[5]).

(3) Die Einsprüche sind von der Genehmigungsbehörde, geeignetenfalls nach Anhörung des Antragstellers und derjenigen, welche Einspruch erhoben haben, sowie nach Aufnahme des Beweises zu prüfen[4]).

(4) Wenn der Einspruch auf Grund des § 15a erhoben wird, so ist die Genehmigungsbehörde zur Ein-

holung einer gutachtlichen Äußerung der zuständigen Bergpolizeibehörde verpflichtet[5]).

[1]) Dieser Satz fehlt in H. § 17 Abs. 1, Schl.-H. § 16 Abs. 1, H.-N. § 4 Abs. 1.

[2]) H. § 17 Abs. 1, Schl.-H. § 16 Abs. 1, H.-N. § 4 Abs. 1: „innerhalb einer Präklusivfrist von zwei Wochen".

[3]) H. § 17 Abs. 1, Schl.-H. § 16 Abs. 1: „bei der Ortspolizeibehörde"; H.-N. § 4 Abs. 1: „bei dem Landrate, in Stadtkreisen bei der Ortspolizeibehörde."

[4]) Abgesehen von den Abweichungen A. 1—3 stimmen H. § 17 Abs. 1, 3; Schl.-H. § 16 Abs. 1, 3; H.-N. § 4 Abs. 1, 3 fast wörtlich mit § 16 Abs. 1, 3 überein.

[5]) H. § 17 Abs. 2, 4; Schl.-H. § 16 Abs. 2, 4; H.-N. § 4 Abs. 2, 4, die durch Art. II G. 16. 9. 1899 zugesetzt sind, stimmen fast wörtlich mit § 16 Abs. 2, 4 G. 10. 8. 1904 überein. Doch bestimmen sie die Frist (Abs. 2) auf zwei Wochen und bezeichnen als die Stelle, bei der Einspruch zu erheben ist (Abs. 2, 4) teils die Ortspolizeibehörde (H. u. Schl.-H.) teils den Landrat oder in Städten die Ortspolizeibehörde (H.-N.).

## § 17.

6. Berücksichtigung der Gemeinde-, Kirchen- und Schulverhältnisse.

(1) Die beteiligten Gemeinde-(Guts-)Vorsteher und die Vorstände der beteiligten Kirchen- und Schulgemeinden (Schulverbände, Schulsozietäten usw.) sind von dem Antrage mit dem Eröffnen in Kenntnis zu setzen, daß sie, falls infolge der Ansiedlung eine Änderung oder Neuordnung der Gemeinde-, Kirchen- oder Schulverhältnisse erforderlich werden sollte, binnen einer Ausschlußfrist von einundzwanzig Tagen bei der Genehmigungsbehörde die Festsetzung besonderer Leistungen des Antragstellers für den Zweck dieser Änderung oder Neuordnung beantragen können.

(2) Die Genehmigungsbehörde hat das Ergebnis der Bekanntmachung dem Kreisausschuß, in Stadtkreisen der Ortspolizeibehörde unter Beifügung der Akten mitzuteilen.

(3) Erachtet der Kreisausschuß oder[1]) die Ortspolizeibehörde eine solche Leistung für erforderlich, so haben sie diese in einem Bescheide festzusetzen oder ihre Festsetzung einem weiteren Bescheide vorzubehalten. Sie sind hierbei an die etwa gestellten Anträge nicht gebunden.

(4) Gegen den Bescheid steht dem Antragsteller innerhalb zwei Wochen nur die Beschwerde an den Bezirksausschuß und gegen dessen Bescheid innerhalb gleicher Frist die weitere Beschwerde an den Provinzialrat offen.

(5) Aus Gründen des öffentlichen Interesses ist auch dem Vorsitzenden des Kreisausschusses die Beschwerde gegeben, wenn er die Festsetzung für unzureichend hält oder wenn eine Leistung nicht für erforderlich erachtet worden ist.

(6) Die Generalkommission[2]) kann die Ansiedlungsgenehmigung von dem Nachweise, daß die Leistung erfüllt ist, oder von der Bestellung einer Sicherheit, die für die Erfüllung haftet, abhängig machen[3]).

(7) Macht der Antragsteller von der Ansiedlungsgenehmigung Gebrauch, so ist er zu der Leistung verpflichtet[4]) [5]).

[1]) In Stadtkreisen; s. § 13 Abs. 1.

[2]) Jetzt: PräsLKA. (s. Vorbemerk. zur Überschrift). Doch tritt außerhalb des Geltungsbereichs des § 17, also im Geltungsbereich von H., Schl.-H. und H.-N., an die Stelle der GK. der BKA. (§ 9 OrgG).

[3]) Regelmäßig sind die Leistungen nur als Bedingung der Ansiedlung zu bezeichnen. (OVG 67 296.) — Anders

nach H. (§ 15 Abs. 3), Schl.-H. (§ 14 Abs. 3), H.-N. (§ 2 Abs. 3). Nach diesen Vorschriften ist die Ansiedlungsgenehmigung abzulehnen, bis die Ordnung der Leistungen erfolgt ist. (OVG 67 300, 302.)

[4]) Die Leistung ist keine Schenkung i. S. des § 7[1] des Zuwachs-StG. 14. 2. 1911 (RGBl. 33): MBl. 1916 S. 109.

[5]) § 17 fehlt in H., Schl.-H. u. H.-N. S. aber A. 2 zu § 14.

## § 17a.

7. Anlagen im öffentlichen Interesse.

(1) Sind für die Ansiedlung im öffentlichen Interesse Anlagen erforderlich, so kann die Ansiedlungsgenehmigung versagt werden, solange der Antragsteller nicht diese Anlagen nach Umfang und Art ihrer Ausführung, gegebenenfalls unter Beifügung einer Zeichnung darlegt und nachweist, daß die zu ihrer ordnungsmäßigen Ausführung nötigen Mittel vorhanden sind und daß ihre künftige Unterhaltung dem öffentlichen Interesse entsprechend geregelt ist.

(2) Die zu diesem Zwecke dem Antragsteller aufzuerlegenden Leistungen sind von der Generalkommission [1]) durch Bescheid [2]) festzusetzen.

(3) Vor Erlaß des Bescheides ist der Kreisausschuß, in Stadtkreisen die Ortspolizeibehörde zu hören. Der Bescheid ist diesen Behörden zuzustellen.

(4) Die Generalkommission [1]) kann die Ansiedlungsgenehmigung von der Bestellung einer Sicherheit, die für die Erfüllung der Leistungen des Antragstellers haftet, abhängig machen.

(5) Macht der Antragsteller von der Ansiedlungsgenehmigung Gebrauch, so ist er zu diesen Leistungen verpflichtet [3]) [4]).

[1]) Jetzt: PräsLKA. oder LKA. (A. 2 zu § 17).

[2]) Anfechtung des Bescheides des PräsLKA.: § 18 Abs. 5.

[3]) Vgl. A. 4 zu § 17.

[4]) § 17a fehlt in H., Schl.-H. u. H.-N. S. aber A. 1 zu § 13a.

## § 17b.

8. Freigabe von Sicherheiten. Wird eine Sicherheit nach Maßgabe vorstehender Vorschriften bestellt, so ist die Genehmigungsbehörde zuständig für die Entscheidung über Anträge auf gänzliche oder teilweise Freigabe der Sicherheit[1]).

[1]) § 17b fehlt in H., Schl.-H. u. H.-N.

## § 18.

9. Verfahren. (1) Bis zur Neuordnung der Einrichtung und des Verfahrens der Auseinandersetzungsbehörden[1]) greifen die folgenden Bestimmungen Platz:

(2) Soll die Ansiedlungsgenehmigung auf Grund der §§ 14 bis 16 versagt oder soll sie nicht schlechthin erteilt, oder sollen Einsprüche (§§ 15, 15a, 16) zurückgewiesen werden, so ist dem Antragsteller sowie denjenigen, die Einspruch erhoben haben, von der Generalkommission durch den zuständigen Spezialkommissar[2]) ein Vorbescheid mit Gründen zu erteilen.

(3) Vor Erteilung des Vorbescheides ist über die Einsprüche der Kreisausschuß, in Stadtkreisen die Ortspolizeibehörde zu hören.

(4) Gegen den Vorbescheid steht dem Antragsteller sowie denjenigen, die Einspruch erhoben haben, die Klage beim Bezirksausschusse zu. Sie ist innerhalb zwei Wochen nach Erteilung des Vorbescheides anzubringen. Im Verwaltungsstreitverfahren ist das öffentliche Interesse von der Generalkommission[3]) als Partei wahrzunehmen.

(5) Gegen den Bescheid aus § 17a steht dem Antragsteller innerhalb zwei Wochen die Beschwerde an den Minister für Landwirtschaft, Domänen und Forsten zu. Aus Gründen des öffentlichen Interesses ist auch dem Vorsitzenden des Kreisausschusses, in Stadtkreisen der Ortspolizeibehörde binnen gleicher Frist die Beschwerde gegeben, wenn die Festsetzung für unzureichend erachtet wird oder wenn eine Leistung nicht für erforderlich erachtet worden ist.

(6) Eine Nachprüfung der nach den §§ 17, 17a getroffenen Festsetzungen findet im Verwaltungsstreitverfahren nicht statt.

(7) Erfolgt die Zurückweisung des Einspruchs im Falle des § 15a aus dem Grunde, weil die Bergpolizeibehörde das Stehenlassen von Sicherheitspfeilern nicht für notwendig erachtet, so unterliegt der Bescheid keiner weiteren Anfechtung[4] [5] [6].

[1]) Das Verf. der AuseinBeh. ist zwar durch OrgG. Abschn. II neu geordnet. Das Verf. in Ansiedlungssachen ist aber, abgesehen von der Bestimmung § 16 I c das., unberücksichtigt geblieben.

[2]) Jetzt: VKA. Die hier dem VKA. zugewiesene Entscheidungsbefugnis wird von der Vorschrift § 16 I c OrgG. (Vorbemerk. zur Überschrift) nicht berührt. — Der VKA. hat den Vorbescheid, wenn ihm der PräsLKA. in dieser Beziehung eine bestimmte Anweisung erteilt hat, nach der erteilten Anweisung, sonst nach eigenem Ermessen zu erlassen.

[3]) Jetzt: PräsLKA. (§ 16 I c OrgG.).

[4]) Wo das G. 10. 8. 1904 der GK. eine Entscheidung zuweist, ist diese — abgesehen von dem Fall § 18 Abs. 2 — von dem PräsLKA. zu erlassen (A. 3). Dagegen wird sich

der PräsLKA. zur Verhandlung mit den Beteiligten (§§ 16, 17, 17a; § 18 Abs. 3) in der Regel des VKA. bedienen.

[5]) § 18 fehlt in H., Schl.-H. und H.-N. Statt dessen enthalten diese Gesetze folgende Vorschrift, in die Abs. 4 (= § 18 Abs. 7 G. 10. 8. 1904) durch Art. II G. 16. 9. 1899 eingefügt ist:

H. § 18, Schl.-H. § 17, H.-N. § 5.

Die Versagung der Genehmigung auf Grund des § 15 (Schl.-H.: § 14; H.-N.: § 2) oder auf Grund erhobener Einsprüche (§ 16) [Schl.-H.: § 15; H.-N.: § 3], sowie die Zurückweisung der gegen die Ansiedlungsgenehmigung erhobenen Einsprüche erfolgt durch einen Bescheid der Ortspolizeibehörde (H.-N.: des Landrats, in Stadtkreisen der Ortspolizeibehörde), welcher mit Gründen zu versehen und dem Antragsteller sowie denjenigen, welche Einspruch erhoben haben, zu eröffnen ist.

Gegen den Bescheid steht dem Antragsteller sowie denjenigen, welche Einspruch erhoben haben, innerhalb zwei Wochen die Klage im Verwaltungsstreitverfahren offen. (Schl.-H.: Zuständig ist der Kreisausschuß, in Stadtkreisen der Bezirksausschuß.)

Zuständig ist der Bezirksausschuß (fehlt in Schl.-H.).

Erfolgt die Zurückweisung des Einspruchs im Falle des § 16a (Schl.-H.: § 15a; H.-N.: § 3a) aus dem Grunde, weil die Bergpolizeibehörde das Stehenlassen von Sicherheitspfeilern nicht für notwendig erachtet, so unterliegt der Bescheid der Ortspolizeibehörde (H.-N. des Landrats, in Stadtkreisen der Ortspolizeibehörde) keiner weiteren Anfechtung.

Im Rentengutsverfahren hat der BKA. (A. 2 zu § 17) die Bekanntmachungen tunlichst in den Formen H. §§ 17, 20, Schl.=H. §§ 16, 19, H.=N. §§ 4, 7 (A. 4 zu § 16, A. 1 zu § 13a) zu erlassen, im übrigen nach den Vorschriften über das Verfahren in AuseinAngel. zu verfahren. Den Beteiligten ist dabei der in diesem Verf. geordnete Instanzenzug zu eröffnen (E. des MdJ, JustM. u. LM. 24. 7. 1892). Nach den früheren Vorschriften war über die vorkommenden Streitpunkte spruchreif zu verhandeln und von der GK. durch Urteil, gegen das die Berufung an das OLKG. zulässig war, zu entscheiden, so insbesondere über Einsprüche nach H. § 16, Schl.=H. § 15, H.=N. § 3 (OLKG. 21. 4. 1899, ZfdLKGG. **34** 239). Jetzt entscheidet über Einsprüche der BKA. (§ 21 OrgG.), gegen dessen Entscheidung Beschwerde an die Spruchkammer des LKA. (§ 24 das.) und weitere Beschwerde an des OLKA. (§ 25 das.) zulässig ist. Der gleiche Instanzenzug findet aber auch in dem Falle statt, daß kein Streit zwischen Privatpersonen, sondern nur ein Widerstreit zwischen dem Antragsteller und der Genehmigungsbehörde, d. h. dem BKA. besteht, also i. F. H. § 15, Schl.=H. § 14, H.=N. § 2. Auch in H. § 18, Schl.=H. § 17, H.=N. § 5 ist zwischen diesem Fall und dem Fall, daß Einsprüche erhoben sind, rücksichtlich des Verfahrens kein Unterschied gemacht.

[6]) Für die sachliche Zuständigkeit der LKBeh. in Ansiedlungssachen gilt folgendes:

a) Geltungsgebiet des G. 10. 8. 1904. — Die Ansiedlungsgenehmigung ist von dem PräsLKA. zu erteilen (Vorbem. zur Überschrift). Die Entscheidung über ihre gesetzlichen Voraussetzungen steht ihm aber nur zum kleinen Teile zu. In den Fällen der §§ 14—16 hat er die Versagung oder die bedingte Genehmigung der Ansiedlung oder die Zurückweisung von Einsprüchen nur durch einen Vorbescheid des BKA. auszusprechen; die endgültige Entscheidung erfolgt im Verwaltungsstreitverfahren vor den VerwaltGerichten. Im Falle des § 17 (Leistungen zur

Neuordnung der Gemeinde-, Kirchen- und Schulverhältnisse) ist er an die Festsetzung des Kreisausschusses, in Stadtkreisen der Ortspolizeibehörde, gebunden. Nur die Festsetzung der im öffentlichen Interesse erforderlichen Anlagen steht dem PräsLKA. zu (§ 17a). Gegen den Bescheid des PräsLKA. in diesem Falle ist nur die Beschwerde an den LM. zulässig (§ 18 Abs. 5).

b) Geltungsgebiet von H., Schl.-H. und H.-N. — Die Ansiedlungsgenehmigung ist vom BKA. zu erteilen (§ 9 OrgG.; vgl. Vorbem. zur Überschrift). Dieser hat auch über die Voraussetzungen der Genehmigung zu entscheiden. Rechtsmittel: A. 5.

## § 19.

10. Entschädigungspflicht des Bergwerksbesitzers.

(1) Auf den dem Grundeigentume durch die Versagung der Ansiedlungsgenehmigung zugefügten Schaden finden, sofern sich diese Versagung auf einen Einspruch aus § 15a dieses Gesetzes stützt, die Vorschriften der §§ 148 bis 151 des Allgemeinen Berggesetzes vom 24. Juni 1865 (GS. S. 705) in der Fassung des Gesetzes vom 7. Juli 1902 (GS. S. 255) Anwendung.

(2) Die Verjährung des Anspruchs auf Schadensersatz beginnt mit Ablauf des Tages, an welchem der Versagungsbescheid endgültig wird.

(3) Der Grundstückseigentümer ist verpflichtet, auf Verlangen des Bergwerksbesitzers die Eintragung eines Vermerks in das Grundbuch dahin zu bewilligen:

daß und für welche Grundfläche die Ansiedlungsgenehmigung auf Einspruch des Bergwerksbesitzers versagt und welche Entschädigung gezahlt worden ist[1]).

[1]) H. § 18a, Schl.-H. § 17a, H.-N. § 5a, die durch Art. II G. 16. 9. 1899 zugesetzt sind, stimmen mit § 19 fast wörtlich überein.

## § 20.

Wer vor Erteilung der Ansiedlungsgenehmigung mit einer Ansiedlung beginnt, wird mit Geldstrafe bis einhundertundfünfzig Mark oder Haft bestraft. Auch kann die Ortspolizeibehörde[1]) die Weiterführung der Ansiedlung verhindern und die Wegschaffung der errichteten Anlagen anordnen. 11. Strafbestimmung.

[1]) Im Rentengutsverfahren steht diese Befugnis dem BKA. zu (vgl. § 28 OrgG.), da es sich nicht um eine ortspolizeiliche Angelegenheit (§ 14 Abs. 1 OrgG.), sondern um eine Maßnahme zur Durchführung der Ansiedlung handelt.

VI.

# Gesetz zur Förderung der Ansiedlung.

Vom 8. Mai 1916. (GS. S. 51.)

## § 1.

1. Zwischenkredit.

(1) Die Staatsregierung wird ermächtigt, der Seehandlung (Preußischen Staatsbank) zum Zwecke der Gewährung von Zwischenkredit bei der Errichtung von Rentengütern einen Betrag von Einhundert Millionen Mark zur Verfügung zu stellen und die erforderlichen Mittel im Anleihewege zu beschaffen.

(2) Die aufkommenden Zinsen sind von der Seehandlung an die Staatskasse abzuführen.

(3) Wird der der Seehandlung auf Grund dieses Gesetzes zur Verfügung gestellte Betrag an die Staatskasse zurückgezahlt, so ist er zur Verstärkung der gesetzlichen Schuldentilgung zu verwenden.

## § 2.

2. Aufbringung der Mittel für den Zwischenkredit.

(1) Der Finanzminister wird ermächtigt, zur Bereitstellung der nach § 1 erforderlichen Summe Schuldverschreibungen auszugeben. An Stelle der Staatsschuldverschreibungen können vorübergehend Schatzanweisungen ausgegeben werden. Der Fälligkeitstermin ist in den Schatzanweisungen anzugeben.

(2) Der Finanzminister wird ermächtigt, die Mittel zur Einlösung dieser Schatzanweisungen durch Ausgabe von neuen Schatzanweisungen und von Schuldverschreibungen in den erforderlichen Nennbeträgen zu beschaffen. Die Schatzanweisungen können wiederholt ausgegeben werden.

(3) Schatzanweisungen oder Schuldverschreibungen, die zur Einlösung von fällig werdenden Schatzanweisungen bestimmt sind, hat die Hauptverwaltung der Staatsschulden auf Anordnung des Finanzministers zwei Wochen vor dem Fälligkeitstermine zur Verfügung zu halten. Die Verzinsung der neuen Schuldpapiere darf nicht vor dem Zeitpunkte beginnen, mit dem die Verzinsung der einzulösenden Schatzanweisungen aufhört.

(4) Wann, durch welche Stellen und in welchen Beträgen, zu welchem Zinsfuße, zu welchen Bedingungen der Kündigung und zu welchem Kurse die Schatzanweisungen und die Schuldverschreibungen ausgegeben werden sollen, bestimmt der Finanzminister. Im übrigen kommen wegen der Verwaltung und Tilgung der Anleihen die Vorschriften des Gesetzes, betr. die Konsolidation preußischer Staatsanleihen, vom 19. Dezember 1869 (GS. S. 1197), des Gesetzes, betr. die Tilgung von Staatsschulden, vom 8. März 1897 (GS. S. 43) und des Gesetzes, betr. die Bildung eines Ausgleichsfonds für die Eisenbahnverwaltung, vom 3. Mai 1903 (GS. S. 155) zur Anwendung.

## § 3.

3. Rechnungslegung der Staatsregierung.

Über die Verwendung des nach § 1 der Seehandlung zur Verfügung gestellten Betrags ist dem Landtag alljährlich Rechnung zu legen.

## § 4.

4. Änderung des G. 12. 7. 1900.

Dem § 1 des Gesetzes, betr. die Gewährung von Zwischenkredit bei Rentengutsgründungen, vom 12. Juli 1900 (GS. S. 300) in der Fassung des Gesetzes vom

20. Juli 1910 (GS. S. 149) wird folgender Absatz 3 hinzugefügt[1]):

[1]) S. oben IV.

## § 5.

5. Änderung des G. 7. 7. 1891. Der § 5 des Gesetzes, betr. die Beförderung der Errichtung von Rentengütern, vom 7. Juli 1891 (GS. S. 279) erhält folgende Fassung[1]):

[1]) S. oben III.

## § 6.

Der § 7 des Gesetzes, betr. die Beförderung der Errichtung von Rentengütern, vom 7. Juli 1891 (GS. S. 279) erhält unter Aufhebung des jetzigen Absatz 2 folgende Absätze 2 bis 4[1]):

[1]) S. oben III. Durch § 38 AGRSG. ist § 7 G. 7. 7. 1891 in der Fassung des § 6 wiederum geändert worden.

## § 7.

Der § 9 Abs. 1 des Gesetzes, betr. die Beförderung der Errichtung von Rentengütern, vom 7. Juli 1891 (GS. S. 279) wird dahin geändert, daß in Zeile 1 „(§ 7 Abs. 2)" durch „(§ 7 Abs. 3)" ersetzt wird[1]).

[1]) § 7 Abs. 3 in der Fassung des vorstehenden § 7 entspricht dem § 7 Abs. 4 G. 7. 7. 1891 in der Fassung des AGRSG.

## § 8.

Dem § 12 Abs. 4 Nr. 4 des Gesetzes, betr. die Beförderung der Errichtung von Rentengütern, vom 7. Juli 1891 (GS. S. 279) wird folgender Satz 2 hinzugefügt[1]):

[1]) S. oben III.

## § 9.

6. Ausgabe von Rentengütern durch Kommunal- Werden Rentengüter von Kommunalverbänden oder Vereinigungen, die sich mit innerer Kolonisation befassen

und vom Minister für diese Vorschrift als gemeinnützige Zwecke fördernd anerkannt sind[1]), ohne Vermittlung der Generalkommission[2]) ausgegeben, so sind alle zur Durchführung dieses Verfahrens erforderlichen Geschäfte und Verhandlungen der nicht streitigen Gerichtsbarkeit[3]), einschließlich der grundbuchrichterlichen Tätigkeit, von den Gerichtsgebühren und von der Stempelsteuer befreit[4]). Verbände und gemeinnützige Siedlungsgesellschaften.

[1]) Vgl. Abschn. III [2 4] AusfB. 28. 11. 1916; ferner § 1 RSG. und A. 1 dazu. Für § 9 kommen alle, nicht nur die provinziellen, gSU. in Betracht.

[2]) Jetzt: des BKA. Vgl. § 12 G. 7. 7. 1891.

[3]) Eine Handlung der nicht streitigen (freiwilligen) Gerichtsbarkeit i. S. des § 9 ist auch die Ausstellung eines Unschädlichkeitszeugnisses nach § 10 (wie nach § 1 Abs. 5 G. 27. 6. 1890), obwohl diese Handlung nicht vom ordentlichen Gericht, sondern vom BKA. oder von der landschaftlichen Kreditdirektion vorgenommen wird. Sie genießt daher Gebühren- und Stempelfreiheit, wenn sie zur „Durchführung" des Verfahrens erforderlich ist. Dies ist sie aber nur, wenn das auf Grund des UZ. abveräußerte Trennstück sogleich als Rentengut begründet wird, nicht hingegen, wenn es von einem Siedlungsunternehmer erworben wird, der es als Rentengut für einen Dritten begründen will (JustME. 16. 1. 1919, JustMBl. 281). [OLKG. 31. 5. 1918 Nr. 175 und LME. 21. 2. 1919 I B I b 1816 wollen auch in dem zweiten Fall Kostenfreiheit gewähren, wenn der erste Erwerber ein provinzielles gSU ist]. Jetzt genießt die Rentengutsbegründung wie überhaupt die Siedlung, wenn sie von einem gSU. i. S. des RSG. ausgeht oder vermittelt wird, die umfassendere Gebühren-, Stempel- und Steuerfreiheit des § 29 RSG.; s. A. 4 zu § 29 a. a. O. und A. 9 zu § 12 G. 7. 7. 1891.

[4]) Eine Begünstigung der Kriegsbeschädigten enthält der Erlaß der Preuß. Staatsregierung vom 30. 7. 1919 (JustMBl. 382, LMBl. 308):

Der FM. und der JustM. werden ermächtigt, die Niederschlagung oder Erstattung der Landesstempel und Gerichtsgebühren anzuordnen, die aus Anlaß des Erwerbes von Grundstücken durch Kriegsbeschädigte zum Zwecke ihrer Ansiedlung von diesen geschuldet werden.

Die Ermächtigung erstreckt sich auch auf die mit den Gerichtsgebühren als Ersatz der baren Auslagen zur Erhebung gelangenden Pauschsätze (§ 114 des Preuß. GKG.), jedoch nur insoweit, als nicht Schreibgebühren nach § 112 Ziff. 1a a. a. O. anzusetzen wären, wenn für die in Frage kommenden Geschäfte und Verhandlungen die gesetzliche Gebührenfreiheit bestände.

Die Befreiung vom Landesstempel und von den Gerichtsgebühren tritt nur ein, wenn der stempelpflichtige Betrag bei bebauten Grundstücken 40000 M., bei unbebauten 10000 M. nicht übersteigt und weder der Erwerber und seine Ehefrau im letzten Jahre ein Einkommen von mehr als 4000 M. gehabt haben, noch einer von ihnen den Grundstückshandel gewerbsmäßig betreibt. Dabei ist zur Ermittlung des Jahreseinkommens die einem Kriegsbeschädigten im Range der Unteroffiziere oder Gemeinen gewährte Militärrente außer Betracht zu lassen. Die weiteren Bestimmungen des Abs. 1 der Befreiungsvorschrift am Schlusse der Tarif-Nr. 11 des R.-StempelG. finden entsprechende Anwendung.

Der FM. und der JustM. werden ferner ermächtigt, die vorstehende Ermächtigung auf die ihnen nachgeordneten Behörden weiter zu übertragen.

Auf Grund des letzten Abs. hat der JustM. durch E. 31. 7. 1919 (JustMBl. 382) die Landgerichtspräsidenten und für den Amtsgerichtsbezirk Berlin-Mitte den Amtsgerichtspräsidenten, der FM. durch E. 2. 9. 1919 (LMBl. 308) für seinen Geschäftsbereich die Oberzolldirektionen zur Niederschlagung ermächtigt. — Der E. 30. 7. 1919 ist, soweit bei der Ansessigmachung der Kriegsbeschädigten die Voraussetzungen des § 9 oder des § 29 RSG. erfüllt sind, gegenstandslos, da in diesen Fällen die Gebühren- und Stempelfreiheit kraft Gesetzes eintritt.

## § 10.

Auf die Veräußerung[1]) von Teilen eines land- oder forstwirtschaftlichen Grundstücks zur Errichtung neuer ländlicher Stellen mittleren oder kleinen Umfanges oder zur Umwandlung bestehender unselbständiger ländlicher Stellen in Stellen mittleren oder kleinen Umfanges[2]) finden die gesetzlichen Vorschriften über den erleichterten Abverkauf von Grundstücken Anwendung mit der Maßgabe, daß das Unschädlichkeitszeugnis auch bei der Abveräußerung größerer Trennstücke erteilt werden kann, wenn die Sicherheit der Berechtigten nicht vermindert wird[3]). 7. Unschädlichkeitszeugnisse.

[1]) Auch wenn sie nicht gegen eine vom Erwerber übernommene Rente (§ 1 G. 27. 6. 1890) erfolgt.

[2]) § 1 Abs. 1 G. 7. 7. 1891 spricht von „Rentengütern von mittlerem oder kleinerem Umfange". Über kleine Stellen im Gegensatz zu kleineren Stellen s. A 2 zu § 1 G. 7. 7. 1891. Vgl. auch A. 3 zu § 1 RSG.

[3]) Wie bei der Begründung von Rentengütern: § 1 Abs. 5 G. 27. 6. 1890. S. A. 6 zu § 1 a. a. O.

## § 11.

Die zur Ausführung dieses Gesetzes erforderlichen Vorschriften erläßt der zuständige Minister[1]). 8. Ausführung.

[1]) S. die AusfV. 28. 11. 1916 (unten Nr. VII).

VII.

# Ausführungsvorschriften des Finanzministers, des Ministers für Landwirtschaft, Domänen und Forsten und des Ministers des Innern

## zum Gesetz zur Förderung der Ansiedlung vom 8. Mai 1916 (GS. S. 51).

Vom 28. November 1916.
(MinBl. S. 265, LandwMinBl. S. 300).

Auf Grund des § 11 des Gesetzes zur Förderung der Ansiedlung vom 8. Mai 1916 (GS. S. 51) werden die nachstehenden

Ausführungsvorschriften

erlassen. Dabei werden zugleich die Grundsätze für die Bewilligung von Beihilfen zu Kursverlusten (III. Abschnitt) und für die Bewilligung von Stellen- und Flächenzuschüssen (IV Abschnitt) neu geregelt.

### I. Abschnitt.

### Zwischenkredit [1]).

[1]) Die in den nachfolgenden Bestimmungen (Nr. 4, 5, 8) der GK. zugewiesene Mitwirknng bei Gewährung des Zwischenkredits liegt jetzt dem LKA. ob: § 9 OrgG. Vgl. aber auch § 10 Abs. 1 das., wonach der PräsLKA. auch einen anderen Beamten, z. B. einen der Räte des LKA., beauftragen kann. Doch wird es bei der Bestimmung Nr. 4 Abs. 1 a. E., wonach die Gutachten durch die Hand der GK., jetzt des PräsLKA., weiter zu reichen sind, sein Bewenden haben.

1.

Zwischenkredit ist vorweggenommener Rentenbankkredit. Er dient zur Ergänzung der eigenen Mittel des Rentengutsausgebers und des Rentengutsnehmers bei der Einleitung und Durchführung eines Verfahrens zur Bildung von Rentengütern. Seine Höhe hat sich deshalb nach der künftigen Rentenbankbeleihung zu richten und darf den beleihbaren Teil der zu erwartenden Rentenbriefe und der sonstigen Sicherheiten nicht übersteigen. Zweck des Zwischenkredits.

Zwischenkredit wird insbesondere gewährt: für den Ankauf von Siedlungsland, zur Abstoßung von Hypotheken und Lasten, zum Aufbau der Ansiedlergehöfte, zu Folgeeinrichtungen, insbesondere zur Urbarmachung und Verbesserung von zu besiedelnden Moor-, Heide- und ähnlichen Ländereien.

2.

Für Zwischenkredit stehen zur Verfügung 100 Millionen Mark aus dem G. 8. 5. 1916 (§§ 1—3) und 15 Millionen aus dem Zwischenkredit-G. 20. 7. 1910. Die Grundsätze für die Gewährung von Zwischenkredit aus den Mitteln beider Gesetze sind die gleichen, nur fließen die Zinsen aus dem 100 Millionenfonds der allgemeinen Staatskasse, die Zinsen aus dem 15 Millionenfonds dem Reservefonds der Rentenbanken zu. Mittel für den Zwischenkredit.

3.

Die Gewährung von Zwischenkredit ist zulässig bei der Errichtung von Rentengütern, die unter Vermittlung der Generalkommission (§ 12 G. 7. 7. 1891) oder die ohne Vermittlung der Generalkommission — diese veranlaßt hierbei lediglich die Ablösung der Rente — (§§ 1—11 a. a. O. vbd. § 4 G. 8. 5. 1916) ausgegeben werden. Gesetzliche Voraussetzung des Zwischenkredits.

4.

Bei der Kreditgewährung hat die Generalkommission — u. z. sowohl wenn sie nach § 12 als auch wenn sie nach §§ 1—11 G. 7. 7. 1891 tätig ist — auf dem schnellsten Mitwirkung der Auseinandersetzungsbehörde.

und einfachsten Wege mitzuwirken. In dieser Beziehung genügt es in der Regel, wenn die Anträge auf Gewährung (oder Erhöhung) des Zwischenkredits von einem Mitgliede der Generalkommission oder vom Spezialkommissar begutachtet werden. Im Verkehr mit den provinziell organisierten gemeinnützigen Ansiedlungsgesellschaften ist regelmäßig das landwirtschaftlich-technische Mitglied der Generalkommission (bei Begutachtung von Bodenverbesserungen auf Moor-, Heide- und ähnlichen Ländereien erforderlichenfalls in Gemeinschaft mit einem vom LM. zu bestimmenden Meliorationsbaubeamten), im Verkehr mit gemeinnützigen Kleinsiedlungsgesellschaften (Kommunalverbänden) ist regelmäßig der Spezialkommissar allgemein mit dieser Begutachtung zu beauftragen. Es steht dann nichts im Wege, wenn sich die Ansiedlungsgesellschaft (die Kleinsiedlungsgesellschaft, der Kommunalverband) mit dem beauftragten Mitgliede (Meliorationsbaubeamten) oder dem Spezialkommissar unmittelbar in Verbindung setzt. Die Gutachten sind sofort durch die Hand der Generalkommission an die Seehandlung (Nr. 5) weiterzugeben.

Zur Gewährung von Zwischenkredit zum Ankauf von Siedlungsland bedarf es einer förmlichen Schätzung des anzukaufenden Grundstücks nicht. Es genügt vielmehr, wenn das Mitglied der Generalkommission oder der Spezialkommissar ein allgemeines Gutachten über den Wert des Grundstücks und seine Besiedlungsfähigkeit abgibt. Ansiedlungsgesellschaften und Kleinsiedlungsgesellschaften haben dem ersten Kreditvertrage eine von einem Vorstandsmitgliede aufgestellte überschlägliche Verwertungsberechnung beizufügen. Diese soll auch über die zur Rentengutsbildung nicht geeigneten Werte unter Angabe ihrer Nutzungseigenschaften Aufschluß geben und sich über die mutmaßliche Dauer des Gesamtverfahrens äußern. Ist das Besiedlungsverfahren durch Pachtverträge behindert, so muß dies schon im ersten Kreditvertrage mitgeteilt werden.

5.

Träger des Darlehnsgeschäfts ist die Seehandlung (Preußische Staatsbank); sie gewährt den Zwischenkredit unter eigener Verantwortung. Für ihre Entschließung ist der Gesichtspunkt entscheidend, daß einerseits die Darlehen nicht ein gewinnbringendes Geschäft, sondern die Förderung eines dem Staatswohle dienenden Werkes zum Zwecke haben, daß aber andererseits die Gewährung des Zwischenkredits an die Voraussetzung ausreichender Sicherheit gebunden ist. Zur Prüfung der Sicherheit kann die Seehandlung die Vorlegung der erforderlichen Unterlagen (Verwertungsberechnung, Wertschätzungen, beglaubigte Grundbuchblattabschriften, Nachrichten über die Persönlichkeit des Darlehnssuchers, Nachweisung der verkauften und noch zu verkaufenden Rentengüter usw.) verlangen. Die Seehandlung als Kreditgeberin.

Siedlungsgesellschaften oder andere Vereinigungen zur Förderung der inneren Kolonisation, namentlich solche, die Zwischenkredit wiederholt und fortlaufend in Anspruch nehmen und so in dauernde Geschäftsverbindung mit der Seehandlung treten, haben sich auf Verlangen ihr gegenüber zu verpflichten, ihr jederzeit Auskunft über ihre Vermögenslage zu geben, insbesondere ihr monatlich Rohabschlüsse, Schuldnerverzeichnisse usw. einzureichen und ihre Jahresabschlüsse durch einen Beauftragten der Seehandlung vorprüfen zu lassen.

Die Sicherung der Finanzierung von Rentengutsgründungen anderer als der vorgenannten, von der Seehandlung überwachten Kreditnehmer liegt den Generalkommissionen ob. Reichen infolge zu hoher Verschuldung des zu besiedelnden Grundstücks die Mittel aus dem Rentenbankkredit und den erfahrungsgemäß zu bemessenden Anzahlungen zur Bestreitung der Aufwendungen bis zur endgültigen Durchführung des Besiedlungsverfahrens nicht zweifelsfrei aus, was schon vor der ersten Beantragung des Kredits zu prüfen ist, so ist die Gewährung des Zwischenkredits bei diesen Darlehenssuchern von dem Nachweise ihrer finanziellen Leistungsfähigkeit abhängig zu machen.

6.

Sicherheitsleistung des Kreditnehmers.

Die zulässige Höhe des Zwischenkredits richtet sich nach dem Betrage der seine glatte und rechtzeitige Rückzahlung verbürgenden, für die Seehandlung sicherzustellenden Werte. Die Sicherung besteht bis zur Hinterlegung der Rentenbriefe und bis zum Eingange der weiter erforderlichen Deckungsmittel in für die Seehandlung zu bestellenden oder abzutretenden Hypotheken oder Grundschulden, in der Abtretung der Rechte gegen die Rentenbank auf die auszufertigenden Rentenbriefe sowie der Ansprüche auf Anzahlungen und Barzahlungen für bar verkaufte Flächen, ferner ergänzungsweise in anderen Sondersicherheiten (Sicherheitswechsel u. dgl.), die die Seehandlung etwa für erforderlich hält.

7.

Höhe des Kredits.

Kann dem ersten Kreditantrag in Ermangelung anderer Unterlagen nur der Wert des Besiedlungsgegenstandes als Wirtschaftseinheit zugrunde gelegt werden, so ist eine Bemessung des Kredits bis zu 85 % dieses Wertes zulässig, soweit die Besiedlungsfähigkeit des Gutes entsprechende flüssige Deckungsmittel verspricht und das Besiedlungsverfahren durch Pachtverträge nicht behindert ist.

Müssen im Aufteilungsverfahren Restgüter oder andere Flächen (Wald, Gewässer u. dgl.) oder Großbetriebsanlagen (Ziegeleien, Brauereien, Parks, Gewächshäuser u. dgl.) im Wege des Barverkaufs abgestoßen werden, so darf insoweit die Beleihungsgrenze für diese Flächen statt zu 85 % nur bis zu 50 % oder höchstens bis zu $66\frac{2}{3}$ % des Wertes angenommen werden. Die Seehandlung ist berechtigt, die Beleihung von Flächen, die gegen bar verkauft werden, solchen Kreditnehmern gegenüber abzulehnen, die für die Innehaltung eines geordneten Kreditverkehrs keine Gewähr bieten.

Rentenbriefe, die bereits hinterlegt und zum Verkauf gestellt sind, können mit 95 % ihres Kurswertes oder ihres Nennwertes, wenn der Kurswert diesen übersteigt, beliehen werden. Sonstige Rentenbriefbeträge sind mit Rücksicht auf Kurs- und Zinsausfälle nicht über 90% ihres Kurswertes oder ihres Nennwertes, wenn der Kurswert diesen übersteigt, zu beleihen.

Im regelmäßigen Verlaufe des Aufteilungsverfahrens findet eine Herabsetzung des bei der Einleitung des Verfahrens gewährten Zwischenkredits im allgemeinen nicht statt. Sie soll jedoch vorgenommen werden, wenn sich die ursprüngliche Wertannahme einer späteren Schätzung gegenüber als zu hoch erweist, oder wenn die durch Verkauf erzielten Werte hinter den bei der ursprünglichen Wertannahme zugrunde gelegten erheblich zurückbleiben. Um dies prüfen und danach den Zwischenkredit entsprechend den Deckungsmitteln bemessen zu können, sind der Seehandlung sobald als möglich Nachweisungen der verkauften und noch zu verkaufenden Rentengüter sowie der Barverkäufe und Restflächen einzureichen. Herabsetzung des Kredits.

Auf Grund erhöhter Werte durch Errichtung von Gebäuden, Urbarmachungen, Bodenverbesserungen u. dgl. kann der ursprüngliche Zwischenkredit erhöht werden, wenn die Werterhöhung gemäß den Bestimmungen zu Nr. 4 begutachtet wird. Auch hier genügt, ohne daß es besonderer Schätzungen bedarf, eine allgemeine Begutachtung auf Grund örtlicher Kenntnis, urkundlicher Belege u. dgl. Werterhöhungen (z. B. bei Aufführung der Gebäude, Urbarmachungen, Bodenverbesserungen) können auch vor dem Abschluß der Arbeiten in der Weise berücksichtigt werden, daß auf Grund amtlich geprüfter Kostenanschläge, entsprechend dem Fortschreiten der Bauten oder der Verbesserungen und der dadurch bedingten Erhöhung des Beleihungswertes, Vorschüsse geleistet werden. Bei unverkauften Werten bleibt die Nutzungsmöglichkeit zu begutachten. Erhöhung des Kredits.

Der Seehandlung bleibt es überlassen, nach ihrem Ermessen durch Freigabe der Anzahlungen für die Kreditnehmer und Belassung der Darlehnszinsen als Zwischenkredit den

Zahlungsverkehr zu vereinfachen und die Innehaltung der Kreditgrenze in bestimmten Zeitabschnitten zu regeln.

Änderung der Höhe des Kredits bei Barverkäufen.

Werden im Laufe des Verfahrens Barverkäufe von Flächen vorgenommen, die mit 85 % ihres Wertes beliehen waren, so ist der Kredit entsprechend den für Barverkaufsflächen geltenden Grundsätzen (Abs. 2) zu kürzen. Zwischenkredit kann über die Dauer des Besiedlungsverfahrens hinaus auf noch ausstehende Restkaufgelder für Barverkäufe nicht gewährt werden. Von den Barverkäufen ist der Seehandlung rechtzeitig Nachricht zu geben; auch ist für sofortige Abführung der Barerlöse Sorge zu tragen.

8.

Darlehnsbedingungen.

Die Darlehnsbedingungen für den Zwischenkredit sind folgende:

a) Der Zinsfuß beträgt bis auf weiteres $3\frac{1}{2}$ %; es bleibt aber den beteiligten Ministern die Erhöhung auf 4 % vorbehalten. Von dem Zinsertrag erhält die Seehandlung zur Deckung ihrer eigenen Unkosten und für ihre Mühewaltung $\frac{1}{4}$ %.

b) Neben dem Darlehnszins wird die Seehandlung eine Vermittlungsgebühr für die Kreditgewährung nicht berechnen. Dagegen hat sie für den An- oder Verkauf oder die Auslieferung von Rentenbriefen oder für sonstige besondere Geschäfte Erstattung der erwachsenen Auslagen (Maklergebühr, Stempel, Porto) und die dafür übliche Vermittlungsgebühr zu fordern.

c) Der Darlehnsnehmer ist berechtigt, jederzeit Teilzahlungen zu leisten, während die Seehandlung das Darlehen regelmäßig erst nach erfolgter Ausgabe der Rentenbriefe zurückfordern wird.

Vorher tritt jedoch Fälligkeit ein, wenn die Generalkommission ihre Vermittlung (§ 12 G. 7. 7. 1891) einstellt oder die Übernahme der Renten auf die Rentenbank (§§ 1—11 a. a. O.) ablehnt, wenn der Darlehnsnehmer die Rentengutsbildung für längere Zeit aussetzt, wenn ein vom Darlehnsnehmer zu vertretendes Verhalten i. S. der §§ 1133–1135 BGB. für festgestellt erachtet wird, wenn er mit Zinszahlungen trotz Mahnung länger als zwei Wochen im Rückstande bleibt, in Konkurs gerät oder von Dritten mit Zwangsvollstreckung verfolgt wird oder wenn eine Rechtsnachfolge im Eigentume des Siedlungsgrundstücks eintritt.

d) In allen Fällen sofortiger Fälligkeit ist die Seehandlung befugt, von der ausgeliehenen Summe 6% jährlicher Zinsen vom Tage der Gewährung des Darlehns zu fordern.

e) Als Sicherheit für das zur Schuldenabstoßung gewährte Darlehn sind die zu tilgenden oder getilgten Hypotheken an die Seehandlung abzutreten. Zur Sicherheit von Baudarlehen, für Darlehen zu Urbarmachungen und Bodenverbesserungen sind Sicherungshypotheken einzutragen.

f) Der Rentengutsausgeber muß als Darlehnsempfänger seine die Unterlagen des Zwischenkredits bildenden Rechte gegen die Rentenbank, die Rentengutsnehmer oder Dritte, insbesondere also seine Ansprüche auf die auszufertigenden Rentenbriefe und die Bargeldspitzen, auf die Anzahlungen oder deren Anteile und auf etwaige Erlöse für freihändige Verkäufe auf Verlangen an die Seehandlung abtreten.

g) Zwischenkredit behufs Herstellung der Bauten darf ihrem Fortschreiten entsprechend, soweit ihm nicht Sondersicherheiten, sondern die Rentenbriefe aus dem Baudarlehn zur Unterlage dienen sollen, nur gewährt werden:

aa) dem Rentengutsausgeber, wenn der Rentengutsnehmer ihm den Anspruch auf die Rentenbriefe abgetreten hat,

bb) dem Rentengutsnehmer, wenn er entweder das Rentengut bereits endgültig zum Eigentum erworben hat oder wenn der Rentengutsausgeber — persönlich und mit dem Grundstücke — für den Zwischenkredit eintritt. Der Rentengutsnehmer als Darlehnsempfänger hat seinen Anspruch auf die für ihn als Baudarlehn auszufertigenden Rentenbriefe und die Bargeldspitzen an die Seehandlung abzutreten.

In allen Fällen ist die Seehandlung berechtigt, die ihr abgetretenen Rentenbriefe ohne Zustimmung des Kreditnehmers bestmöglichst zu verkaufen und aus dem Erlöse ihre Forderung abzudecken.

9.

Übertragung des Kredits auf andere Sachen.

Bei gemeinnützigen Ansiedlungsgesellschaften und Kleinsiedlungsgesellschaften, die mit der Seehandlung in dauerndem Geschäftsverkehr stehen, kann die Seehandlung in einer Rentengutssache bewilligte, aber nicht beantragte Zwischenkredite zur freien Verwendung in einer andern zur Verfügung stellen.

## II. Abschnitt.

## Rentenbankbeleihung.

1.

Stundungsjahre.

Gegenüber dem bisher zulässigen einen Stundungsjahre (§ 5 des G. v. 7. 7. 1891) läßt das Ges. zur Förderung der Ansiedlung (§ 5) Stundung der Rentenbankrente bis zur Dauer von drei Jahren zu. Von dieser erweiterten Befugnis soll jedoch nicht allgemein oder regelmäßig, sondern nur in bestimmten Ausnahmefällen Gebrauch gemacht werden. In der Regel wird es daher auch künftig bei einem Stundungsjahre sein Bewenden behalten. Ausnahmsweise kann, wenn es sich darum handelt, den im Frühjahr angezogenen Ansiedlern den Beginn der Rentenzahlung aus der neuen Ernte zu ermöglichen, die Stundung auf ein weiteres halbes Jahr erstreckt werden. Im übrigen darf Stundung über das bisher zulässige eine Jahr hinaus nur bei der Auslegung selbständiger landwirtschaftlicher Stellen, u. z. nur in den folgenden beiden Fällen gewährt werden:

a) bis zu zwei Jahren, wenn der Ansiedler die zur erstmaligen Einrichtuug erforderlichen Wohn- und Wirtschaftsgebäude nicht mit dem Grundstück übergeben erhält, sondern sein Gehöft selbst neu aufbaut;

b) bis zu drei Jahren, wenn der Ansiedler ein Grundstück auf Moor-, Heide- und ähnlichen Ländereien erwirbt, das er zum größten Teil selbst urbar zu machen hat, und wenn die Stelle erst hierdurch lebensfähig wird.

Da sich entsprechend der Dauer der Stundung das Ablösungskapital um den Betrag der gestundeten Zinsen erhöht, ist bei Bemessung der Stundungsfrist dafür zu sorgen, daß das Rentengut für das erhöhte Ablösungskapital die erforderliche Sicherheit bietet. Die Gesamtbeleihung der Rentenbank darf jedenfalls $^3/_4$ oder $^9/_{10}$ des Wertes der Liegenschaften (§ 6 Abs. 3 und 4) nicht überschreiten.

2.

Rang der Rentenbankrente hinter Abtragungsdarlehen.

Im § 6 Abs. 2 G. ist mit dem Grundsatze gebrochen, daß nach der grundbuchmäßigen Rangordnung die Rentenbankrenten stets an erster Stelle stehen müssen. Einer dem willkürlichen Kündigungsrechte des Gläubigers entzogenen Abtragshypothek einer Körperschaft oder Anstalt des öffentlichen Rechts (z. B. Landschaften, Sparkassen, Landesversicherungsanstalten) kann nunmehr das Vorrecht vor der Rentenbankrente mit der Wirkung eingeräumt werden, daß die Hypothek ihre Befriedigung aus dem Grundstück in jedem Falle vor der Rentenbankrente findet. Ihr gegenüber hat dann die Rentenbankrente lediglich die Natur einer Nachhypothek. Der Rentenbankrente verbleibt das öffentlich-rechtliche Vorzugsrecht der Staatssteuern (§§ 18ff. G. 2. 3. 1850, GS. 112) im wesentlichen nur mit Bezug darauf, daß die fälligen Renten wie die Staatssteuern in den für diese zugelassenen vereinfachten Formen beigetrieben werden können. Der Vorschrift, daß die Hypothek dem willkürlichen Kündigungsrechte des Gläubigers entzogen sein muß, stehen Abmachungen, wonach der Gläubiger in bestimmten Ausnahmen ein Rückforderungsrecht hat, nicht entgegen. Es werden also z. B. Abmachungen, daß bei einem vom Schuldner zu vertretenden Verhalten (unpünktliche Zinszahlung, Vermögensverfall u. dgl.) der Gläubiger zur vorzeitigen Kündigung befugt sein soll, hierdurch nicht ausgeschlossen[1]).

[1]) Vgl. zu Nr. 2 jetzt § 7 Abs. 2, 3 G. 7. 7. 1891.

3.

Zinssatz der Rentenbriefe.

Für die Höhe der Beleihung soll nicht, wie bisher, das Vielfache der Rentenbankrente maßgebend sein (§ 7 G. 7. 7. 1891), sondern der Nennwert des als Abfindung oder Darlehen gegebenen Rentenbriefkapitals zuzüglich des zur Ergänzung gegebenen baren Geldes (§ 6 Abs. 3 und 4[1]). Es sind hiermit die bisherigen Vorschriften beseitigt, die bei Ausgabe 4%iger Rentenbriefe eine niedrigere Beleihung zur Folge hatten, als bei Ausgabe 3½%iger Rentenbriefe.

Schon vor dem Kriege entsprach der 3½%ige Rentenbrief nicht mehr dem auf dem Geldmarkt allgemein geltenden Zinsfuße. Durch den Krieg ist das Mißverhältnis noch verschärft worden. Fortan ist bei neu einzuleitenden Rentengutsgründungen von der Ausgabe von 3½%igen Rentenbriefen überhaupt abzusehen; es dürfen bis auf weiteres nur 4%ige Rentenbriefe ausgegeben werden.

[1]) Die Abs. 3, 4 des § 6 G. 8. 5. 1916 entsprechen jetzt den Abs. 4, 5 des § 7 G 7. 7. 1891.

4.

Voraussetzung der Beleihung bis zu 9/10 des Wertes.

Das Gesetz (§ 6 Abs. 4)[1]) läßt die Erhöhung der Beleihungsgrenze bis zu neun Zehnteln des Wertes zu. Es schränkt diese Ausdehnung des Staatskredits jedoch dahin ein, daß nur solche Rentengüter höher beliehen werden dürfen, die ganz oder hauptsächlich ohne fremde Arbeitskräfte bewirtschaftet werden können (Familienbetriebe). Die Notwendigkeit gelegentlicher Heranziehung fremder Arbeitskräfte in besonderen Fällen (z. B. in der Ernte) bildet keinen Ausschließungsgrund. Welche Größe danach diese Rentengüter haben müssen, um der höheren Beleihung teilhaftig zu werden, wird zwar nach ihren wirtschaftlichen Verhältnissen (Bodenbeschaffenheit, Zusammensetzung der Kulturarten u. dgl.) verschieden sein. Indes dürfen im allgemeinen Rentengüter von größerem Umfang als 15 ha nicht als unter die Ermäßigung des Gesetzes fallend angesehen werden.

Zur Sicherung der Staatskasse muß verlangt werden, daß eine leistungsfähige Stelle vorhanden ist, die für die über Dreiviertel des Wertes hinausgehende staatliche Beleihung die selbstschuldnerische Bürgschaft übernimmt. Als solche Bürgen kommen in Betracht Kommunalverbände oder andere Körperschaften oder Anstalten des öffentlichen Rechts oder ausreichend kapitalkräftige Siedlungsgesellschaften. Zu letzteren sind die provinziell organisierten gemeinnützigen Landgesellschaften ohne weiteres zu rechnen. Denn abgesehen von ihrem meist erheblichen Stammkapital gewährleistet die finanzielle Beteiligung des Staates an ihnen einen ständigen Überblick über ihre Geschäfts- und Finanzgebahrung. Bei anderen Ansiedlungs-Gesellschaften (-Genossenschaften, -Vereinigungen usw.) bedarf die Frage, ob sie zur Übernahme der selbstschuldnerischen Bürgschaft geeignet sind, in jedem Falle sorgfältiger Prüfung. Beispielsweise wird die Bürgschaft einer wenig leistungsfähigen Kleinsiedlungsgesellschaft zugelassen werden können, wenn und solange ihre Tätigkeit auf die Gründung einer ihrer Leistungsfähigkeit angemessenen Anzahl von Rentengütern beschränkt bleibt. Sie wird jedoch abzulehnen sein, wenn mit Ausdehnung ihres Wirkungskreises die Gesamtzahl der von ihr zu übernehmenden Bürgschaften so anwächst, daß sie im Mißverhältnis zu ihrer Kapitalkraft steht. Auch bei von anderen Unternehmern (z. B. Privatpersonen) ausgegebenen Rentengütern kann die erhöhte Beleihung nur zugelassen werden, wenn eine Körperschaft oder Anstalt des öffentlichen Rechts oder eine genügend leistungsfähige Siedlungsgesellschaft selbstschuldnerische Bürgschaft leistet. In Zweifelsfällen ist wegen der Leistungsfähigkeit einer Siedlungs-Gesellschaft (-Vereinigung usw.) das Gutachten der Seehandlung, einer Siedlungs-Genossenschaft das Gutachten der Preuß. Zentralgenossenschaftskasse einzuholen.

Anstelle einer selbstschuldnerischen Bürgschaft kann auch Pfand in entsprechender Höhe mit Geld oder inländischen mündelsicheren Wertpapieren, insbesondere mit als Abfindung aufgekommenen Rentenbriefen, solange bestellt werden, bis die über Dreiviertel des Wertes hinausgehende Rentenbankbeleihung getilgt ist.

Der Rentenbank ist im § 6 Abs. 4[1]) das Recht eingeräumt, die sofortige Ablösung der erhöhten Rentenbeleihung zu fordern, wenn der Rentengutsbesitzer das Grundstück verschlechtert, in der Rentenzahlung säumig ist, in Vermögensverfall gerät oder das Grundstück außerhalb seiner Familie veräußert. Bei Veräußerungen der letztgenannten Art wird von der Rückforderung namentlich dann Gebrauch zu machen sein, wenn es sich um einen Spekulationsverkauf oder dgl. handelt. Besonders wenn die Besitzzeit des verkaufenden Eigentümers nur kurz war, wird zu prüfen sein, ob sofortige Kündigung angebracht ist. Im Rezeß ist für eine vertragliche Regelung dahin Sorge zu tragen, daß im einzelnen Falle das einseitige Ermessen der Rentenbank entscheidet, ob die Voraussetzungen für die Rückforderung vorhanden sind.

Angesichts der hohen Beleihung bis zu neun Zehnteln muß der der Beleihung zugrunde zu legende Wert der Rentengüter besonders sorgfältig festgestellt werden. In dieser Beziehung wird den ausführenden Behörden erhöhte Vorsicht zur Pflicht gemacht. Insbesondere ist grundsätzlich daran festzuhalten, daß der der Beleihung zugrunde zu legende Schätzungswert nicht höher angenommen werden darf, als der zwischen den Parteien vereinbarte Kaufpreis.

[1]) Abs. 4 des § 6 G. 8. 5. 1916 entspricht jetzt dem Abs. 5 des § 7 G. 7. 7. 1891.

5.

Im § 6 Abs. 3 G. ist im Anschluß an den Wortlaut des § 7 Abs. 2 G. 7. 7. 1891[1]) von der „ritterschaftlichen Taxe" gesprochen. Dazu sei bemerkt, daß in manchen Landesteilen, wo ritterschaftliche Taxen bestanden haben, (z. B. in der Prov. Brandenburg), das Schätzungsverfahren inzwischen auf grundsätzlich veränderten Grundlagen neugeordnet ist. Ritterschaftliche Taxen.

[1]) Abs. 3 des § 6 G. 8. 5. 1916 entspricht jetzt dem Abs. 4 des § 7 G. 7. 7. 1891, § 7 Abs. 2 dieses G. dem § 7 Abs 4.

## III. Abschnitt.

## Kursverlust.

1.

Um den Schwierigkeiten zu begegnen, die durch das Schwanken des Kurses der Rentenbriefe entstehen, soll bei Einleitung der Rentengutsgründungen dem Finanzierungsplan ein fester Kurs zugrunde gelegt werden, der für die Dauer des Verfahrens maßgebend bleibt. Seine Höhe wird von den beteiligten Ministern unter Berücksichtigung des auf dem Geldmarkte geltenden Zinsfußes von Zeit zu Zeit allgemein festgesetzt werden. Verluste, die nach durchgeführtem Verfahren bei der Verwertung der Rentenbriefe gegenüber dem in die Berechnung eingestellten festen Kurse entstehen, werden der Staat und der Unternehmer gemeinschaftlich tragen. Dabei wird der Staat drei Viertel des Ausfalls aus Mitteln der landwirtschaftlichen Verwaltung vergüten, während der Unternehmer für Deckung des letzten Viertels zu sorgen hat. Als Verlust gilt der Unterschied zwischen dem vorgeschriebenen festen Kurs und dem niedrigeren Kurse, zu dem tatsächlich verkauft worden ist. Voraussetzungen für die Vergütung des Kursverlustes.

Bis auf weiteres wird als fester Kurs der für jetzt allein in Betracht kommenden 4%igen Rentenbriefe (II. Abschn. Nr. 3 Abs. 2) der Nennwert festgesetzt.

Voraussetzung für die Vergütung des Kursverlustes ist, daß

a) die Ansiedlung als gemeinnützig anerkannt ist;
b) die Verwertung der Rentenbriefe durch Vermittlung oder unter Zustimmung der Seehandlung erfolgt;
c) der Antrag auf Verkauf oder Überlassung zur eigenen Verwertung innerhalb dreier Monate nach dem Monat ihres Aufkommens bei der Seehandlung gestellt wird;
d) soweit Ansiedlungsgesellschaften die Unternehmer sind, von ihnen der Seehandlung allgemein und dauernd das Recht eingeräumt wird, jederzeit Auskunft über ihre Vermögenslage zu fordern, insbesondere monatliche Kassenabschlüsse, Rohabschlüsse, Schuldnerverzeichnisse zu verlangen, und ihre Jahresabschlüsse durch einen Beauftragten der Seehandlung vorprüfen zu lassen;
e) in (den) Fällen zu d) die Seehandlung vor der Entscheidung über die Vergütung des Kursverlustes sich gutachtlich äußert.

Das Recht der Seehandlung, nach den Bestimmungen im I. Abschn. über Zwischenkredit die Rentenbriefe auch ohne Antrag zu verkaufen, bleibt unberührt.

2.

Gemeinnützige Ansiedlungen.

Als gemeinnützig anerkannt i. S. der Nr. 1a gelten Ansiedlungen:

a) der provinziell organisierten gemeinnützigen Siedlungsgesellschaften, an denen der Staat mit Stammeinlagen beteiligt ist,
b) der Kommunalverbände,
c) der von dem LM. und dem FM. als gemeinnützig anerkannten Kleinsiedlungsgesellschaften,
d) der Grundeigentümer, die selbst oder durch einen als gemeinnützig anerkannten Vermittler (a bis c) ihren nicht eigens hierzu erworbenen Grundbesitz in Arbeiter- oder Bauernstellen (IV. Abschn. Nr. 3 b bis d) aufteilen, sofern der LM. die Ansiedlung, insbesondere nach ihren

Zwecken, ihrer Finanzierung und den zugunsten der Ansiedler geplanten Einrichtungen, vor ihrer Inangriffnahme gebilligt hat.

3.

Ansiedlern, die ihre Wohn- und Wirtschaftsgebäude selbst errichten (§ 2 G. 7. 7. 1891), wird hinsichtlich der ihnen als Baudarlehen gegebenen Rentenbriefe unter den Voraussetzungen der Nr. 1b und c der Kursverlust in derselben Höhe vergütet. Vergütung des Kursverlustes bei Baudarlehen an einzelne Ansiedler.

4.

Kleinsiedlungsgesellschaften (Nr. 2c), für die die Rechtsform der G. m. b. H. die geeignetste ist, werden auf Antrag als gemeinnützig anerkannt werden, wenn sie insbesondere folgenden Anforderungen entsprechen: Gemeinnützige Kleinsiedlungsgesellschaften.

a) Ihr Geschäftsgebiet muß sachlich und örtlich abgegrenzt sein. Sofern nicht die Kleinsiedlungsgesellschaft überhaupt nur für ein bestimmtes einzelnes Ansiedlungsunternehmen, sondern für eine dauernde Siedlungstätigkeit gegründet ist, soll ihre Tätigkeit sachlich sich in der Regel nicht auf größere Besiedlungsgegenstände als 100 ha, örtlich in der Regel nicht über den Umfang eines Kreises erstrecken (Kreisgesellschaft). In jedem Kreise darf nur eine Kreisgesellschaft tätig sein.

b) Das Stammkapital der Gesellschaft (Summe der Geschäftsanteile der Genossen) soll nicht weniger als 30000 ℳ betragen.

c) Die Höhe des Geschäftsgewinnes darf 5% nicht übersteigen. Den Gesellschaftern oder sonstigen Beteiligten dürfen auch nicht in anderer Form besondere Vorteile gewährt werden. Sämtliche Überschüsse und Rücklagen dürfen nur für den Siedlungszweck verwendet werden. Bei Auflösung der Gesellschaft erhalten die Mitglieder nicht mehr als ihre Stammeinlagen. Der Rest des Gesellschaftsvermögens ist zu gemeinnützigen Siedlungszwecken zu verwenden.

d) Die Satzungen müssen die Bestimmung enthalten, daß Satzungsänderungen, die Anstellung der Geschäftsführer und ihre Dienstanweisungen, die Verteilung des Gesellschaftsvermögens bei Auflösung der Gesellschaft der Genehmigung des Oberpräsidenten bedürfen. Diesem und der Seehandlung ist ferner satzungsgemäß das Recht jederzeitiger Einsichtnahme in die Geschäftsbücher und in den sonstigen Geschäftsbetrieb durch Beauftragte zu gestatten. Auch sind ihnen auf Erfordern Auszüge, Rohabschlüsse, Schuldnerverzeichnisse usw. einzureichen.

Aus wichtigen Gründen können, insbesondere für bereits bestehende Kleinsiedlungsgesellschaften, Ausnahmen von den vorstehenden Grundsätzen zugelassen werden.

Um zu verhüten, daß die Kleinsiedlungsgesellschaften mit den provinziell organisierten gemeinnützigen Landgesellschaften, insbesondere mit Bezug auf den Erwerb von Siedlungsland, in unerwünschten Wettbewerb treten, haben sie mit den Landgesellschaften in geeigneter Weise Fühlung zu halten. Auch kann es sich empfehlen, derart zusammenzuarbeiten, daß den Kleinsiedlungsgesellschaften die Nutzbarmachung der Erfahrungen, der technischen, finanziellen oder sonstigen Mitwirkung der Landgesellschaften satzungsgemäß oder vertraglich gesichert wird.

5.

Kommunalverbände.

Auf Kommunalverbände finden die Bestimmungen des letzten Abs. der Nr. 4 sinngemäß Anwendung.

IV. Abschnitt.

## Stellen- und Flächenzuschüsse.

1.

Zuschußberechtigte.

Den provinziell organisierten gemeinnützigen Siedlungsgesellschaften, denjenigen Kommunalverbänden, die die Gründung von Rentengütern nicht bloß gelegentlich betreiben, und den als gemeinnützig anerkannten Kleinsiedlungsgesellschaften, die nicht bloß für ein einzelnes Siedlungsunternehmen gegründet sind (Kreisgesellschaften nach Abschn. III 4a) werden nach Maßgabe der Zahl und des Umfangs der von ihnen begründeten Rentengüter aus Mitteln der landw. Verwaltung pauschale Beihilfen (Stellen- und Flächenzuschüsse) gewährt. Sie sind dazu bestimmt, zur Deckung der Kosten für Regelung der öffentlich-rechtlichen Verhältnisse und für gemeinwirtschaftliche Folgeeinrichtungen und zum Ausgleich finanzieller Ausfälle des Siedlungsverfahrens beizutragen. Sie sind nach Übernahme der Rentengüter auf die Rentenbank zahlbar und fließen einem besonderen Fonds (Ausgleichsfonds) der Gesellschaft (des Kommunalverbandes) zu.

2.

Höhe der Zuschüsse.

Der Stellenzuschuß beträgt für jedes neugegründete Rentengut u. z. (s. unten Nr. 3):

a) für jedes Gartenrentengut, bei einer Kolonie jedoch nur für die ersten 30 Gartenrentengüter, je 300 ℳ.
b) für jede ländliche Arbeiterstelle 800 ℳ,
c) für jede kleinbäuerliche Stelle 600 ℳ,
d) für jede bäuerliche Stelle 400 ℳ.

Der Flächenzuschuß beträgt für Rentengüter der zu b bis d bezeichneten Art 10 ℳ für jedes angefangene ha der besiedelten Fläche.

Werden kleinbäuerliche oder bäuerliche Rentengüter durch Zukauf gebildet, so beträgt der Stellenzuschuß 200 ℳ, der Flächenzuschuß 10 ℳ für jedes angefangene ha der zugekauften Fläche. Voraussetzung der Gewährung dieser Beihilfe ist, daß die Zukaufsfläche mindestens 1 ha groß ist und daß Zukaufsfläche und Stammstelle ein einheitliches Rentengut mit Anerbengutseigenschaft bilden.

3.

Einteilung der Rentengüter in Klassen

Im Sinne der Bestimmung zu 2 gilt:

a) als Gartenrentengut jedes Rentengut von 12,50 a (E. 8. 1. 1907)[1]) bis 50 a einschließlich;

b) als ländliche Arbeiterstelle jedes Rentengut von 50 a bis 2 ha einschließlich;
c) als kleinbäuerliche Stelle jedes Rentengut von 2—15 ha einschließlich;
d) als bäuerliche Stelle jedes Rentengut über 15 ha.

[1]) S. A. 2 zu § 1 G. 7. 7. 1891.

4.

Zuschüsse bei Herstellung von Einliegerwohnungen.

In manchen Gegenden wird es zur Vermehrung der Bevölkerung auf dem Lande beitragen, wenn die Zahl der Mietwohnungen, mit denen eine Landnutzung verbunden ist, vergrößert wird. Voraussetzung hierfür ist in erster Linie das Vorhandensein dauernder Arbeitsgelegenheit. Wo auf Grund sorgfältiger Prüfung das Bedürfnis nach Schaffung von Mietwohnungen bejaht werden kann, soll mit der Gründung eines Rentenguts die Einrichtung einer zweiten Wohnung (Einliegerwohnung) auf dem Rentengute verbunden werden dürfen. Für diese Wohnung muß die Möglichkeit der Anpachtung von soviel Land gesichert sein, daß darauf wenigstens Kleinvieh (Schwein, Ziege usw.) gehalten werden kann. Für jede auf diese Weise neugeschaffene Mietwohnung auf ländlichen Rentengütern des im § 6 Abs. 4 G. 8. 5. 1916[1]) bezeichneten Umfangs wird ein besonderer Zuschlag zum Stellenzuschuß in Höhe von 200 ℳ gewährt. Als Rentengüter des im § 6 Abs. 4[1]) bezeichneten Umfangs gelten die ländlichen Arbeiterstellen und die kleinbäuerlichen Stellen (Nr. 3 b und c).

Bei einem Gartenrentengut ist, ohne daß sich darum der Stellenzuschuß (Nr. 2a) erhöht, die Einrichtung einer zweiten Wohnung im Giebelgeschoß des Wohnhauses zulässig. Diese darf aber nur vermietet werden, wenn und solange das Bedürfnis des Rentengutsbesitzers an Wohnraum nach seinem derzeitigen Familienbestande nicht so groß ist, daß das Haus von ihm angemessen ausgenutzt wird.

Die Kosten der auf einem Gartenrentengut errichteten

Baulichkeiten dürfen, auch bei eingebauter Mietwohnung, insgesamt die Summe von 9000—10000 ℳ[2]) nicht übersteigen; andernfalls darf das Rentengut von der Rentenbank nicht beliehen werden. Mit dieser Maßgabe steht der Erwerb eines solchen Rentengutes jedem geeigneten Bewerber offen, ohne daß es darauf ankommt, ob er dem Arbeiter- oder einem diesem sozial gleichstehenden Berufsstande angehört, wenn nur die Mehrheit der Erwerber von Gartenrentengütern derselben Kolonie aus Angehörigen dieser Berufsstände besteht.

[1]) Abs. 4 des § 6 G. 8. 5. 1916 entspricht jetzt dem Abs. 5 des § 7 G. 7. 7. 1891.

[2]) Vgl. hierzu A. 7 zu § 7 G. 7. 7. 1891.

5.

Beihilfen für Rentengutsgründungen anderer als der unter Nr. 1 genannten Unternehmer, für die ein Ausgleichsfonds nicht besteht, wird das LM. auf besonderen Antrag wie seither nach Maßgabe des Bedürfnisses im einzelnen Falle bewilligen. Beihilfen in besonderen Fällen.

## VI. Abschnitt.

## Unschädlichkeitszeugnis.

Die gesetzlichen Vorschriften über den erleichterten Abverkauf von Grundstücken, auf die der § 10 G. 8. 5. 1916 Bezug nimmt, sind in dem G. 3. 3. 1850 (GS. 145) enthalten und haben infolge späterer Gesetze jetzt Geltung im ganzen Staatsgebiete. Hiernach kann schon jetzt jeder Grundeigentümer, Lehns- oder Fideikommißbesitzer in der Regel auf Grund eines Unschädlichkeitszeugnisses der Kreditdirektion bei landschaftlich beliehenen, der Auseinandersetzungsbehörde bei sonstigen Gütern Gutsteile auch ohne Einwilligung der Hypothekengläubiger, Lehns- oder Fideikommißberechtigten veräußern, sofern das Trennstück im Verhältnis zum Hauptgute von geringem Wert und Umfang ist. Nach dem G. 27. 6. 1890 kann das Unschädlichkeitszeugnis bei der Veräußerung zum Zwecke der Bildung von Rentengütern auch bei der Abveräußerung größerer Trennstücke erteilt werden. Der § 10 G. 8. 5. 1916 gestattet jetzt allgemein die Abveräußerung größerer Trennstücke, wenn auf ihnen neue ländliche Stellen mittleren oder kleinen Umfangs errichtet oder wenn unselbständige ländliche Stellen in Stellen mittleren oder kleinen Umfangs umgewandelt werden.

Bevor die Kreditdirektion oder die AuseinBeh. das Unschädlichkeitszeugnis erteilt, hat sie sich die Überzeugung zu verschaffen, daß die Voraussetzungen der Errichtung neuer oder der Umwandlung bestehender Stellen i. S. des § 10 gegeben sind. Die nach ihrem Ermessen hierfür erforderlichen Unterlagen (Kaufverträge, Katasterauszüge u. dgl.) sind ihr von dem Antragsteller zu liefern. Auch wird sie die Auskünfte der Ortsbehörden einholen.

Meist wird der Antragsteller, bevor er die Errichtung neuer oder die Umwandlung bestehender Stellen in Angriff nimmt, sicher sein wollen, daß ihm nach erfolgter Ausführung das Unschädlichkeitszeugnis auch wirklich erteilt wird. In solchen Fällen steht es ihm frei, die zur Prüfung seines Unternehmens dienlichen Unterlagen schon vor der Ausführung einzureichen und einen vorläufigen Bescheid dahin zu beantragen, daß bei planmäßiger Ausführung des Unternehmens der späteren Erteilung des Unschädlichkeitszeugnisses nichts im Wege stehen wird.

# Sachverzeichnis.

(Die Zahlen bedeuten die Seiten.)

## A.

## B.

## E.

## G.

## J.



## K.

## M.



## N.

## P.

## S.

## V.

## W.

## Z.

# Berichtigung zu Seite 51.

**Holzungen,** die in A. 2 versehentlich unter den Nutzflächen mit aufgeführt sind, sind keine landwirtschaftlichen Nutzflächen und kommen daher bei der Feststellung, welche Güter als große Güter anzusehen sind, nicht in Anrechnung. Vgl. auch Statist. Korresp. XXXVI Sonder-Nr v. 22. 3. 1910 S. 1.

# Gesetz über
# Landeskulturbehörden

nebst

**den für das Verfahren der Landeskulturbehörden geltenden Vorschriften des Landesverwaltungsgesetzes**

und

**den Ausführungsvorschriften des Ministers für Landwirtschaft, Domänen und Forsten**

erläutert von

**W. Holzapfel,**

Geh. Oberjustizrat,
Mitglied des Oberlandeskulturgerichts.

1920. Taschenformat. Geb. 7 M.

Bei der Unübersichtlichkeit der neuen Bestimmungen wird die vorliegende Ausgabe, die eine übersichtliche Darstellung des Gesetzes nebst den für das Verfahren neu eingeführten Vorschriften des Landesverwaltungsgesetzes bietet, als Leitfaden durch den neuen Rechtszustand gute Dienste leisten.

# Guttentagsche Sammlung

## Deutscher Reichs- und Preußischer Gesetze

einschließlich

## de Gruytersche Sammlung Deutscher Gesetze

(Handkommentare)

## Systematisches Verzeichnis



September 1929


Walter de Gruyter & Co., Berlin W 10 und Leipzig

# Bürgerliches Recht

## Bürgerliches Gesetzbuch

Band **Reichsgesetze:**

38/39. **Bürgerliches Gesetzbuch nebst Einführungsgesetz.** Von A. Achilles. In Verbindung mit F. André, O. Meyer, O. Strecker, K. v. Unzner herausgegeben von M. Greiff. 12. Auflage. — 1926. 24.—

84. **Sammlung kleinerer privatrechtlicher Reichsgesetze.** Von G. Müller. — 1903. 5.50

129. **Zivilrechtkriegsgesetze.** Von J. Fischer. — 1918. 1.50

116. **Kriegs-Zivil- und Finanzgesetze.** 3. Auflage. — 1915. 1.50

116 a. Desgl. Zweite Folge: Jahr 1915. — 1916. 1.20

**Preußische Gesetze:**

23. **Ausführungsgesetze zum Bürgerlichen Gesetzbuche.** Von P. Simeon. 3. Auflage. — 1914. 2.20

**Textausgaben:**

**Bürgerliches Gesetzbuch nebst Einführungsgesetz.** 16. Auflage. — 1928. 5.—

## Schuldverhältnisse insbesondere

**Reichsgesetze:**

34. **Die Abzahlungsgeschäfte.** 3. Auflage von E. Wilke. — 1910. 1.20

93. **Sicherung der Bauforderungen.** Von E. Harnier. 3. Auflage. — 1912. 1.50

55. **Beschlagnahme von Lohn- und Gehaltsforderungen.** Von G. Meyer. 6. Auflage. — 1927. Mit Nachtrag 1928. 4.50

70. **Das Reichshaftpflichtgesetz.** Von G. Eger. — 1903. Vergriffen.
Als Ersatz: F. Seligsohn, **Haftpflichtgesetz.** — 1920. (Außerhalb der Sammlung.) 8.—, geb. 9.50

94. **Die Beamtenhaftpflichtgesetze des Reiches und der Länder.** Von H. Delius. 4. Auflage. — 1929. 10.—

52. **Rechte der Besitzer von Schuldverschreibungen.** Von H. Göppert. 2. Auflage von E. Trendelenburg. — 1915. 1.50

50. **Der Viehkauf (Viehgewährschaft).** Von H. Stölzle. 6. Auflage. — 1926. 15.—

90. **Das Internationale Privatrecht,** Die Haager Abkommen über. Von G. Bogeng. — 1908. 2.—
98. **Sechs Haager Abkommen über Internationales Privatrecht.** H. Dungs. — 1910. 1.50

**Preußische Gesetze:**

87. **Enteignung von Grundeigentum.** Von O. Meyer. 3. Auflage. — 1927. 5.50

## Sachenrecht insbesondere

**de Gruyterſche Sammlung Deutscher Gesetze (Handkommentare):**

**Aufwertungsrecht** von R. Michaelis. — 1926. Mit Nachtrag 1927. 16.—
Nachtrag einzeln —.30

**Reichsgesetze:**

135. **Erbbaurecht.** Von H. Günther. — 1919. 2.—
42. **Grundbuchordnung.** Von O. Fischer und R. Fischer. 9. Auflage. — 1927. 5.—
156. **Mietrecht und Wohnungsmangelgesetz.** Von O. Krieg. 4. Auflage. — 1928. 10.—

**Textausgaben:**

**Aufwertungsgesetze** mit Einleitung. Von R. Michaelis. — 1925. Mit Nachtrag 1927. 1.50
**Reichsmietengesetz.** — 1922. —.50

## Familienrecht und Erbrecht

**Reichsgesetze:**

45. **Entmündigungsrecht.** Von P. Koll. — 1900. 1.20
58. **Recht der unehelichen Kinder.** Von H. Jastrow. — 1901. Mit Nachtrag 1925. 1.60
47. **Deutsches Vormundschaftsrecht.** Von M. Schultzenstein und P. Köhne. 2. Auflage. — 1901. Vergriffen.
124. **Todeserklärung Kriegsverschollener.** Von J. Partsch. — 1917. 2.—
59. **Beurkundung des Personenstandes und die Eheschließung.** Von F. Fidler. 2. Auflage. — 1912. 2.30

**Preußische Gesetze:**

8. **Nottestamente.** Von E. Kurtz. — 1904. 1.50

# Handelsrecht

**Reichsgesetze:**

4. **Handelsgesetzbuch** ohne Seerecht. Von F. Litthauer und A. Mosse. 17. Auflage. Von E. Heymann. — 1926. 14.—
162. **Handelsrechtl. Nebengesetze.** Von O. Schreiber. — 1926. 14.—
169. **Bank- und Börsengesetze.** Von A. Nußbaum. — 1927. 11.—
41. **Börsengesetz.** Von Th. Hemptenmacher. 3. Auflage von O. Meyer. — 1915. 3.50
26. **Münz- und Notenbankwesen.** Von R. Koch. 7. Auflage von H. Schacht. — 1925. 14.—
117. **Darlehnskassengesetz.** Von H. Salomon u. R. Bud. — 1915. 1.80
40. Gesetz, betr. die **Pflichten der Kaufleute bei Aufbewahrung fremder Wertpapiere (Depotgesetz).** Von F. Lusensky. 3. Auflage. — 1916. Mit Nachtrag 1924/25. 1.—
24. **Aktiengesellschaft und Kommanditgesellschaften auf Aktien.** Von H. Keyßner und H. V. Simon. 7. Auflage. In Bearbeitung.
32. **Gesellschaften mit beschränkter Haftung.** Von L. Parisius, H. Crüger und A. Crecelius. 18. Auflage. — 1928. 3.50
29. **Erwerbs- und Wirtschaftsgenossenschaften.** Von L. Parisius, H. Crüger, A. Crecelius und Fr. Citron. 19. Auflage. — 1928. 4.—
51. **Hypothekenbankgesetz.** Von H. Göppert. 3. Auflage von M. Friedländer. 1929. Im Druck.
100. **Kaligesetz.** Von B. Voelkel. — 1910. 2.40
167. **Verordnung gegen Mißbrauch wirtschaftlicher Machtstellungen** (Kartellgesetz). Von W. Staffel. — 1927. 3.50
115. **Das vertragliche Wettbewerbsverbot (Konkurrenzklausel).** Von G. Baum. — 1914. 3.—
113. **Postscheckgesetz.** Von J. Weiland. — 1914. Mit Nachtrag 1918. Vergriffen.
113 a. **Postscheckordnung.** Von J. Weiland. — 1914. Mit Nachtrag 1918. 1.50
85. **Scheckgesetz.** Von M. Apt. Vergriffen. Neue Auflage von W. Schmidt. In Bearbeitung.
**Kommentar** von R. Michaelis. — 1927. (Außerhalb der Sammlung.) 16.—, geb. 18.—
5. **Wechselordnung.** Von J. Stranz und M. Stranz. 12. Auflage. — 1923. Mit Nachtrag 1926, enthaltend **Wechselstempelgesetz und Scheckgesetz.** 3.50
Nachtrag einzeln —.60

36. **Privatrechtliche Verhältnisse der Binnenschiffahrt und Flößerei.** Von E. Löwe. 6. Auflage. — 1923. 4.—
19. **Die Seegesetzgebung.** Von W. E. Knitschky. 5. Auflage von O. Rudorff. — 1913. 8.—

**Preußische Gesetze:**

54. **Anlegung von Sparkassenbeständen in Inhaberpapieren.** Von H. Döhring. — 1914. 2.80
21. **Handelskammern.** Von F. Lusensky. 2. Aufl. — 1909. 3.—

**Textausgaben:**

**Handelsgesetzbuch** mit **Seerecht.** 11. Auflage. — 1924. 2.60
**Wechselordnung.** — 1928. Mit Anhang: Wechselprozeß und Nebengesetze. — 1928. 1.50

## Versicherungsrecht

**Reichsgesetze:**

62. **Private Versicherungsunternehmungen.** Von H. Koenige. 3. Auflage von H. Koenige und A. Petersen. — 1927. 20.—
83. **Versicherungsvertrag.** Von P. Hager und E. Bruck. 6. Auflage. — 1929. 14.—
164. **Aufwertung von Versicherungsansprüchen.** Teil I: **Lebensversicherungen.** Von L. Berliner und E. Pfaffenberger. — 1926. 6.50
164 a. Desgl. Teil II: **Sach- (Feuer-, Glas-, Wasser- usw.) und Transportversicherung, Unfall- und Haftpflichtversicherung.** — 1926. Mit Nachtrag 1927. 3.50
Nachtrag einzeln —.30

## Gewerberecht

**Reichsgesetze:**

6. **Gewerbeordnung** für das Deutsche Reich nebst **Kinderschutzgesetz** und **Hausarbeitsgesetz.** Von Fr. Hiller und H. Luppe. 21. Auflage. — 1928. Mit Nachtrag, enthaltend Handwerksnovelle vom 11. Juni 1929. 11.—
64. **Handel mit Drogen und Giften,** Gesetzsammlung, betr. den. Von H. Sonnenfeld. 3. Auflage. — 1926. 12.—
48. **Drogen-, Gift- und Farbenhandel außerhalb der Apotheken,** Gesetze, betr. den. Von J. Broh. — 1899. 1.20

130. **Ersatzlebensmittelverordnung.** Von H. E. Wendel. — 1918. 1.50

54. **Nahrungsmittelgesetze** mit Erläuterungen. Von Georg Lebbin. 2. Auflage in zwei Bänden.
 a) I. **Lebensmittelgesetz** vom 5. Juli 1927 mit Nebengesetzen Margarine, Fleisch, Milch, Süßstoff, Essigsäure usw.). Von G. Lebbin und R. Gießner. — 1928. 8.50
 b) II. **Getränkegesetze und Getränkesteuergesetze** (Wein, Bier, Branntwein, Mineralwasser). Unter Mitarbeit von K. Kniebe. — 1926. 10.—

65. **Weingesetz.** Von G. Lebbin. 2. Auflage. — 1909. Vergriffen.

71. **Kinderarbeit in gewerblichen Betrieben.** Von H. Spangenberg. 2. Auflage. — 1904. 1.20

**Preußische Gesetze:**

16. **Konzessionierung gewerblicher Anlagen.** Von W. v. Rüdiger. 2. Auflage. — 1901. Vergriffen.

**Textausgaben:**

**Gewerbeordnung,** Preußische Ausführungsanweisung zur. — 1904. 1.—

## Arbeitsrecht

**Reichsgesetze:**

138 a. **Arbeiterschutz und Arbeitsrecht.** Von A. Günther. 2. Auflage. Teil I: **Arbeitszeitschutz.** Von R. Schneider und A. Günther. — 1927. 7.50

138 c. Teil II: **Schwerbeschädigtengesetz.** Von R. Schneider und A. Günther. — 1928. 8.—

138 d. Teil III: **Stillegungsverordnung.** Von R. Schneider und A. Günther. — 1929. 6.50

138 b. **Betriebsrätegesetz.** Von A. Günther. — 1920. Vergriffen.

168. **Arbeitsgerichtsgesetz.** Von H. Depène. — 1927. 3.60

74. **Die Kaufmannsgerichte.** Von M. Apt. 3. Auflage. — 1904. Vergriffen.

112. **Kaufmannsgerichtsgesetz.** Von H. Depène. — 1914. 2.60

112 a. **Kaufmanns- und Gewerbegerichtsgesetz nebst Schlichtungsordnung.** (Erg.-Band zu Bd. 112.) Von H. Depène. — 1924. 3.50
Die Bde. 112 und 112 a enthalten zusammen den vollständigen Text des Gewerbegerichtsgesetzes.

**Preußische Gesetze:**

58. **Arbeitsnachweis.** Von P. Wölbling. — 1920. 1.—

## Sozialpolitische Gesetze

**Reichsgesetze:**

106—109. **Reichsversicherungsordnung.** Von F. Caspar und A. Spielhagen. 1913-1922. 4 Bände. Komplett. 18.—
161. **Reichsversicherungsordnung.** Von K. Lippmann. — 1925. 11.—
161 a. Desgl. **Ergänzungsband,** enthaltend die neue Fassung des **Unfallversicherungsgesetzes** sowie die Änderungen der übrigen Bücher der RVO. — 1926. 4.—
161 b. Desgl. **Zweiter Ergänzungsband.** 2., vermehrte Auflage nach dem Stand vom 1. Juli 1928. — 1928. —.80
161 c. Desgl. **Dritter Ergänzungsband.** Nach dem Stand vom 1. Juli 1929. — 1929. 1.—
155. **Reichsknappschaftsgesetz.** Von M. Reuß und F. Hense. 2. Auflage. — 1926. Mit Nachtrag 1927. 12.—
152. **Wohlfahrtsgesetze.** Von E. Behrend und H. Stranz-Hurwitz. Teil I. — 1923. 5.—
152 a. Desgl. Teil II. — 1925. 9.—
152 und 152 a zusammen bezogen 12.—
165. **Arbeitslosenversicherung.** Von H. Schmeißer. Im Druck.
160. **Fürsorgepflicht.** Von E. Sandré. — 1925. 6.—
154. **Jugendwohlfahrt und Jugendgerichtsgesetz.** Von P. Drewes und E. Sandré. 2. Auflage von P. Drewes. — 1928. 11.—
172. **Die reichs- und landesrechtlichen Bestimmungen auf dem Gebiete des Gesundheitswesens.** Von W. Voß. 1929. 11.—

**Textausgaben:**

**Versicherungsgesetz für Angestellte.** 2. Auflage. — 1927. 2.50

## Geistig-gewerblicher Rechtsschutz

**Reichsgesetze:**

81. **Urheberrecht an Werken der bildenden Künste und der Photographie.** Von L. Fuld. 2. Auflage. — 1926. 6.—
60. **Das Urheberrecht an Werken der Literatur und der Tonkunst.** Von O. Lindemann. 4. Auflage. — 1921. 1.80
102. **Urheberrecht an Mustern und Modellen** und Schutz von **Gebrauchsmustern.** Von J. Neuberg. — 1911. 2.40
95. **Die Berner Übereinkunft über Internationales Urheberrecht.** Von H. Dungs. — 1910. 1.—

61. **Verlagsrecht.** Von B. Marwitz. 3. Auflage. — 1922. 1.60
22. **Patentgesetz.** Von R. Lutter. 9. Auflage. — 1928. 10.—
87 a. **Das deutsche Warenzeichenrecht.** Von Freund und Magnus. 6. Auflage von Jüngel und Magnus.
Teil I: **Die internationalen Verträge.** — 1924. 9.—
Teil II: **Das deutsche Recht.** In Bearbeitung.
37. **Unlauterer Wettbewerb.** Von A. Pinner und A. Elster. 8. Auflage. — 1927. 5.—

---

# Zivilprozeß

**de Gruytersche Sammlung Deutscher Gesetze (Handkommentare):**

**Zivilprozeßordnung.** Von R. Sydow, L. Busch und W. Krantz. 19. Auflage. — 1926. 25.—

**Reichsgesetze:**

14. **Gerichtsverfassungsgesetz.** Von R. Sydow. Fortgeführt von L. Busch. 10. Auflage. — 1925. 6.—
15. **Das deutsche Gerichtskostengesetz.** Von R. Sydow. Fortgeführt von L. Busch und O. Krieg. 11. Auflage. 1928. 7.50
17. **Gebührenordnung für Rechtsanwälte usw.** Von R. Sydow. Fortgeführt von L. Busch und O. Krieg. 13. Auflage. — 1929. 9.—
16. **Rechtsanwaltsordnung.** Von R. Sydow. 5. Auflage von M. Jacobsohn. — 1907. Mit Nachtrag 1910. Vergriffen.
80. **Gerichtliche Registerführung.** Von O. Lindemann. — 1906. 2.40

**Preußische Gesetze:**

17. **Preußisches Gerichtskostengesetz.** Von P. Siméon. 8. Auflage von O. Lindemann. — 1928. 8.—
85. **Geschäftsordnung für Gerichtsvollzieher.** Von E. Exner. — 1904. 3.—

**Textausgaben:**

**Zivilprozeßordnung mit Gerichtsverfassungsgesetz und Einführungsgesetzen.** — 1924. 3.50

## Freiwillige Gerichtsbarkeit

### Reichsgesetze:

46. **Freiwillige Gerichtsbarkeit.** Von H. Jastrow. 7. Auflage von H. Günther. — 1928. 9.—

76. **Die Rechtshilfe im Verkehr mit den ordentlichen Gerichten.** Von A. Friedländer. — 1906. 1.50

163. **Notariatsrecht.** Von F. Szkolny und L. Kober. — 1925. 8.50

### Preußische Gesetze:

4. **Gebührenordnung für Notare vom 28. Oktober 1922.** Von J. Rausnitz. 6. Auflage. — 1925. 7.—

29. **Ärztliche Ehrengerichte, das Umlagerecht und die Kassen der Ärztekammern.** Von F. Fidler. — 1901. 1.50

### Textausgaben:

**Freiwillige Gerichtsbarkeit.** — 1920. 1.—

## Konkursordnung und Zwangsvollstreckung

### Reichsgesetze:

13. **Konkursordnung, Vergleichsordnung und Anfechtungsgesetz.** Von R. Sydow. Fortgeführt von L. Busch und O. Krieg. 15. Auflage. — 1929. 12.—

127. **Geschäftsaufsicht zur Abwendung des Konkurses.** Von G. Klien und E. Jaeger. — 1917. Durch Nachträge ergänzt. 3.—

43. **Zwangsvollstreckung in das unbewegliche Vermögen.** Von J. Krech und O. Fischer. 10. Auflage von O. Fischer. — 1929. 5.—

### Textausgaben:

**Konkursordnung.** 2. Auflage. — 1915. Mit Nachtrag 1927. 1.50
Nachtrag einzeln —.80

# Strafrecht

**Reichsgesetze:**

2. **Strafgesetzbuch.** Von Fr. v. Liszt und E. Delaquis. 28. Auflage von E. Kohlrausch. — 1928. 8.—
9. **Sammlung kleinerer strafrechtlicher Reichsgesetze.** Von N. H. Kriegsmann. 3. Auflage. — 1910. 4.—
53. **Reichspreßgesetz.** Von A. Born. 3. Auflage. — 1924. 4.—
133. **Reichswuchergesetzgebung.** Von Ad. Lobe. — 1918. 2.80
67. **Militärstrafgesetzbuch.** Von A. Romen und E. Rissom. 3. Auflage. — 1918. Vergriffen.
173. **Schußwaffengesetz.** Von E. Wündisch. — 1928. 5.—

**Preußische Gesetze:**

84. Sammlung der wichtigsten **preußischen Strafgesetze.** Von O. Lindemann. 2. Auflage. — 1912. 3.50
86. **Polizeiverordnungen in Preußen.** Von O. Lindemann. 2. Auflage. — 1912. 2.50

**Textausgaben:**

**Strafgesetzbuch.** — 1925. 3.—

# Strafprozeß

**de Gruytersche Sammlung Deutscher Gesetze (Handkommentare):**

**Strafprozeßordnung und Gerichtsverfassungsgesetz.** Von A. Feisenberger. — 1926. Mit Nachtrag 1927. 17.—
Nachtrag einzeln —.80

**Reichsgesetze:**

12. **Strafprozeßordnung und Gerichtsverfassungsgesetz.** Von E. Kohlrausch. 21. Auflage. — 1927. 7.50
158. **Strafprozeßordnung und Gerichtsverfassungsgesetz.** Alte und neue Fassung synoptisch gegenübergestellt. Von A. Feisenberger. — 1924. Mit Nachtrag 1927. 4.50
8. **Militärstrafgerichtsordnung.** Von A. Romen und E. Rissom. 2. Auflage. — 1918. 5.—
128. **Verhaftung und Aufenthaltsbeschränkung.** Von A. Romen. — 1917. 1.20
78. **Entschädigung für unschuldig erlittene Verhaftung und Bestrafung.** Von A. Romen. — 1904. 1.70

**Textausgaben:**

**Strafprozeßordnung.** 5. Auflage. — 1924. Mit Nachtrag 1927. 2.50

# Öffentliches Recht

## Staatsrecht

### Reichsgesetze:

137. **Reichsverfassung.** Von A. Arndt. 3. Auflage. — 1927. 8.—
166. **Das deutsche Ausländerrecht.** Von W. Fraustädter und M. Kreutzberger. — 1927. 9.—
86. **Die Auslieferungsverträge des Deutschen Reiches.** Von A. Cohn. — 1908. 4.—
44. **Auswanderungswesen.** Von F. Stoerk. — 1899. 2.—
134. **Der Ostfrieden.** Von K. Strupp. — 1918. 3.—
111. **Reichs- und Staatsangehörigkeitsgesetz.** Von A. Romen. 2. Auflage. In Bearbeitung.
141. **Sozialisierungsgesetze.** Von O. Reter. — 1920. 2.20
174. **Internationale Schiedssprechung.** Von H. Kraus. — 1929. 10.—
99. **Die Abkommen der Haager Friedenskonferenz.** Vergriffen. Jetzt: H. Wehberg, **Völkerbundakte.** — 1919. (Außerhalb der Sammlung.) 4.—

### Preußische Gesetze:

1. **Die Verfassung des Freistaats Preußen.** Von A. Arndt. — 1921. 2.—
   Ausführlicher Kommentar von Fr. Stier-Somlo. — 1921. (Außerhalb der Sammlung.) 8.—

### Textausgaben:

**Verfassung des Freistaates Preußen.** — 1921. —.60

## Verwaltungsrecht

### a) Reichsrecht

### Reichsgesetze:

82. **Reichsbeamtengesetz.** Von A. Arndt. 3. Auflage. — 1923. Mit Nachtrag, enthaltend die Änderungen bis 1924. 3.50
122. **Belagerungszustand.** Von H. Pürschel. — 1916. 3.50
85. **Die Reichs-Eisenbahngesetzgebung.** Von W. Coermann. — 1895. Vergriffen.
66. **Die Eisenbahngesetzgebung.** Von W. Pietsch. 2. Auflage. — 1913. Vergriffen.
91. **Eisenbahn-Verkehrsordnung.** Von E. Blume. 4. Auflage von W. Weirauch. — 1928. 9.—

147. **Filmzensur.** Von Szczesny. — 1920. 1.50
68. **Fleischbeschaugesetz.** Von G. Lebbin und G. Baum. — 1903. 2.80
27. **Gesundheitswesen im Deutschen Reich.** — 1888. Vergriffen.
56. **Bekämpfung gemeingefährlicher Krankheiten.** Von B. Burkhardt. — 1900. 1.20
63. **Gesetzestafel des deutschen Reichsrechts.** Von H. Bruhns. 2. Auflage. — 1913. 3.—
49. **Deutsche Kolonialgesetzgebung.** Von Ph. Zorn. 2. Auflage von Sassen. — 1913. 5.—
21. **Die Konsulargesetzgebung.** Von Ph. Zorn. 3. Auflage von K. Zorn. — 1911. 4.50
75. **Konsulargerichtsbarkeit.** Von A. F. Vorwerk. — 1908. 1.60
92. **Verkehr mit Kraftfahrzeugen.** Von R. Kirchner. 4. Auflage. In Vorbereitung.
Außerhalb der Sammlung: **Der Kraftfahrzeugverkehr.** Von G. Aumer. 2. Auflage. — 1928. 4.50
119. **Kriegsleistungsgesetz.** Vergriffen.
118. **Militärhinterbliebenengesetz.** Von Reh. — 1915. 2.20
79. **Die Militärpensionsgesetze.** Von A. Romen. Vergriffen.
136. **Militärversorgungsgesetz.** Von H. Günther. — 1919. 2.30
7. **Post- und Telegraphen-Gesetzgebung.** Von P. D. Fischer. 7. Auflage. I. Teil: **Postrecht.** Von E. Staedler. 15.—
120. **Telegraphenwegegesetz.** Von C. Wolf. — 1916. 1.—
148. **Reichsausgleichsgesetz.** Von E. Decke. — 1920. 1.50
150. **Reichsschädengesetze.** Von A. Hohenstein und W. Goldbaum. — 1922. 4.—
97. **Schutzgebietsgesetz.** Von J. Gerstmeyer. — 1910. 2.50
105. **Das Geldwesen in den deutschen Schutzgebieten.** Von W. Hintze. — 1912. 1.80
140. **Die Siedelungsgesetzgebung im Reich und in Preußen.** Von W. Holzapfel. — 1920. 3.—
125. **Vaterländischer Hilfsdienst.** 3. Auflage. — 1917. 1.—
88. **Vereinsgesetz.** Von A. Romen. 5. Auflage. In Bearbeitung.
33. **Vereins- und Versammlungsrecht.** Von E. Ball. 2. Auflage von F. Friedenthal. — 1907. 2.—
103. **Reichs-Viehseuchengesetz.** Von W. v. Hippel. 2. Auflage. — 1913. 4.—

89. **Vogelschutzgesetz.** Von L. v. Boxberger. — 1909. 1.—
69. **Reichsgesetz über die Naturalleistungen der bewaffneten Macht im Frieden.** Von W. v. Hippel. — 1903. 1.—
114. **Waffengebrauch und Festnahmerecht des Militärs.** Von A. Romen und C. Rissom. — 1914. 1.80
142. **Wirtschaftliche Demobilmachung.** Von Gg. Fischbach. — 1920. 1.—
170. **Luftrecht.** Von R. Busse. 1928. 10.—
171. **Seewasserstraßenordnung.** Von J. Sebba. — 1928. 8.50
173. **Schußwaffen und Munition.** Von E. Wündisch. — 1928. 5.—

## b) Landesrecht

### Preußische Gesetze:

48. **Zweckverbandsgesetz für Groß-Berlin.** Von L. Brühl, K. Gordan und W. Ledermann. — 1912. 4.—
50. **Gesetz, betr. die Anlegung und Veränderung von Straßen und Plätzen in Städten und ländlichen Ortschaften.** Von O. Meyer. — 1913. 3.—
46. **Austritt aus der Landeskirche.** Von H. Caro. — 1911. 2.40
2. **Preußische Beamtengesetzgebung.** Von K. Pfafferoth. 5. Auflage. — 1916. 2.40
51. **Das preußische Disziplinargesetz für die nichtrichterlichen Beamten.** Von E. v. Dultzig. — 1914. 4.20
25. **Preußische Kommunalbeamtengesetzgebung.** Von F. Kremski. — 1901. 3.—
22. **Anstellung und Versorgung der Kommunalbeamten.** Von W. Ledermann. 2. Auflage von L. Brühl. — 1914. 2.—
26. **Diensteinkommen der Lehrer und Lehrerinnen.** Von E. Cremer. — 1900. 2.20
12. **Allgemeines Berggesetz.** Von W. Schlüter und Fr. Hense. 4. Auflage. In Vorbereitung.
47. **Feuerbestattung.** Von W. Lohmann. — 1912. 1.50
28. **Die Fürsorgeerziehung Minderjähriger.** Von P. F. Aschrott. 3. Auflage. — 1917. 2.80
31 a/b. **Die preußischen Gesindeordnungen.** Zwei Bände. Von St. Gerhard. 5.50
24. **Die Hinterlegungsordnung (1879).** Von G. Bartels. 2. Auflage. — 1908. 2.—
53. **Hinterlegungsordnung** von 1913. Von R. Hagemann. — 1914. 2.20

# Steuerrecht

**Reichsgesetze:**

143. **Reichsabgabenordnung.** Von A. Nieberl. 2. Auflage. — 1927. Mit Nachtrag 1928. 12.—

126. **Besitzsteuergesetz.** Von A. Mrozek. Vergriffen.

151. **Einkommensteuer und Körperschaftsteuer.** Von A. Hollaender. — 1926. Mit Nachtrag, enthaltend die Änderungen vom 22. Dezember 1927. 24.—

77. **Das Erbschaftssteuergesetz.** Von B. Henckel. — 1920. Vergriffen. Neue Fassung von H. Schachian. 4. Auflage. — 1926. (Außerhalb der Sammlung.) 2.50

54 b. **Nahrungsmittelgesetze** mit Erläuterungen. Von Georg Lebbin. 2. Auflage in zwei Bänden. II. **Getränkegesetze und Getränkesteuergesetze** (Wein, Bier, Branntwein, Mineralwasser). Unter Mitwirkung von K. Kniebe. — 1926. 10.—

139. **Grunderwerbsteuergesetz.** Von O. Lindemann. 2. Auflage. — 1926. Mit Nachtrag 1927. 4.—
Nachtrag einzeln —.30

159. **Industriebelastungsgesetz.** Von H. Höpker. — 1925. 4.—

121. **Direkte Kriegssteuer.** Von A. Mrozek. — 1916. 3.50

131 a. **Reichsfinanzgesetzgebung 1918.** Bd. I: **Getränkesteuern.** Von G. Mayer. — 1918. 2.50

131 b. **Reichsfinanzgesetzgebung 1918.** Bd. II: **Einkommen, Umsatz** usw. Von G. Mayer. — 1919. 1.50

149. **Reichsnotopfergesetz.** Von A. Friedmann und R. Wrzeszinsky. — 1921. 4.—

18. **Reichsstempelgesetz.** Von P. Loeck. Vergriffen. Wird durch Kapitalverkehrssteuergesetz ersetzt. Erläuterte Ausgabe in Bearbeitung.

145. **Steuer- und Kapitalflucht.** Von E. H. Meyer. 2. Auflage. — 1921. 1.60

157. **Dritte Steuernotverordnung vom 14. Februar 1924** mit den Vorschriften über **Aufwertung.** 2. Auflage unter dem Titel: **Aufwertungsrecht.** Von R. Michaelis. — 1926. Mit Nachtrag 1927. 16.—
Nachtrag einzeln —.80

132. **Umsatzsteuergesetz.** Von O. Lindemann. 4. Auflage. — 1926. 10.—

110. **Wehrbeitragsgesetz.** Von A. Fernow. 2. Auflage. — 1913. 1.60

146. **Tabaksteuergesetz.** Von Fr. Wündisch. — 1920. Mit Nachtrag 1925. 4.—
Nachtrag einzeln 1.50
78. **Zigarettensteuergesetz.** Von W. Cuno. Vergriffen.
101. **Zuwachssteuergesetz.** Von W. Cuno. Vergriffen.
153. **Zwangsanleihegesetz.** Von H. V. Simon und W. Beutner. — 1923. 8.—

## Preußische Gesetze:

20. **Die preußischen Erbschaftssteuergesetze.** Von U. Hoffmann. — 1905. 3.—
13. **Ergänzungssteuergesetz.** Von A. Fernow. 5. Auflage. 1914. 3.—
11. **Gewerbesteuergesetz.** Von A. Fernow. Vergriffen.
14. **Kommunalabgabengesetz.** Von F. Adickes. 6. Auflage von Falk. — 1922. 3.50
38. **Kreis- und Provinzialabgabengesetz.** Von F. Schmidt. — 1906. 1.20
18. **Preußisches Stempelsteuergesetz.** Von P. Loeck. 10. Auflage von K. Eiffler. — 1928. 13.—
61. **Preußische Verwaltungsgebührenordnung.** Von K. Eiffler. — 1925. Mit Nachtrag 1925. 6.—
27. **Warenhaussteuer.** Von G. Strutz. — 1900. 1.20

## Textausgaben:

**Erbschaftsteuergesetz.** Neue Fassung von H. Schachian. 4. Auflage. — 1926. 2.50

**Reichssteuergesetze 1925** (Steuerüberleitungsgesetz mit Durchführungsbestimmungen — Einkommensteuer, Körperschaftssteuer, Reichsbewertungsgesetz, Vermögensteuer, Erbschaftsteuer). — 1925. 4.—

**Wehrbeitrag** und **Besitzsteuer.** — 1913. —.50

**Zuwachssteuergesetz.** — 1911. —.50

—, **Ausführungsbestimmungen.** — 1911. —.40

FSC
www.fsc.org
MIX
Papier | Fördert
gute Waldnutzung
FSC® C083411

Kolibri 360 GmbH
Ferdinand-Jühlke-Straße 7
99095 Erfurt, Deutschland
produktsicherheit@kolibri360.de